三國背後的祕密

生活中的國文課2

李傳軍等——著

你所不知道的
101個三國問題

目次

001

曹操真的姓曹嗎？

關於曹操的身世，《三國志・魏書・武帝紀》記載：「桓帝世，曹騰為中常侍大長秋，封費亭侯。養子嵩嗣，官至太尉，莫能審其生出本末。」對曹操父親曹嵩的出生本末不太清楚。裴松之在注《三國志》引吳人作《曹瞞傳》時說：「嵩，夏侯氏之子，夏侯惇之叔父。」這實際上說明，曹嵩本來並不姓曹，而是姓夏侯，由於過繼給宦官曹騰作養子，才改姓曹。曹操對夏侯氏兄弟，也一直以本家視之。而陳壽作《三國志》也將夏侯氏與曹氏同傳。所以，曹操本來不姓曹，而應姓夏侯。

漢代宦官養子的風氣十分盛行。當時的宦官由於在朝廷中做官，積累了大量的財富。《後漢書・宦者列傳》中記載當時一些宦官家裡舞女眾多，金銀堆滿了屋子。但宦官作為一個特殊的階層，因為沒有子女，有一個很現實的問題，就是死後鉅額的財產由誰來繼承。由於擔心沒有財產繼承人，所以東漢的宦官普遍流行收養義子。

曹操的父親曹嵩出身十分卑微，當時屬於下層的寒族。東漢時期，下層的寒族要擠入上流社會的希望很渺茫。當時的舉孝廉制度由於每個州郡的名額有限，難度很大。因而一些出身貧寒的人，為了日後能榮華富貴，就認當時的宦官為義父。曹操的父親曹嵩就是希望透過這種拜義父的方式提高自己的社會地位，獲得社會財富。

在當時，拜宦官為義父的社會名聲很不好，所以陳琳在討操檄文中指責曹操是「贅閹遺醜，本無懿德」。所謂「贅閹遺醜」的「贅」字即收養之意，有點像是男人因貧窮而入贅一樣，而「閹」就是罵曹操出身於宦官人家。後來曹嵩出錢一億萬得到太尉的官職，所以陳琳罵曹操的父親是「因贓假位」。這一億萬的錢，出身貧寒的曹嵩是拿不出來的，實際用的是義父曹騰的錢，由此也可見當時宦官群體是極其富庶的。（宣炳善）

延伸知識｜漢代的宦官就是指被閹的太監嗎？

漢代的宦官並不都是指被閹的太監，這要從「宦」這個字說起。東漢許慎《說文解字》中的解釋是「宦，仕也」，也就是做官的意思，《論語》中說「學而優則仕」，說的也是做官的意思。古籍中常說某女子出生於「官宦人家」，也就是官員家庭。「宦」這個字最初的含義有兩種，一是在帝王身邊作僕人服侍帝王，如《國語・越語》中記載越王勾踐與范蠡「入宦于吳」，說的就是到吳國作吳王夫差的手下臣子，成了吳王夫差的僕人。二是在貴族家裡作門客，也叫舍人。這些人的工作主要是替貴族出謀劃策，由於被貴族養在府上，所以也叫「宦養」。「宦」這個字，從字形上看，即是在別人的府上盡為臣之道。因此，「宦」字一直是官員的通稱。所謂「宦途」，也就是指官場。

其實，我們現在說「太監」一詞是後來才有的。戰國時，朝廷裡就有被閹割的內侍，史書上稱為「宦者」，也就是我們現在理解的「太監」。《史記‧呂不韋列傳》記載呂不韋把大陰人嫪毐冒充太監獻給太后，太后很喜歡他，以至於嫪毐成為當朝紅人，「諸客求宦為嫪毐舍人千餘人」。意思是說當時有一千多人爭先恐後地想成為嫪毐的門客，這裡用了一個詞「求宦」，意思就是想在嫪毐府上謀得一官半職。但嫪毐畢竟是一個假太監，這件事情後來就被人告發了。《史記》記載：「始皇九年，有告嫪毐實非宦者，常與太后私亂，生子二人。」說的就是嫪毐雖然是個「宦者」，但其實是假的，他與太后私通，竟然生下了兩個兒子。可見，在戰國晚期「宦者」既可以指做官的人，也可以指被閹割的太監。

《後漢書》卷七十八《宦者列傳》記載：「中興之初，宦者悉用閹人，不復雜調他士。」這裡的「宦者」就不是指太監，而是指朝廷大臣，意思是說在東漢光武帝中興初年，朝廷的大臣都用宦官，也就是被閹的男人，而不再任用儒生。東漢著名的十常侍，就是十個被閹的男人，也是當時朝廷的重臣，控制了整個朝政。《後漢書》的這幾句話也說明，在東漢光武帝之前，在朝廷做官的人是不任用被閹的宦官的，但在光武帝之後，發生了變化，開始重用「閹人」，從而導致漢代朝綱混亂，三國也就在這樣的歷史背景下產生了。（宣炳善）

002

曹操小名為什麼叫「阿瞞」？

曹操小名阿瞞在《三國志》的正文中並沒有記載，在其注釋中則有一點補充說明。《三國志．魏書．武帝紀》裴松之注引《曹瞞傳》記載：「太祖一名吉利，小字阿瞞。」《曹瞞傳》在《隋書．經籍志》中沒有著錄，可見，在當時屬於野史雜記，不入史家的視野。在《舊唐書》中則記載《曹瞞傳》的作者是吳人所作，也就是江東的無名人氏的作品。因為曹操曾南征江東，所以東吳人寫的曹操傳在一定程度上自然帶有醜化的成分。到了唐代，《曹瞞傳》在《北堂書鈔》卷一一二《樂部八．倡優二八》中也有記載，由於曹操常和倡優交往，還納倡家女卞氏為妾，於是就列入倡優一類，這明顯是貶損曹操。

從各種材料綜合分析，曹操小名阿瞞的說法應是民間演義說書流傳時的改動，曹操小字應是「阿滿」，表示可愛的意思，後來因為《三國演義》尊劉貶曹，於是可愛的「阿滿」就變成了貶義的「阿瞞」。裴松之注引《曹瞞傳》記載曹操「小字阿瞞」，用「瞞」字，是欺瞞的意思，而曹操性格多疑，好用計謀，故改「滿」為「瞞」非常符合曹操的性格。《三國演義》第七十二回「曹阿瞞兵退斜谷」，直接稱呼曹操是曹阿瞞，這是明顯不敬的稱呼。《三國演義》中對曹操的貶稱還有「老瞞」一說。如第六十一回「孫權遺書退老瞞」中，孫權寫書給曹操說：「足下不死，孤不得安。」蘇東坡《志林》記載鄉中小兒「至說三國事，聞劉玄德敗，頻蹙眉，有出涕者。聞曹操敗，即喜唱快」。說明在唐宋時期，曹操已經是不受歡迎的奸雄形象了。

所以民間說書藝人以及《三國演義》記錄的文人們，將曹操的小字「阿滿」醜化為「阿瞞」，其實是歷史正統觀念的表現。民間一直認為劉備是漢室正統，而曹操是漢賊，就要對其醜化，於是「阿瞞」就這樣產生了。（宣炳善）

延伸知識　曹操和劉禪的小名為什麼都有一個「阿」字？

三國人的名字前面，往往冠以「阿」字。比如曹操小名阿瞞，裴松之注《三國志・魏書・武帝紀》引《曹瞞傳》曰：「太祖（曹操）一名吉利，小字阿瞞。」劉禪小名阿斗，是劉備的兒子，劉備稱帝後被立為太子。《三國志・劉封傳》載：「自立阿斗為太子已來，有識之人相為寒心。」其實，漢魏時代，人們於名字之前冠以「阿」字的非常多。僅《漢嶠阮碑》陰所刻不記的，就有「四十人，皆字其名而系以『阿』字。如：劉興，阿興；潘京，阿京之類」，莫不都是。除此之外，又「有阿奉、阿買等名」。舉此以推，可見漢魏時人在名字前面冠以「阿」

字當是不少的。另外，還有在姓後冠以阿字的，如《魏志・文帝紀》注引《典論・自序》所載，在漢末桓、靈之間，和善於擊劍的虎賁王越同遊而學得其法的河南史阿，便是男子姓尾冠以「阿」字的。所以，宋人王楙在其《野客叢書》卷十八「王胡之字」條說：「『阿』之一字，顧所施用。有綴以姓者，有綴以字者，有綴以第行者。」

通常，人們是以阿為發語詞，原因大概是無論東西南北都有「阿」這音（讀如壓）的緣故。《握蘭軒隨筆》卷下《阿字》說：「稽古小字，多冠以『阿』字，如阿瞞等，不可枚舉……此是何義？蓋大約發語之辭，南北東西，同有此音耳。」惠康野叟的《識餘》卷四《說古》也說：「『阿』者，吳人以為助辭，亦起口聲……如周郁妻名曰趙阿。」所謂「起口聲」，就是發語辭，也就是呼人的發聲辭。《三國志》中有很多這種例子，可以證明這一點。比如《吳書・孫權傳》載，孫權在武昌新裝大船試泛釣台，逆流而上的時候，呼谷利為阿利。《蜀書・諸葛亮傳》注引《襄陽記》曰：「莫作孔明擇婦，正得阿承醜女。」這是呼黃承彥為阿承。

綜上所述，漢魏時代的人，不但有在名或字之前冠以「阿」字的，更有在名字之後附以「阿」字的；不但有婦女以「阿」為名字的，更有男子以「阿」為名字的；不但有命名時冠以「阿」字的，還有在呼喚時帶上「阿」字的，更有在姓前後綴以「阿」字的。真可謂一個「阿」字，盡顯三國姓名文化的風采。（李傳軍）

003

曹操為什麼被稱為「白臉奸臣」？

漢代末年，天下紛爭，群雄逐鹿，曹操異軍突起，滅呂布，平張繡，滅袁術、袁紹，最後統一北方，為後來華夏大地的再次統一做出了偉大的貢獻。曹操不僅有極強的軍事指揮才華，還是一個治理國家的卓越政治家，更是不可多得的作家、詩人。

然而這樣的一個文武全才，在中國民間的形象卻十分糟糕。大約在曹操當時，許劭就稱其為「治世之能臣，亂世之梟雄」。這句話是說，曹操若生活在太平盛世，則必然是皇帝的股肱之臣，可以很好地輔佐國君治理天下，可是假如生活在亂世，那麼他就會成為馳騁天下的英雄，可以成就一番霸業。

這本是對曹操的溢美之詞，然而隨著時代的發展，人們開始斷章取義，於是曹操變成了人們口中的奸臣。

這個變化大約開始於兩宋之交。逐漸興起的北方遊牧民族蠶食北宋天下，於是，人們開始向江南逃難。逃到江南後，面對日漸強大的北方，人們從心裡開始害怕，現實生活中人們對其無可奈何，於是只好借助於藝術來醜化北方。而代表著北方勢力的歷史人物曹操，一樣的強大，一樣的雄踞北方，一樣的對江南虎視眈眈，於是曹操逐漸變成了民間的假想敵。而且，北宋時代開始，民間文藝開始興盛，勾欄瓦肆成為專業表演場合。於是，人們開始在舞台上醜化曹操。久而久之，曹操就成了奸詐之徒的典範。

尤其隨著《三國演義》的問世，曹操在民間的形象徹底定型，《三國演義》又反過來影響了戲曲舞台對曹操形象的塑造。清代以來，隨著京劇的誕生，隨著大量三國戲的誕生，「白臉曹操」也就成為舞台上曹操的獨特色彩。（程曉菡）

延伸知識｜戲曲中的臉譜是怎麼來的？

中國傳統戲曲有一個極有意思的現象，那就是人物臉譜化。通過臉譜的造型和顏色、圖案，開宗明義地告訴欣賞者這個人物的性格和道德倫理特徵。這是一種簡單而不符合生活真實的「二元論」：非好即壞，非忠即奸，非愚即智。這樣的劃分，使得舞台上的人物形象清楚明白，欣賞者不用再費心猜測、推理、判斷。

歷史比較悠久的中國戲曲種類，例如漢劇、秦腔、崑曲、京劇等都有臉譜。臉譜是怎麼來的呢？

幾乎所有的人類族群，在其原始時代都曾經有過圖騰崇拜。原始先民們把他們崇拜的某種物品或者概念描繪出來，並對其進行一定儀式的祭拜。《後漢書・臧洪傳》：「坐列巫史，禜禱群神。」祭祀儀式時，負責祭祀的巫覡們要戴上一定的面具。舉世聞名的三星堆出土文物中，就有幾十個青銅面具，據考證是古蜀國舉行祭祀時的用品。又如「儺禮」，這是自先秦時代就有的一種迎神以驅逐疫鬼的風俗禮儀。儺禮一年數次，大儺在臘日前舉行。《論語・鄉黨》：「鄉人儺，朝服而立於阼階。」儺禮中的表演者要戴上一定的面具，清代昭鏈《嘯亭續錄・喜起慶隆二舞》中說道：「又於庭外丹陛間，作虎豹異獸形，扮八大人騎禺馬作逐射狀，頗沿古人儺禮之意，謂之《喜起舞》。」可見古代的儺禮，人們一定要戴上面具。宋代梅堯臣《送正仲都官知睦州》詩「我慚賤丈夫，豈異帶面儺」也能反證，人們在進行儺禮是需要戴面具的。這種帶著面具的宗教舞蹈對民間舞蹈有很大的影響。

據《舊唐書・音樂志》記載，到了唐代，宗教歌舞的面具已經滲透入普通舞蹈表演，「代面」開始出現。並且為了更直觀地表達面部表情，人們開始摒棄面具改而直接在臉上塗畫以表達一定的思想。孟郊在《弦歌行》裡寫道：「驅儺擊鼓吹長笛，瘦鬼染面惟齒白」，就反映出了這一變化。

宋元以來，隨著雜劇的興盛，直接在臉上塗畫一定的顏色和圖案開始成為戲曲表演的特色。當然宋代的臉譜還只是雛形，多應用在能夠插科打諢的丑角身上，目的是增加娛樂色彩。宋代徐夢莘《三朝北盟會編》就記載了兩個佞臣「粉墨做優戲」以討好帝王的事情。元雜劇的臉譜圖案和色彩日漸豐富，並開始逐漸表達人物性格特徵。臉譜真正走向程式化則要歸功於明清崑曲的發展，尤其是清代京劇的出現，臉譜最後就定型了。（程曉菡）

004 曹操為什麼用金璧贖回蔡文姬？

文姬歸漢，和昭君出塞一樣，已成為千古美談，家喻戶曉，也讓蔡文姬流芳史冊。然而，蔡文姬雖然才華橫溢，但身世卻坎坷異常。如果沒有曹操的關照和幫助，或許一代名媛，早已在南匈奴身死名滅了。那麼，曹操和蔡文姬有什麼關係？他為什麼要遣使以金璧贖回蔡文姬呢？

蔡琰，字文姬，陳留人，文學家蔡邕之女。她博學有才辯，妙通音律。《後漢書．列女傳》李賢注引劉昭《幼童傳》曰：「邕夜鼓琴，弦絕。琰曰：第二弦。邕曰：偶得之耳。故斷一弦問之，琰曰：第四弦。並不差謬。」蔡琰在音律方面自幼年就表現出令人驚詫的才能。蔡琰初嫁江東衛仲道。仲道早死，琰回娘家居住。興平年間（一九三—一九五），天下混亂，文姬父親蔡邕為王允所殺，戰亂中文姬為胡騎所虜，居南匈奴十二年，生二子。

曹操與蔡邕是好朋友，屬於文姬的父執輩。作為一代文豪，曹操既欣賞文姬的才華，又同情她的遭遇，於是千方百計打探其下落。最後，曹操以重金將文姬從匈奴贖回，並親自做媒，讓文姬再嫁陳留董祀。

董祀犯法當死，文姬蓬首徒行，請求面見曹操陳情。當時，滿朝文武齊聚一堂，曹操向大家宣告說：「蔡邕的女兒馬上上朝，大家可以一觀她的風采。」文姬上朝後，言辭清辯，感情哀傷，公卿名士無不為之動容。曹操說：「你的情況我很同情，可是定罪的文狀已經發出，怎麼辦？」蔡琰說，「明公有良馬萬匹，虎士成林，何惜疾足一騎而不濟垂死之命乎？」曹操聽了很受感動，便把文狀追回。危局緩解，曹操開始與文姬聊起了家常，說：「我聽說夫人原先藏書很多，不知還能記憶否。」文姬回答說：「原來先父留下的書籍有四千餘卷，經過變亂，都已損失，現在能回憶起來的，只有四百多卷了。」曹操說：「這樣吧，我派十名抄吏隨你回家記錄，如何？」文姬說：「男女授受不親，您只要贈我一些紙筆即可。」文姬回家後，把能回憶的各篇親自寫出後送與曹操，經核對，沒有一絲錯誤和遺漏。

由上可知，曹操是蔡文姬的長輩，他是出於對蔡邕後人的關懷和對文姬才情的欣賞，才對蔡文姬施以援手，救其出匈奴返故鄉的。（李傳軍）

延伸知識——三國時稱呼人物為何有時是「明公」，有時是「主公」？

《三國演義》第三十回，袁紹的謀士許攸看到袁紹剛愎自用，不能成大事，於是棄袁紹而投奔曹操。許攸見到曹操時說：「明公以孤軍抗大敵，而不求急勝之方，此取死之道也。攸有一策，不過三日，使袁紹百萬之眾，不戰自破。明公還肯聽否？」於是曹操十分高興，聽從許攸的計策，在烏巢火燒袁紹的糧草輜重。

古代對人的尊稱有「君」、「公」、「閣下」、「足下」等，如劉備經常被人稱為「劉使君」，也是對劉備的尊稱。許攸稱呼曹操為「明公」，是古代一直通用的對社會上有名望有地位人士的通稱。《三國志・魏書・呂布傳》中記載呂布在白門樓被俘後，呂布對曹操說：「明公所患不過於布，今已服矣，天下不足憂。明公將步，令布將騎，則天下不足定也。」太祖有疑色。劉備進曰：「明公不見布之事丁建陽及董太師乎！」太祖頷之。這裡，呂布與劉備都稱曹操為「明公」，因為他們兩人都不是曹操的下屬，依當時的形勢，他們都是曹操集團的外人，故稱曹操為「明公」。

「明公」與「主公」都是對有權有勢者的通稱，但也還有一點基本差異。主要的區別就在於稱呼人與被稱呼人是不是同一集團的上下級的從屬關係，或者說是內外關係的區分。《三國演義》中，諸葛亮出山輔佐劉備後，就一直稱劉備為「主公」而不是「明公」。（宣炳善）

005 貂蟬是呂布的妻子嗎？

在三國時期並不太多的知名女性中，貂蟬因為《三國演義》的演繹而流芳後世。貂蟬有閉月羞花之貌，先後使呂布、董卓等英雄神魂顛倒，拜倒在其石榴裙下。但檢索史籍，在包括《後漢書》和《三國志》在內的正史中，卻沒有任何明確的有關貂蟬的記載，這一切都使得貂蟬的身世，蒙上了層層神祕的色彩。

《三國演義》中說貂蟬是王允的歌妓。王允是漢獻帝時期的司徒，屬於三公之一的高官。時董卓擅權，禍亂朝政。王允為了剪除董卓，想用美人計來達到目的。可是一時又找不到合適的人選，因此常常悶悶不樂。貂蟬知情後，表示願為王允效勞。她按王允連環計的要求，以姿色挑起了呂布和董卓的矛盾，最後，借呂布之手殺了董卓。但這一說法屬於小說家言，不足憑信。

如果從史籍的字縫裡尋找訊息，關於貂蟬的身分，比較有根據的說法，大體有以下三種。

一，貂蟬是董卓的婢女。董卓本為涼州豪強，靈帝時，任并州牧。昭甯元年（一八九）率兵入洛陽，廢少帝，立獻帝，自為太師，專斷朝政。據《後漢書．呂布傳》載：「卓以布為騎都尉，誓為父子，甚愛信之。常小失卓意，卓拔戟擲之，布拳捷得免。布由是陰怨於卓。卓又使布守中閤，而私與侍婢情通，益不自安。」這段記載，就是平常傳說的鳳儀亭擲戟之事。可見，貂蟬是與呂布私通的董卓婢女。

二，貂蟬是呂布的妻子。呂布，東漢末五原九原（今內蒙古包頭西南）人，字奉先。呂布之妻，據《三國志．呂布傳》注引《英雄記》載：「布見備甚敬之，請備於帳中坐婦床上，令婦向拜，酌酒飲食。」同書又載，呂布與曹操作戰，其部將郝萌反叛，呂布被迫逃到另一部下高順的軍營中。呂布喘息初定之際，想要讓謀士陳宮和高順守城，自己去偷襲曹操的糧道。這時候呂布的妻子出現了：「布妻謂曰：『宮、順素不和，將軍一出，宮、順必不同心共守城也，如在蹉跌，將軍當於何自立乎？妾昔在長安，已為將軍所棄，賴得龐舒私藏妾身耳，今不須顧妾也。』布得妻言，愁悶不能自決。」從呂布對老婆言聽計從的程度來看，呂布之妻應是貂蟬。

三，貂蟬是呂布部將秦宜祿之妻。據《三國志．關羽傳》注引《蜀記》曰：「曹公與劉備圍布於下邳。雲長啟公：『布使秦宜祿行求救，乞娶其妻。』公許之。臨破，又屢啟於公，公疑其有異色，先遣迎看，因自留之。雲長心不自安。」從這段記載中可以看出秦宜祿的妻子很有姿色，關羽原先想娶其為妻的，可是因為曹操「自留之」，因此引起關羽的妒恨。關羽是個烈性子，火冒三丈，一刀便把秦宜祿的妻子給殺了。元雜劇《關公月下斬貂蟬》就是以此事附會而成。因此，秦宜祿之妻也就成了貂蟬。

由此可見，貂蟬為呂布妻子的說法，只是眾多可能性中的一種。貂蟬的身世之謎，除非有新的考古發現，比如墓誌之類的東西出現，否則將繼續成為糾纏專家和讀者的千古疑案。（李傳軍）

延伸知識 貂蟬的名字是什麼意思？

貂蟬的名字與中國人傳統的姓氏很不相同，到底是什麼含義呢？

《漢書‧劉向傳》中說王莽家族在西漢末期貴盛無比，「王氏一姓乘朱輪華轂者二十三人，青紫貂蟬充盈幄內」。《三國志‧吳書‧韋曜傳》中也說韋曜：「以其儒學，得與史官貂蟬內侍，承合天問。」《宋書‧禮志》還特別提到，漢魏時期皇后身邊有一種侍從叫做女尚書，她們「著貂蟬，佩璽，陪乘」。授官必須賜以貂蟬的衣飾，西晉八王之亂的主角之一趙王司馬倫得勢後，大力封賞自己的部下，「至於奴卒，斯役亦加以爵位」，以至於「每朝會，貂蟬盈坐，時人為之諺曰：『貂不足，狗尾續。』」留下了歷史笑話。

《宋書‧禮制》載：「凡侍臣則加貂蟬。應劭《漢官》曰：『說者以……蟬居高食潔，口在腋下；貂內勁悍而外溫潤。』此因物生義，非其實也。其實趙武靈王變胡，而秦滅趙，以其君冠賜侍臣，故秦、漢以來，侍臣有貂蟬也。徐廣車服注稱其意曰：『北土寒涼，本以貂皮暖額，附施於冠，因遂變成首飾乎？』」看來，貂蟬實際是起源戰國時期趙武靈王的胡服騎射，是官員們一種保暖服飾，在漢魏時期乃成為皇帝近臣的特殊飾品。漢魏時期女尚書的出現，賦予這個名詞以柔美、溫暖的韻致。貂蟬的名字，或許正是這個含義。（李傳軍）

006
劉備真的是「皇叔」嗎？

劉備原先出生於一個平民家庭，家境貧寒，以販履織席為業，但《三國演義》第二十回中寫道，劉備與漢獻帝相見，「帝教取宗族世譜檢看」，原來劉備竟是漢景帝第十八代玄孫，在族譜當中，除了其祖父劉雄、父親劉弘之外，個個皆得封侯，而且劉備還要比獻帝高一輩，「玄德乃帝之叔也」。從此，劉備就得了一個「劉皇叔」的美譽，並以漢室正統自居。

劉備真的是「皇叔」嗎？查考正史，就會發現，這段關於「皇叔」的記載其實是《三國演義》的杜撰，為其「擁劉貶曹」增加分量而已。據《三國志．蜀書．先主傳》記載，劉備確實為漢室宗嗣，「漢景帝子中山靖王勝之後也。勝子貞，元狩六年封涿縣陸城亭侯。坐酎金失侯，因家焉。先主祖雄，父弘，世仕州郡。雄舉孝廉，官至東郡範令」。也就是說劉備乃是漢景帝庶子劉勝的後代，劉勝（？–前一一三）有子一百二十多個，《漢書》有傳。其中一子劉貞，封在涿縣為陸城亭侯，因在繳納用以祭祀的貢金時不合規定，被削去爵位，從此就定居落戶在涿縣，此時為漢武帝元朔二年（前一二七）。劉備遠祖劉貞淪落為平民後，家族譜系就已不可考，所以《三國志》述及劉備家世，就只能上溯到劉雄。從劉貞到劉雄其間相距二百多年，時間跨度如此之大，譜系當然晦而難明，因此宋元之際的史學家胡三省在《資治通鑒・漢紀》卷五十二注云：「《蜀書》云：備，中山靖王勝之陸城亭侯之後，然自祖父以上，世系不可考。」

當劉備登基稱帝之後，也不知道以誰為始祖設立親廟，《先主傳》注云：「臣松之以為先主雖云出自孝景，而世數悠遠，昭穆難明，既紹漢祚，不知以何帝為元祖以立親廟。」因此，只好合祭從漢高祖劉邦以下的歷代祖先。既然劉備的譜系都搞不清楚，說劉備是景帝的十八代玄孫，又為獻帝之叔，自然都是穿鑿妄談了。（程曉菡）

延伸知識——劉備的兩個兒子為什麼一個叫劉封，一個叫劉禪？

劉禪是甘夫人與劉備生下的兒子，後來在戰亂中，糜夫人投井，而劉禪被趙雲單騎救出。劉禪是當時劉備唯一的兒子。而且劉備的妻室大多未能生育。相對而言，曹操就生子眾多，人丁興旺。據《三國志》記載，曹操有兒子共二十五人。與曹操兒子眾多相比，劉備處於明顯的弱勢。所以劉備除了多納妾以外，還認領了一個義子，這個人就是劉封。

在《三國演義》第三十六回記載，劉備入樊城後，見到縣令劉泌的外甥寇封，「愛之」，於是認其為義子，改名劉封。這段演義在史書中也有類似的記載，可見當時劉備對於子嗣太少的擔憂。

說來巧合的是，劉備在名義上有兩個兒子，一個叫劉封，一個叫劉禪，而兩個名字合起來正好是「封禪」兩字，也與秦始皇、漢武帝一統天下，封禪泰山的典故有關。「封禪」是當時帝王祭天地的大典。在泰山上封土為壇以祭天，稱為封；在泰山下一處小山上清理出一塊地面以祭地，稱為禪，合稱封禪。自古以來受天命為帝王的人，都實行封禪大禮，舉行封禪禮以報答天地之功德。西漢元封元年，漢武帝東巡至泰山，在泰山舉行祭祀天地的封禪大典。司馬遷的父親司馬談當時因病留在洛陽，未能從行，後來抑鬱而死。可見，封禪是帝王的禮儀大典，人多以能參加封禪大典為榮。劉備兩個兒子的合名，實際上是對劉備一統天下的心理上的鼓舞，劉備也希望終有一天，他能像漢武帝一樣，舉行封禪大典。（宣炳善）

007

劉備、關羽和張飛真的曾桃園結義嗎？

桃園三結義的故事，來自《三國演義》第一回《宴桃園豪傑三結義，斬黃巾英雄首立功》。傳說東漢末年，天下大亂，各地梟雄紛爭漢室江山。漢室後裔劉備，雖賣草鞋為生，但有振興漢室、救困扶危之志，他與河北涿縣賣肉的張飛、山西解良賣豆腐的關羽意氣相投，於是，他們決心同心協力，上報國家，下安庶民。在張飛家桃園中，備下烏牛白馬祭禮等項，三人焚香再拜而說誓曰：「念劉備、關羽、張飛，雖然異姓，既結為兄弟，則同心協力，救困扶危；上報國家，下安黎庶。不求同年同月同日生，只願同年同月同日死。皇天後土，實鑒此心，背義忘恩，天人共戮！」誓畢，拜玄德為兄，關羽次之，張飛為弟。就這樣，「桃園三結義」的故事被傳為佳話。

經考證，所謂的劉、關、張桃園結義的佳話不過是演義的杜撰，「同年同月同日死」的誓言更不過是民間文學中慣用的言語罷了。《三國志．蜀書．關羽傳》寫道：「先主於鄉里合徒眾，而關羽與張飛為之禦侮。先主為平原相，關羽、張飛為別部司馬，分統部曲。先主與二人寢則同床，恩若兄弟。」同書《張飛傳》也寫道：「少與關羽俱事先主。羽年長數歲，飛兄事之。」這兩條記載，只是說張飛把關羽當作哥哥看待，二人忠心耿耿追隨劉備，而劉備對他們也十分親近，「恩若兄弟」。但並沒有說三人正式結拜為兄弟。宋元以來，通俗文藝對「恩若兄弟」一語加以增飾渲染，逐漸形成「桃園結義」的故事。元代的《三國志平話》中已有《桃園結義》一節，元雜劇也有無名氏撰的《劉、關、張桃園三結義》。羅貫中就是在這個基礎上，在《三國演義》中設計了「桃園結義」這一膾炙人口的情節。（李傳軍）

延伸知識｜古代結拜為什麼又叫做義結金蘭？

結拜，又稱結義，雅稱義結金蘭，俗稱結義、換帖等，是民間同年人結為兄弟般關係的一種形式。它源於三國時代的「桃園三結義」，劉備、關羽、張飛三人結為生死與共兄弟的故事。後來，人們崇拜繼而仿效之，即志趣、性格等相近、互相投緣的人，通過一定的形式，結為兄弟般的關係，生活上互相關心、支援幫助，遇事互相照應。久而久之，遂演變成一種具有人文色彩的禮儀習俗。這是友情的昇華與社會關係的一種定格，貫穿著儒家「義」的思想，填充於親情與友情之間，是一種特殊的社會人際關係。

結拜又叫義結金蘭，其出典來源於《易・系辭上》：「二人同心，其利斷金；同心之言，其臭如蘭。」所以《太平御覽》引《吳錄》載：「張溫英才瑰瑋，拜中郎將，聘蜀與諸葛亮義

結金蘭之好焉。」《世說新語・賢媛篇》也說「山公與嵇、阮一面，契若金蘭」，都是講情同手足般友誼的美好與力量。（李傳軍）

008

孫策臨死時說「中國方亂」，「中國」和現代意義上的中國是一回事嗎？

《三國志．吳書．孫破虜討逆傳》中記載孫策臨死時對張昭等說：「中國方亂，夫以吳越之眾，三江之固，足以觀成敗。」孫策說的「中國方亂」，就是指當時的北方中原地區，曹操劫持漢獻帝以令諸侯，而袁紹又與曹操打仗等事。

「中國」一詞在歷史上曾與「四夷」相對而言，居大地之中為「中國」，而居四方蠻夷之地為「四夷」，因而是一個中心與邊區、文化正統與非正統的關係。古代的「中國」在地理意義上是指中原一帶，也就是黃河中下游地區。在歷史上，華夏族人一直稱其四境民族為「蠻、夷、戎、狄」，即「四夷」，而自稱為「中國」，意為居中之國，得天地之正。《孟子．梁惠王上》記載：「然則王之所大欲可知已，欲辟土地，朝秦楚，蒞中國而撫四夷也。」孟子認為齊宣王的最大欲望就是要擴張國土，使秦楚等國都來朝貢，自己成為天下的盟主，同時安撫四周的少數民族。這裡就是「中國」與「四夷」相對而言。

《三國志．蜀書．諸葛亮傳》記載諸葛亮遊說孫權聯合抗曹時說：「若能以吳越之眾與中國抗衡，不如早與之絕；若不能當，何不案兵束甲，北面而事之……事急而不斷，禍至無日矣。」這裡的「中國」就是指「中原」。諸葛亮認為，江東因為有吳越之眾，所以能夠和中國抗衡，所以建議早日與曹操斷絕關係，準備決一死戰。如果猶豫不決，就會大禍臨頭。諸葛亮是在誇大江東的實力，增進孫權的自信心，其實當時的江東在經濟實力上遠遠不能和中原的曹操相比。因此三國時期，「中國」的概念只是一個地區概念和文化概念，還沒有國家的含義。（宣炳善）

延伸知識──「隆中對」中「信義著於四海」的「四海」指的是四個海嗎？

在中國的歷史上，最早的「四海」從來都不是指四個海。中國最早的辭書《爾雅》的《釋地》中說：「九夷、八狄、七戎、六蠻，謂之四海。」這是《爾雅》對「四海」的解釋。這裡的四海就是指四邊的荒蠻之地。很明顯，最早的四海不是指四個大海，而是指遠離中原、位於四方的少數民族居住的地方。《爾雅》中說的「夷、狄、戎、蠻」就是指少數民族，而在前面加上「九、八、七、六」是指其人數眾多。在中原人看來，四海就是化外蠻夷生活的地方。清代胡渭《禹貢錐指》卷十八中說：「古書所稱四海，皆以地言，不以水言。」指出「四海」與大海沒有關係。

「四海」實際是指「四夷」。《禮記》上的「四夷」是指「東夷、南蠻、西戎、北狄」。

古代有四夷館，也就是四海館。明永樂年間，朝廷設立了翻譯其他民族語言的四夷館，但遭到許多太學生的反對。在接受嚴夷夏之大防觀念的太學生看來，學習化外野蠻民族的鳥語，是降低了自己的身分。明萬曆年間來中國的義大利傳教士利瑪竇最初住在北京的欽天監裡，後來禮部出來干涉，利瑪竇只得搬到四夷館裡住。

同時，在古代「四海」也是「天下」的意思。漢代蔡邕《獨斷》中說天子「以天下為家」，《史記・高祖本紀》中說天子「以四海為家」。唐代杜牧《阿房宮賦》中描述秦始皇統一天下的情形：「六王畢，四海一，蜀山兀，阿房出。」《史記・秦始皇本紀》則記載秦王「平定天下，海內為郡縣」，說的是秦統一六國後，分天下為三十六郡。由此可見「天下」與「四海」的範圍相同，兩者都是儒家理想化的最大政治空間。

但這種情況到了明代就發生了變化，因為《封神演義》等小說的流行，東海、南海、西海、北海四海龍王的說法開始流行起來，於是老百姓就只知道四海龍王，不知道原來「四海」是指邊疆的少數民族。（宣炳善）

009

袁術為何稱呼哥哥袁紹為「吾家奴」？

《三國演義》人物中，袁紹、袁術兄弟，其父名為袁逢，為太尉袁湯第三子，官至司空。袁氏家族四世三公，顯赫一時。

但袁氏兄弟卻多次刀兵相向，尤其是袁術，從骨子裡看不起袁紹，《後漢書·劉焉袁術呂布列傳》記載，他曾經極不客氣地表示袁紹並非袁氏後裔，並稱呼其為「吾家奴」。這是為什麼呢？

據《三國志·魏書六》裴松之注引華嶠《漢書》記載，袁紹為袁逢之「庶子」。「庶」與「嫡」相對，指非正妻生之子。《三國志·魏書八》裴松之注引《典略》中，公孫瓚在表述袁紹罪狀時言道：「春秋之義，子以母貴。紹母親為婢使，紹實微賤，不可以為人後，以義不宜，乃據豐隆之重任，忝汙王爵，損辱袁宗，紹罪九也。」透過這則記載可知，袁紹的母親是身分卑微的奴婢，這是袁術看不起袁紹的根本原因。（程曉菡）

延伸知識 中國古代的嫡長子繼承制

嫡長子繼承制是中國古代宗法制度最基本的一項原則，該制度起於商末，定於周初。具體規定為「立嫡以長不以賢，立子以貴不以長」。即王位和財產必須由嫡長子繼承，嫡長子是嫡妻（正妻）所生的長子，由嫡長子繼承的王位可以確保周王朝世世代代大宗的地位。嫡長子繼承制是中國古代一夫一妻多妾制度下實行的一種繼承原則（制度），是維繫宗法制的核心制度之一，有利於解決權位和財產的繼承與分配，穩定社會的統治秩序。嫡長子繼承制作為一項基本的政治原則，對中國古代皇朝中帝位的繼承與傳遞曾產生重要的影響，然而中國古代的帝位繼承制度，不可能也沒有完全按照這一制度演進和執行。歷史上很多享有盛譽的皇帝並非嫡長子，如漢武帝、唐太宗等。（李傳軍）

010

官渡之戰時，曹操為何光腳跑出來迎接許攸？

三國時代，曹操集團最重要的戰役——官渡之戰，決定了曹操的千秋功業。交戰雙方的曹操與袁紹，曾經一度呈現膠著狀態，難分高下。這個時候，袁紹的謀士許攸來投奔曹操，聽到這個消息後，曹操喜出望外，為了迎接許攸，居然忘記穿鞋子就跑了出去，「跣出迎之」。

跣（ㄒㄧㄢˇ）有赤腳、光腳的意思。《說文・足部》說：「跣，足親地也。」段玉裁注說：「古者坐必脫屨，燕坐必褫襪，皆謂之跣。」屨（ㄐㄩˋ）原指以麻、葛、皮等製成的單底鞋，後亦泛指鞋。根據這條記載，古人坐下來時必須要脫鞋子。關於這一點，《儀禮・燕禮》中亦專門提到入室應當脫鞋，鄭玄在解釋脫鞋原因時認為是「屨賤，不在堂也」。《莊子・雜篇・寓言》亦說：「至舍，進盥漱巾櫛，脫屨戶外。」

考察了這些史籍之後，不難發現，曹操之所以不穿鞋子就出門，是因為自先秦開始，人們在室內本來就不穿鞋子。但是鞋子就在門口，即使曹操再著急，難道真的就沒有穿鞋子的時間嗎？其實不盡然，這樣

不穿鞋子，就是要表示心情的激切，表達對來訪者的重視與熱情。（程曉菡）

延伸知識 古人穿鞋、脫鞋都有什麼講究？

在古代，穿鞋子與否是與禮儀相關聯的。王弼注《易・序卦》時曾言：「履者，禮也。」穿鞋必須要遵守什麼禮儀或者要求呢？《禮記・曲禮上》：「侍坐於長者，屨不上於堂。解屨不敢當階，就屨，跪而舉之，屏於側。」而事實上，遍觀史籍，無論是帝王將相還是卿士大夫，室內活動時都不穿鞋子，久而久之，入室脫鞋就成了古代一項極為重要的禮儀，人們必須遵守。明代謝肇淛在《五雜俎・物部四》中說：「古人以跣為敬。」人們必須明曉這一禮儀，一旦違背，輕則會被別人恥笑，重則會帶來嚴重的責罰。

唐代李肇的《國史補》有這樣一條記載：「韋陟有疾，房尚書管使子弟問之……房氏子襪而登階，侍婢皆笑之。」穿著襪子登台階被別人恥笑，假若穿著鞋子呢？《呂氏春秋・至忠》篇記載了這樣一則故事：「文摯至，不解屨登床……王怒而不與言。」文摯穿著鞋子入室去問候君王，君王竟然氣得不願與他說話。更有甚者，還有人因為入室沒有脫鞋而幾乎丟掉了性命。

不僅在室內不能穿鞋子，帝王及官員們在莊重的朝廷上也不能穿鞋子。那麼鞋子脫在什麼地方呢？一般而言，脫鞋應該在階下，《左傳》宣公二年服虔注曰：「禮，脫屨而升堂，降階乃納屨，堂上無屨。」「堂」本指建於高台基之上的廳房，後泛指房屋；「階」指廳堂外的台階，進室內之前要在階下不妨礙行走處脫掉鞋子，從室內出來，要悄然穿上鞋子，不能張揚。後來人們在室外階下還專門設置了脫鞋、放鞋的處所。《通典・禮典・吉禮九》：「設脫屨席於西階下。」

是不是室內永遠都不能穿鞋子呢？也不盡然，《三國志・魏書・武帝紀》就提到了「劍履上殿」，漢獻帝為了表示對曹操的尊崇，特命曹操上朝可以佩劍穿鞋，這個事例一方面說明了平時大臣上朝時必須要脫鞋、解劍，一方面也說明了一些重臣、尤其是權臣可以享受「劍履上殿」的殊榮，前者如蕭何，後者如董卓、曹操、司馬師等都曾享受過此特例。

此外在一些葬禮以及祭祀的場合，需要穿鞋子。例如在室內行祭禮時，《禮記・少儀》就規定：「凡祭於室中，堂上無跣。」堂上不用光腳，亦即不用脫鞋。

可見，何時何處穿鞋、脫鞋，在禮儀之邦的古代中國，都有嚴格的規定。（程曉菡）

011

「青梅煮酒話英雄」、「溫酒斬華雄」，三國時期喝酒為什麼都要煮熱了喝？

三國人物喝酒時，往往要「煮酒」或者「溫酒」，說明喝的並不是酒精度高，用蒸餾法製成的白酒，而是酒精度相對較低的米酒。因為如果白酒加熱喝，由於酒精的沸點比水低，會先於水而揮發，喝起來就沒有酒的味道了。在漢代，由於技術的原因，酒精度高的白酒還沒有發明，因此，一般用黍或者大米釀成的酒沒有採用蒸餾的方法，所以酒精度不會超過三十度。

另外，漢代三國的人喝酒還和當時的飲酒器有關。當時南北的飲酒器是不一樣的，北方還繼續沿用原來的青銅酒器，常見的是銅酒樽。銅酒樽除盛酒之外，還用於溫酒。一九六二年在山西出土的一件漢代銅樽上有銘文「銅溫酒樽」。漢代飲酒一般席地而坐，銅酒樽就放在席位的中間，銅酒樽裡放著舀酒的勺，而銅酒樽也是可以加熱的。至於是加熱還是不加熱，要看當時的氣候與溫度。三國曹植《七啟》詩云：「盛以翠樽，酌以雕觴。浮蟻鼎沸，酷烈馨香。」寫的就是銅酒樽裡的酒加熱後熱氣騰騰的景象，而且用了「浮蟻」一詞，實際就是指還沒有將酒糟去掉的酒，上面還有發酵了的米粒在翻騰。

但在南方，諸侯王的宮室裡已經出現了木漆製的酒器。青銅酒器本來就很冷，相比南方的木製酒器，其保溫性就很差。所以一定要煮熱喝。魯迅小說《孔乙己》裡面，寫到孔乙己光顧鹹亨酒店，每次都是喊燙一壺酒，就是在冬天。這種情形和三國的情況差不多。仔細閱讀《三國演義》就可發現，只要提到「溫酒」或者「煮酒」的，都不是在夏天，而是在冬天或春天，即在氣溫較低的時候。如《三國演義》第二十一回，講枝頭梅子青青，是上半年春天的時候，於是曹操青梅煮酒論英雄；第五回，講的是袁紹聚集人馬討伐董卓，關羽「溫酒斬華雄」，其事則在冬天。（宣炳善）

延伸知識——人們常說「燈紅酒綠」，為什麼說酒是綠色的？

人們在形容奢侈或繁華時常說「燈紅酒綠」，「燈紅」很容易理解，那麼「酒綠」該怎麼解釋呢？翻看古人詩歌，常常有「綠酒」一詞，陶淵明有「清歌散新聲，綠酒開芳顏」之句，杜甫有「燈花何太喜，酒綠正相親」，晏殊亦有「勸君綠酒金杯，莫嫌絲管聲催」等句，古代的酒是綠色的嗎？最初之時，由於釀造技術落後，人們喝的是濁酒。所謂濁酒，是指將一定的糧食例如麥、黍、秫、稻、曲、蘖等加熱煮熟後，加上酒藥（酒麴），短暫發酵而釀成，這樣釀出來的酒其酒精濃度很低，所謂「釀之一宿而成體，有酒味而已」。至今江南民間的很多地方還保有這樣的釀造風俗。同時，酒中的酒糟也未濾除，所以，早期人們不說喝酒而說吃酒，就是因為不僅喝酒，還要吃酒糟。

最初的濁酒由於含有雜質會略顯渾濁，但仍是無色液體。在發酵的過程中，由於尚未撇出酒糟，酒面上會浮起一層淡綠色糟沫。這種淡綠色泡沫很細碎，《釋名》曰：「酒有沉齊，浮蟻在上，沉沉然如萍之多者。」就是說酒上的這層浮沫。這本是酒在釀造過程中一個很自然的現象，但是因為愛酒，文人墨客們愛屋及烏，開始用一些美好的辭彙形容這種浮沫，稱其為「綠蟻」或「浮蟻」，並逐漸演變成為對酒的暱稱。南朝謝朓在《郡臥病呈沈尚書詩》中就有「嘉魴聊可薦，綠蟻方獨持」之句，可見，很早以前，人們就開始稱呼酒為「綠蟻」。當然，最著名的還是白居易的《問劉十九》：「綠蟻新醅酒，紅泥小火爐。晚來天欲雪，能飲一杯無？」

宋人楊萬里在形容水質清澈時用到的詩句是：「水色本正白，積深自成綠。」在人們的視覺中，本來無色透明的水，由於量大而往往呈現出青綠色。因此，人們在形容水時，往往會想到綠色，如「青山綠水」、「碧水藍天」、「碧海青天」等等。同樣，酒亦是無色透明物體，並且就是由水與糧食釀造而成，因此也很容易被人附會成綠色。同時，在中國文化傳統中，綠代表著純潔、清爽，是一種具有生命張力的顏色。因此，在中國傳統修辭習慣中，綠色常常用來形容乾淨、明朗、清澈之物。《水經注・贛水》「清潭遠漲，綠波凝淨」就是以「綠波」來形容水之清澈。酒本身不僅是透明的，而且，還有極大的藥用價值，善加使用，能夠有效保養自身，也有生命的張力蘊含其中。因此，人們暱稱酒為「綠酒」亦自然不過。（程曉菡）

012

曹操為什麼要割髮代首？

《三國志．魏書．武帝紀》裴松之注引《曹瞞傳》記載曹操：「行經麥中，令『士卒無敗麥，犯者死』。騎士皆下馬，付麥以相持，於是太祖馬騰入麥中，敕主簿議罪；主簿對以《春秋》之義，罰不加於尊。太祖曰：『制法而自犯之，何以帥下？然孤為軍帥，不可自殺，請自刑。』因援劍割髮以置地。」

曹操這麼做其實是利用中國的儒家文化傳統收買人心。《孝經》說，「身體髮膚，受之父母，不敢毀傷」。儒家認為身體是父母的禮物，只有把身體保護好，才對得起父母。正如曾子臨死時要求弟子「啟予足，啟予手」，就是看看自己的手腳有沒有受到損傷，只有這樣，才是儒家真正的孝子。因為在古代，只有發配的犯人與出家的和尚才將頭髮剃去。頭髮是身體的一部分，作孝子的一個重要的任務，就是不能使自己身體的任何一個部位有所損傷，臨死時整個身體完整地還給祖先。所以古人對於割髮、剃髮十分恐懼，避之唯恐不及。

漢代三國時期，作孝子是人生的頭等大事，曹操割髮等於宣告自己犯了不孝罪。漢代不孝罪與殺人罪幾乎是並列的，所以，曹操這麼一來，士兵十分感動。清人入關後，強迫漢人剃髮，遭到漢人的反抗，也是受到儒家文化觀念的影響。雍正年間皖南一帶有一些治割辮符方在社會上流傳。雍正十三年治割辮符方上說：「如有割去辮者，用黃紙硃砂寫三字，照寫二張：以一張貼在割辮之處，以一張燒灰，用水沖服。」可見當時的中國人也還是認為人的頭髮是不可以割去的，否則就要想辦法禳解。（宣炳善）

一延伸知識一為什麼說古人剪頭髮是犯罪的標誌？

漢代北方的「髡髮」是對罪犯的一種刑罰，即將罪犯的頭髮剪去，作為犯罪的標誌。秦律中的完刑就是髡刑，也就是剪去頭髮作為對罪犯的懲罰。有學者指出，髡就是剃周遭之髮，以頂髮作為辮下垂，並以漢墓所出奴俑為證。學者曹旅甯先生進而指出，死刑在某種情況下可減免為髡刑，髡刑與宮刑具有類似的摧殘生命力的用意，但髡刑體現了古人對頭髮觀念的迷信。

北方人對頭髮的這種獨特的文化觀念，實際上和儒家的孝社會倫理是一脈相承的。由於孝觀念的作用，北方人對頭髮特別珍惜，像成年人平時披頭散髮就被認為是不合禮制，而髡髮更是標明了一個罪犯的身分，也是對孝道的破壞。

漢代的畫像石上有許多髡髮的圖案，如在山東諸城涼台村發現的東漢晚期畫像石墓中，刻有受髡笞者二十人，受髡笞者衣褐衣，跣足，蓬首，戚面。在畫面左起第二組中為二家吏共揪一奴婢頭髮，左邊家吏持刀作欲割狀，右邊家吏執箠作擊奴首狀，奴俯首彎腰。所以漢代北方的髠髮刑罰與南方的斷髮民俗都是頗有意思的社會文化現象，在北方人看來，這都是不孝的表現。特別是髠刑，對孝子的心理有很大的負面影響，這是一種由儒家文化規範而造成的文化恐懼心理。有趣的是，古代中原一帶的人不理髮，一直是束髮並將頭髮盤於頭頂上，受了刑罰的除外。到了清代，則改束髮盤頂為留辮子於腦後，也還是不理髮。理髮民俗的出現，是在受西化影響的民國時期。（宣炳善）

013

謀士們為什麼認為劉備的「的盧」馬「騎則妨主」？

《三國演義》第三十四回講劉備得了張武的一匹寶馬，於是騎著回荊州城。劉表看到劉備得了這麼雄駿的一匹寶馬，稱讚不已，劉備就做個人情把這匹馬送給了劉表。劉表大喜，騎回城中。這時劉表的謀士蒯越對劉表說：「此馬眼下有淚槽，額邊生白點，名為『的盧』，騎則妨主。張武為此馬而亡。主公不可乘之。」於是劉表就把這匹馬還給了劉備。後來劉備就一直騎著這匹馬。當劉備謝別劉表，前往新野駐兵時，劉表手下的另一個謀士伊籍對劉備說，這馬是「的盧」馬，乘則妨主，勸劉備不要再騎了。沒想到劉備對人生十分達觀，說一個人死生有命，不是馬所能妨礙的，就繼續騎著此馬。《三國演義》第三十五回講隱士徐庶也對劉備說他騎的馬是「的盧」馬，馬雖是千里馬，但最後必將妨礙主人。徐庶還對劉備說了一個禳解之法：「公意中有仇怨之人，可將此馬賜之；待妨過了此人，然後乘之，自然無事。」沒想到劉備反而批評徐庶不行正道，不肯行之。

《三國演義》的這兩個回目中，寫了蒯越、伊籍、徐庶三位士人的相馬術，他們都看出劉備所乘的馬是妨主的「的盧」馬。但劉備和劉表自己卻不知道，而趙雲、關羽等人也不知道這馬是「的盧」馬。可見識別「的盧」馬有一定的難度，不懂相馬術的人無法識別。不過，《三國演義》中的這一情節，不見於三國正史，因此是民間想像的情節，也體現民間說書藝人對劉備正面形象的維護。晉代時，征西大將軍庾亮的坐騎也是「的盧」馬，《世說新語．德行》中記載庾亮明明知道「的盧」，根據傳統的相馬術是會妨主的，但他還是騎著，並不想嫁禍於人，由此也見其品德高尚。《三國演義》「的盧」故事在說書流傳的過程中，可能是受了《世說新語》中關於庾亮「的盧」典故的影響。

當然，三個謀士都認為「的盧」馬會妨主，其實是傳統巫術思維的遺留。伯樂的《相馬經》中記載：「馬白額入口至齒者，名曰榆雁，一名的盧，奴乘客死，主乘棄市。凶馬也。」三位謀士就是依據這一記載下的結論。古人認為這種馬妨主，但是這種馬確是千里馬，宋代辛棄疾《破陣子》一詞中說「馬作的盧飛快，弓如霹靂弦驚」，說的就是「的盧」馬跑得快。（宣炳善）

延伸知識——古代的相馬術有哪些內容？

三國時期，對於士人有品評人物的相人術，而對於馬的選擇與評價，則比對士人的評價還要早一些。早在戰國的時候，相馬術就已經在民間流傳，特別是在西北地區接近遊牧民族的王國中。秦國的伯樂，就是這方面的代表人物。

伯樂著有《相馬經》，這本相馬術的著作在《隋書》、《新唐書》中均有所提及，而《相馬經》一書具體的相馬知識則散見於其他的著作中。如《文選》卷十四《賦庚》中引《相馬經》記載：「良馬可以筋骨相也。梢，尾之垂者。髮，額上毛也。尾欲梢而長。」說的就是從馬的筋骨方面來相馬，要求一匹好馬就是尾巴要長而且要下垂的。《相馬經》中還提到通過馬的肉筋來識別是否是寶馬：「一筋從玄中出，謂之蘭筋。玄中者，目上陷如井字。蘭筋豎者千里。」意思是說通過蘭筋的識別來判斷是否為千里馬，只有眼睛上方凹陷像「井」字型的多皺紋的地方有一根肉筋向上豎起，這樣的馬才是千里馬。《相馬經》中還提到：「目成人者行千里。」意思是說馬的眼睛裡要能看到一個人的成像，這樣的馬才會日行千里。

古代真正懂相馬術的人很少，如《戰國策》卷二十一記載：「客見趙王曰：『臣聞王之使人買馬也，有之乎？』王曰：『有之。』『何故至今不遣？』王曰：『未得相馬之工也。』」說的是戰國時有說客去遊說趙王，先從買馬說起，因為趙王沒有懂相馬術的「相馬之工」，所以一直沒有派人去買寶馬。可見當時懂相馬的工匠很難找到。伯樂因為能識別出千里馬，所以後來有成語說：「世無伯樂，遂無千里馬。」，意思是說，就是千里馬，也要由伯樂這樣的人才能發現，否則也只能默默無聞，不受重視。（宣炳善）

014

關羽的兵器真的是「青龍偃月刀」嗎？

《三國演義》第一回記載關雲長「造青龍偃月刀，又名『冷豔鋸』，重八十二斤」。「青龍偃月刀」指刀柄與刀身相連處鑲著一條青龍的頭，而刀身形狀像上弦月。但問題是，在中國兵器中的「偃月刀」是一個特定的名稱，它不是用來在戰場上打仗的，而是用來當作道具表演用的。明代茅元儀《武備志．軍資乘．器械》一書中記載：「偃月刀以之操習示雄，實不可施於陣也。」在明代的綜合圖書《三才圖會》一書「器械」類中有關於「偃月刀」的圖案，刀上還裝飾有兩個挂球，可見，這不是真正的兵器，而是供觀摩表演用的。而《三國志．蜀書．關羽傳》記載：「紹遣大將顏良攻東郡太守劉延於白馬，曹公使張遼及羽為先鋒擊之。羽望見良麾蓋，策馬刺良於萬眾之中，斬其首還，紹諸將莫能當者，遂解白馬圍。」正史的這段記載說關羽將袁紹手下的大將顏良刺於馬下，說明關羽用的並不是刀，應是槍、矛或者劍，因為大刀是用來砍或劈的，不是用來刺的。

所以關羽使用的「偃月刀」有可能是說書藝人的想像，出於美化關羽的需要，發明了富有審美色彩的「青龍偃月刀」。從古人詩文中的詩句來推測，關羽的真正兵器有可能是劍。《全唐詩》卷二四八記載唐代詩人郎君胄《關羽祠送高員外還荊州》一詩云：「將軍秉天姿，義勇冠今昔。走馬百戰場，一劍萬人敵。」可見，在唐代還沒有出現「青龍偃月刀」的神奇說法。元人郝經《重建廟記》記載關羽：「躍馬斬將萬眾中，侯印賜金還自封。橫刀拜書去曹公，千古凜凜國士風。」而元代已開始出現《三國志平話》就將關羽神話化了，認為關羽用的兵器是刀，於是，這一民間說書藝人的想像，就在明清時期被繼承下來。

（宣炳善）

延伸知識｜古代的「十八般兵器」是指哪些？

提起古代兵器，人們大都會提到「十八般兵器」，其實，所謂「十八般兵器」是一種模糊說法，泛指各種兵器，「十八」是指很多的意思，有的則還說成「十八般武藝」等。

不過，儘管是模糊說法，它也有一個基本的範圍，按照兵器專家的說法，中國古代的兵器發展，分為冷兵器時期和火器時期。從遠古開始一直到十世紀火藥用於軍事目的之前，都稱為冷兵器時期。冷兵器是在人力和簡單機械力的作用下直接用來斬擊和刺殺的武器，最初由石質材料製成，後來由青銅和鋼鐵材料製作。由於冷兵器具有形制小巧、堅韌、鋒利等特點，在火藥用於軍事之後的時間裡，它仍然發揮著不可替代的作用。

大體說來，「十八般兵器」是指冷兵器時期的主要兵器，各個時期所指也不完全一樣，《水滸傳》第二回：「哪十八般武藝？矛、錘、弓、弩、銃、鞭、鐧、劍、鏈、撾、斧、鉞並戈、戟、牌、棒與槍、扒。」明代萬曆年間，謝肇淛在《五雜俎·卷五》中記載道：「十八般：一弓、二弩、三槍、四刀、五劍、六矛、七盾、八斧、九鉞、十戟、十一黃、十二鐧、十三鎬、十四殳、十五叉、十六耙頭、十七錦繩套索、十八白打。」清代以後，十八般武藝又有四種說法：第一種指刀、槍、劍、鏜、棍、叉、耙、鞭、鐧、錘、斧、鉤、鐮、扒、拐、弓、箭、藤牌。第二種指刀、槍、劍、鏜、棍、叉、耙、鞭、鐧、錘、斧、鉤、鐮、扒、拐、代、抉、弓矢。第三種指「九長九短」。九長為槍、戟、棍、鉞、叉、鏜、鉤、槊、環；九短為刀、劍、拐、斧、鞭、鐧、錘、棒、杵。第四種特指戲曲界所稱之刀、槍、劍、戟、斧、鉞、鉤、叉、鞭、鐧、錘、抓、鎲、棍、槊、棒、拐、流星錘等十八種兵器。

「十八般兵器」實際上是古代眾多兵器中最常用的十八種，長期沿襲下來，這種說法又成了各種技藝的代稱。（馬寶記）

015

關羽真的「斬顏良、誅文醜」嗎？

斬顏良、誅文醜，歷來被作為關羽驍勇善戰的典範。但從歷史記載來看，在宋代的史料中，還沒有出現關羽誅文醜的說法，元代著名的戲劇作家關漢卿在其《關大王獨赴單刀會》劇中，首次出現關羽誅文醜的說法。《全相三國志平話》中也有描寫。到了《三國演義》，則表現得更為詳細、突出，說關羽先是斬了顏良，被封為漢壽亭侯，之後又殺了文醜，表現神勇，令曹操十分敬佩。經過《三國演義》這樣的渲染，關羽斬顏良、誅文醜的故事家喻戶曉，甚至成為戲曲舞台上經久不衰的劇目。那麼，顏良、文醜真的是被關羽斬殺的嗎？

《三國志·蜀書·關羽傳》載：「紹遣大將（軍）顏良攻東郡太守劉延於白馬，曹公使張遼及羽為先鋒擊之。羽望見良麾蓋，策馬刺良於萬眾之中，斬其首還，紹諸將莫能當者，遂解白馬圍。曹公即表封羽為漢壽亭侯。」這是關於關羽斬顏良的記載，文中說得很清楚，顏良就是被關羽殺的。那麼，文醜是怎麼被殺的呢？《三國志·魏書·武帝紀》載：「紹騎將文醜與劉備將五六千騎前後至……時（曹）騎不滿六百，遂縱兵擊，大破之，斬醜。良、醜皆紹名將也，再戰悉禽，紹軍大震。公還軍官渡。紹進保陽武。關羽亡歸劉備。」在這段文字中，只說文醜被殺，而沒有說是被誰殺死的。一般的理解是，文醜是在曹軍「縱兵」攻擊的時候被亂軍殺死的，並沒有明確說明是被關羽殺死的。

但是，隨著關羽逐漸被神化，關羽的地位也如日中天，因此，關羽的事蹟也逐漸增加了，人們把本來不屬於關羽的事蹟也放進了關羽的功勞簿上；再加上《三國演義》本身就有虛構成分，而顏良、文醜又在同一次戰役中相繼被殺，所以，「斬顏良、誅文醜」就名正言順地歸到了關羽的名下。（馬寶記）

延伸知識 關羽為何被稱為關帝？

關羽的忠義勇武一直為後人所崇拜。宋代，關羽被宋徽宗先封為「忠惠公」，再封為「崇寧真君」，又封了「昭烈武安王」和「義勇武安王」的稱號。元代時的文宗封關羽為「顯靈義勇武安英濟王」。明代的神宗，封關羽為「三界伏魔大帝神威遠鎮天尊關聖帝君」。由此，關羽就成了人們崇拜的「關帝」了。歷代王朝對關羽的崇拜都是有增無減，到了清代達到頂點，清德宗光緒皇帝封關羽為「忠義神武靈佑仁勇顯威護國保民精誠綏靖翊贊宣德關聖大帝」，共二十六個字，是封號最長的一個，對關羽的崇拜可說是到了極點。（程曉菡）

016

關羽真的「夜讀《春秋》」嗎？

明代文徵明有一首《題聖像》詩，原文是：「有文無武不威如，有武無文不丈夫。誰似將軍文而武，戰袍不脫夜觀書。」意思是說，如果只有文沒有武，就顯示不出威風，同樣，如果只有武沒有文，就顯示不出彬彬君子之風。縱觀歷史，有誰能夠像關羽這樣能文能武，連戰袍還沒有脫下就夜讀經書（指《春秋》）呢！這是讚揚關羽不僅能武，也同樣能文，是文武雙全的英雄。這種讚揚代表了古代對關羽的共同認識。清代著名學者毛宗崗寫道：「曆稽載籍，名將如雲，而絕倫超群者莫如雲長。青史對青燈，則極其儒雅；赤心如赤面，則極其英靈。秉燭達旦，人傳其大節；單刀赴會，世服其神威。獨行千里，報主之志堅；義釋華容，酬恩之義重。作事如青天白日，待人如霽月光風……是古今來名將中第一奇人。」更把關羽描繪成了一個超群絕倫的英雄。所謂「青史對青燈，則極其儒雅」就是對關羽「文」的表現的典型概括。

關羽能文的代表性動作就是夜讀《春秋》。那麼，歷史上的關羽有沒有夜讀《春秋》呢？據《三國志》裴注引《江表傳》記載說：關羽平時十分喜愛《左氏傳》，而且「諷誦略皆上口」。《左氏傳》即《春秋左氏傳》，亦即《春秋》，是漢代經學的重要內容之一，其「微言大義」成為漢儒傳承儒學的重要內容，對後世經學思想影響甚大。在漢代，誦經讀經現象十分普遍，《春秋》是時人必讀之書。如《魏書・李典傳》裴注引《魏書》曰：「典少好學，不樂兵事，乃就師讀《春秋左氏傳》，博觀群書。」應該說，關羽讀《春秋》是一件十分平常的事情。至於《江表傳》所載關羽喜好《春秋》，原因可能有很多，但有一點是可以肯定的，即誦讀《春秋》並沒有也不可能將關羽改變成一個文武雙全的歷史巨人。後人卻借此美化關羽，將關羽的形象定型化，紅臉長髯之關羽手拿《春秋》，默默誦讀。這種形象塑造出關羽文武雙全、戰場上威風八面、虎嘯雷鳴，油燈下深思熟慮、運籌帷幄，是一個十全十美的人物。

由此可見，歷史上的關羽只是喜好《春秋》，「夜讀《春秋》」則是對關羽進一步的美化。（馬寶記）

延伸知識｜三國士人通常讀什麼書？

《三國志・呂蒙傳》記載孫權勸呂蒙讀書的時候，講過自己的學習經歷，說他自己「少時歷《詩》、《書》、《禮記》、《左傳》、《國語》，惟不讀《易》。至統事以來，省三史（魏晉南北朝以《史記》、《漢書》、《東觀漢記》為三史）、諸家兵書」，並勸呂蒙「宜急讀《孫子》、《六韜》、《左傳》、《國語》及『三史』」。可見，儒家著作、《史記》、《漢書》和兵法著作是孫權讀書的主要類別。孫權是國君，呂蒙是大將，他們讀書或者有偏好。至於魏晉南北朝時期的一般士人，讀書的範圍和類別就更具特點了。

《三國志・吳書・張昭傳》載：「權嘗問衛尉嚴峻，寧念小時所諳書不？峻因誦《孝經・仲尼居》。」《三國志・魏書・鍾會傳》注引《鍾會母傳》云：「夫人性矜嚴，明於教訓。會雖童稚，勤見規誨。年四歲授《孝經》，七歲誦《論語》，八歲誦《詩》，十歲誦《尚書》，十一誦《易》，十二誦《春秋左氏傳》、《國語》，十三誦《周禮》、《禮記》，十四誦《成侯易記》，十五使入太學，問四方奇文異訓。」漢崔寔《四民月令》言：「十一月，命幼童讀《孝經》、《論語》篇章，入小學。」由此可見，漢末三國時期，除帝王將相以外，當時一般士人所讀之書，大體上是儒家的經典。只不過，這些經典，要按照不同的難易程度，分不同的年齡階段來學習。（李傳軍）

017

劉備為什麼不重用趙雲？

受《三國演義》的影響，現在很多人往往將趙雲視為文武雙全的代表，但其實歷史上真正的趙雲雖然武勇過人，但在大規模的戰役中卻缺乏很好的表現。《三國志》裡記載了趙雲一生中最重要的三次戰鬥：長阪坡救劉禪、助劉備入蜀和街亭之戰。

趙雲出山初投公孫瓚。史書載趙雲說：「天下訩訩，未知孰是，民有倒縣之厄，鄙州論議，從仁政所在，不為忽袁公私明將軍也。」可見其政治理想是很高的。但公孫瓚目光短淺，趙雲最後還是投靠了劉備。當時，劉備是寄身於公孫瓚的，對趙雲禮遇殊厚，史載劉備與他「同床共眠」，恩寵有加。之後趙雲跟著劉備東奔西跑，直到荊州。史書記載，趙雲此時的職位是「先主主騎」，大概相當於劉備的衛隊長。

趙雲一生中最輝煌的地點就是當陽長阪了。在這場戰鬥中，趙雲充分發揮了自己的本領。由於受到曹操精銳騎兵的連夜追擊，劉備在長阪一敗塗地，拋棄嬌妻幼子，獨自與幾個手下倉皇逃竄。史載趙雲此時懷抱後主劉禪，同時還保護著劉備兩位夫人，在一片混亂之中將他們平安帶出戰區，於是升了職，成為牙門將軍，但也不是太高的官職。

入蜀大概是趙雲第一次正式統兵打仗，但趙雲入蜀出兵早，入蜀的時間卻比張飛慢了很多，張飛反而比趙雲先到成都。劉備取益州後，自稱漢中王，提拔牙門將軍義陽魏延為鎮遠將軍，領漢中太守，以鎮漢川。關羽為前將軍，假節鉞，鎮守荊州；張飛為右將軍，假節，領巴西太守；馬超為左將軍，假節；黃忠為後將軍，趙雲僅得到翊軍將軍，僅是御林軍的統領而已。

趙雲最後一次在軍事上有所表現的機會就是街亭之戰。諸葛亮出祁山，馬謖失職被斬。《雲別傳》裡記載趙雲以一人之力斷後，使軍資什物，略無所棄，兵將無緣相失。之後所有的人都受罰，唯有趙雲得到了賞賜表彰。但《趙雲傳》中有這樣一段記載：「雲、芝兵弱敵強，失利於箕穀，然斂眾固守，不至大敗。軍退，貶為鎮軍將軍。」由此可見，趙雲仍然被貶了職。雖然此時劉備已死，但趙雲並非可以獨當一面的軍事帥才，在此又一次得到了證明。

劉備稱帝，群臣上賀表，列了前五十個人的名字加上「……等一百八十人」。領銜的是「征西大將軍都亭侯馬超」，法正列第二，孔明第八。趙雲呢？在「……等一百八十人」中，連名字都沒有。趙雲在蜀漢政權中的地位，由此可見一斑。

歷史上的劉備識人、知人、用人，遠勝諸葛亮，即便不能與曹操比肩，也相去不遠。一生在人才方面慧眼如炬的劉備對趙雲雖然很信任，但對他並無大任，其理由應該就是趙雲在軍事、政治方面的才能有限，難當大任。（李傳軍）

延伸知識　趙雲是劉、關、張的四弟嗎？

在戲曲舞台和民間傳說中，勇敢善戰的趙雲都被稱為劉備的四弟。這大概是《三國演義》給人造成的印象。但《三國演義》中「桃園三結義」的情節，並沒有趙雲其人。趙雲是否是劉備的四弟，值得探究。

《三國志・蜀書・趙雲傳》記載趙雲「本屬公孫瓚，瓚遣先主為田楷拒袁紹，雲遂隨從，為先主主騎」。趙雲本來是公孫瓚手下的一員猛將，後與劉備結識，一見傾心。就對公孫瓚托詞兄弟去世，要返歸家鄉。臨別時趙雲對劉備說：「終不背德也。」後劉備投奔袁紹，再次與趙雲相遇，趙雲乃成為劉備的部將。《三國志・蜀書・趙雲傳》注引《雲別傳》載，趙雲與劉備關係親密，甚至到了「同眠臥」的程度。後來，長阪坡一役，趙雲在亂兵中救出了阿斗，並保護甘夫人脫離險境，對劉備而言，更建立了殊勳。

趙雲雖然是劉備手下的一員猛將，但他與劉、關、張並非結義的兄弟。《三國演義》的桃園三結義，講的是劉備、關羽和張飛備下烏牛白馬，祭告天地，焚香再拜，結為異姓兄弟。當時並沒有趙雲的參與。趙雲投靠劉備之後，也沒有四個人結拜的故事。不僅正史的記載無此，在《三國演義》中也從無這樣的記載。小說中，關羽稱呼劉備為兄長，張飛稱劉備為大哥，他們兩人都稱劉備的甘夫人、糜夫人為嫂嫂。趙雲卻從沒有稱劉備為兄長或大哥，而且也沒有稱劉備的兩位夫人為嫂嫂，一直都稱她們夫人。所以從三人對劉備及其夫人的稱呼上，也可以看出趙雲絕非劉、關、張的四弟。趙雲和劉備始終是上下級關係，而非兄弟關係。（李傳軍）

018

趙雲為什麼被稱為「雜號將軍」？

談論三國故事時，人們常常用「五虎上將關張趙馬黃」來稱頌劉備手下的五員大將關羽、張飛、趙雲、馬超、黃忠，但是據歷史記載，趙雲的地位要低於其他四員大將，真實的情形是四虎上將而非五虎上將。據《三國志》載，在建安二十四年（二一九）劉備晉位為漢中王時，加封關羽為前將軍、張飛為右將軍、馬超為左將軍、黃忠為後將軍，而趙雲的職位並沒有加以提升，仍然為翊軍將軍。

在當時，翊軍將軍只是雜號將軍，而前、後、左、右將軍是重號將軍。重號將軍為常設職位，可入朝參政並開府理事，又稱「中朝將軍」。當然，每朝常設的將軍名號各不相同。按級別各朝常設的中朝將軍有大將軍、驃騎將軍、車騎將軍、衛將軍、征東（南西北）將軍、鎮東（南西北）將軍、安東（南西北）將軍、平東（南西北）將軍、前將軍、後將軍、左將軍及右將軍等。

漢魏時期，有軍功者比比皆是，授予官職的難度加大。因此常在「將軍」前冠以某個名號以作為他的官職，這種名號並無一定，名號之間也無上下級關係，因此稱為雜號將軍。一般除大將軍、驃騎、車騎、衛、四征、四鎮、四安、四平以外，統稱為雜號將軍。

雜號將軍，地位略次於重號將軍。雜號將軍之名往往依事、因地、因性質或依所率兵種等而定，多有一定的意義。如漢武帝時，公孫敖率領騎兵進擊匈奴，故被封為「騎將軍」；楊僕率領以樓船為主力的水軍征討南越，故被封為「樓船將軍」。東漢末年，孫堅因起兵討伐董卓而被封為「破虜將軍」；孫策起初依附於袁術，後因袁術潛號稱帝，「孫策與書責而絕之，曹公表策為討逆將軍」，這樣，孫策就成了征討「逆賊」袁術的將軍。

可見，「雜號將軍」之雜號並非是隨心所欲而定，而是蘊含意義的。值得注意的是，人們常稱諸葛亮為「軍師」，這是因為諸葛亮初出茅廬時並無官職，赤壁之戰後，才任「軍師中郎將」，劉備攻取益州之後，又加封其為「軍師將軍」。其實，「軍師將軍」亦是雜號將軍。原因在於劉備此時尚未即位稱帝，他自己也只是個「左將軍」，所以不可能授予諸葛亮更高的「軍銜」。（程曉菡）

延伸知識 將軍是什麼官？

將軍之職始見於春秋時期。當時諸侯國以卿統軍，因此稱卿為將軍，但此時並非正式官名，到戰國時期才成為正式官名，卿仍稱將軍。漢代列置有大將軍、驃騎將軍、車騎將軍、衛將軍、前、後、左、右將軍等。大將軍之職，漢代以後多有沿用，但以漢代地位最為尊貴，位同三公，西漢武帝時起領錄尚書事，權過丞相。東漢後此職常落貴戚大族，位列三公之上，篡臣多出自此職，如司馬懿、八王之亂中的諸反王、南渡後的王敦、桓溫等。自曹魏實行九品中正制後，驃騎將軍與車騎將軍、衛將軍及諸大將軍（衛、征、鎮中的資深者進號為大將軍，如征北大將軍）為二品。諸征（征南、北、西、東）、鎮（鎮南、北、西、東）將軍同位第二品，秩二千石，但諸鎮將軍位次於諸征將軍，只有領兵時才位同於諸征將軍。前後左右將軍為第三品，秩二千石。

魏晉南北朝時，將軍名號極繁，除沿用漢代舊稱外，又有龍驤、驍騎等名號，但這些將軍名號常置而有專職者僅為少數。唐代，十六衛、羽林、龍武、神武、神策等軍，均於大將軍下設將軍之官。自唐至元也以將軍為武散官。此外，宋、元、明亦稱殿廷武士為將軍。明清兩代，有戰事出征，置大將軍和將軍，戰爭結束則免。清代的將軍有四種：一為宗室爵號之一，如鎮國將軍、輔國將軍等。二為駐防各地的八旗最高長官，專由滿人充任。內地各省將軍掌駐防軍事及旗籍民事，在黑龍江、吉林、伊犁等邊疆地區，將軍即為全區的最高軍事和行政長官。三為臨時出征統帥的稱號，如揚威將軍、靖逆將軍等。四為正一品到從二品武官封贈之階。（程曉菡）

019

三國時期的大將對陣時真的會大戰二百餘回合嗎？

《三國演義》裡描繪戰爭場面時，經常說「雙陣對圓」，然後雙方主將叫陣開打。在大戰幾十或幾百回合以後，根據打的結果，勝方士兵再掩殺。事實真的是這樣嗎？

其實，中國有史記載的戰例，並沒有這種兩軍主將先廝殺二百餘回，然後眾軍士再集體群毆的場面。一般認為，古代冷兵器時代，作戰都要近距離接觸。所以團隊集聚的衝擊力量是取勝的關鍵。勝利叫「集事」，失敗叫「敗績」。所以作戰的陣形非常重要。兩軍陣形不散，就會形成對峙。「對圓」應該就是指這種膠著狀態。春秋車戰為主，一般都列三軍，左中右，列陣後再廝殺。車陣在前，徒兵在後掩護，已經開始形成成熟的陣法了。由於一般戰鬥時中軍不會首先投入戰鬥（如著名的城濮之戰，子玉中軍不動所以不敗），所以總是兩翼張開進行衝鋒。這樣就形成了兩翼對圓了。後來雖然兵種逐漸增多，但是列陣廝殺，中軍最後投入戰鬥的模式基本上形成慣例。所以到後期，兩翼的部隊總是布置在比較靠前的位置。還有一種排兵列陣的方式叫雁行陣，這時就不是三軍而是兩軍了，左翼叫左甄，右翼叫右甄。這時也可以形成兩陣對圓。

到了兩漢魏晉南北朝時期，騎兵的裝備和戰術更加嫻熟，並逐漸成為戰鬥的主力，對戰鬥的勝負具有舉足輕重的影響。此外，鎧甲和馬具製作技術也取得很大的進步，這時很多猛將就會披堅執銳，衝鋒在前，在兩軍陣中來回廝殺，有可能形成將對將的廝殺。斬獲敵軍大將自然容易鼓舞士氣，但這絕非是決定勝負的根本因素，步騎配合，按照一定的陣法攻擊敵軍，還是這個時代兩軍作戰的主要形式。

古代的小說如《三國演義》、《水滸傳》中戰爭場面的描寫，完全是從吸引人的角度，濃墨重彩地刻畫主要人物的勇猛果敢，著重描寫英雄人物而已。（李傳軍）

延伸知識｜什麼是一個「回合」？

《三國演義》中經常有用「回合」的交戰用語，如第六十五回，寫張飛與馬超白天大戰兩百多個回合，晚上又接著交戰，又是數十個回合。三國時期將帥之間的交戰用的都是「回合」一詞。「回合」本是指古代交戰時的一來一往。合就是交、交戰的意思，最開始「回」與「合」指的是車戰中的一次交戰。商朝到西漢初期都是以車戰為主的，車戰開始的時候，交戰雙方的戰車駛向對方，先是雙方距離較遠時，用箭互相擊射；戰車靠近之後，改用戈矛交戰；戰車擦身而過，駛向遠方，再一次用弓箭對射。這個過程稱為「合」。等戰車駛遠之後，必須各自再轉過頭來，準備第二次對攻。這個戰車掉頭的過程，就是「回」。然後兩車再駛近而合。所以交戰的順序是先「合」後「回」，而一個「回」，必有一個「合」與之對應。在這過程中，一方失敗，才算是戰爭結束。到了西漢之後，作戰的對象變成北方的匈奴人，作戰的形式也從車戰變為騎馬而戰，古戰場上「回」與「合」交替的作戰場面也就不再出現，但是用一個「回合」來說明作戰中的一次交鋒，卻沿用下來。（宣炳善）

020 三國交戰，退兵時為什麼要鳴金？

在古代以步兵和騎兵組成的冷兵器戰爭中，一直是用「鳴金收兵」、「擊鼓進兵」表示兵退兵進的。《三國演義》第六十五回寫道，張飛帶領一隊軍馬與馬超的軍馬對陣，「約戰百餘合，不分勝負」，劉備「恐張飛有失，急鳴金收軍」。張飛休息片刻，又出去和馬超再戰，可是鬥了百餘合，仍然不分勝負，劉備只好再次讓士兵鳴金收兵。

「鳴金收兵」這一詞語中的「金」，並不是指黃金，而是指銅。上古時的「金」多指銅。如賈誼在《過秦論》中說秦統一後：「收天下之兵，聚之咸陽，銷鋒鏑，鑄以為金人十二，以弱天下之民。」說的就是將天下的兵器都收到咸陽，並鑄成十二個銅人。因為春秋戰國的兵器是用銅做的，不是用黃金做的，所以「鳴金收兵」就是指敲擊鉦、鐃一類的銅製樂器。

鉦是一種古代樂器，形似鐘而狹長，有柄，擊之發聲，用銅製成，行軍時用以節制步伐。鐃也是古代軍中用以止鼓退軍的樂器，是用青銅製成，體短而闊，有中空的短柄，插入木柄後可執，以槌擊之而鳴。

青銅器的主要成分是銅、鉛、錫，用青銅鑄成的鐃，音色清脆、悠揚，穿透力強，而以銅鑄成的鉦，擊之而發出的聲音清脆響亮，餘音渾厚遼遠。兩軍交戰的時候，人喊馬嘶，廝殺聲不斷，這個時候就需要特別響亮的器物來傳達命令，而鉦和鐃的聲音清脆響亮，穿透力很強，即使在激烈的拼鬥中，士兵也能聽到。

「鳴金」是古代作戰時指揮軍隊堅守、退卻、免戰的號令。收兵則鳴金，進兵則鳴鼓。《荀子·議兵》中記載「聞鼓聲而進，聞金聲而退」。鳴金是軍隊作為統一的軍事調度的信號，軍令如山，必須執行，不執行軍令則要受到嚴厲的懲罰。

北魏時期，開始出現銅鑼，平圓如盤，敲擊起來聲音宏亮，聲音擴展很廣，在軍事上就逐漸替代了銅鉦，所以「鳴金收兵」後來就逐漸變成了「鳴鑼收兵」。（宣炳善）

延伸知識 兩軍交戰時，為什麼一定擂鼓？

鼓是一種打擊樂器，多為圓桶形或扁圓形，中空，鼓的一面或兩面蒙上皮革。擂鼓的時候，跌宕起伏，氣勢磅礴。所以兩軍交戰的時候擂鼓進軍，能充分發揮其激勵軍心、鼓舞士氣的作用。在這個意義上，「鼓舞」這個詞語本身就說明鼓的激勵振奮人心的作用。

傳說黃帝在與蚩尤作戰時，「銅頭鐵額」的蚩尤十分強大，一開始黃帝連吃敗仗。後來黃帝在九天玄女的引導下，把夔捉住，把它的皮剝下來做成鼓，借著鼓聲，動搖蚩尤軍隊的軍心。文獻中記載「夔」的形狀像牛，只有一隻腳，但叫聲如雷。《山海經・大荒東經》詳細描寫夔的來歷：「狀如牛，蒼身而無角，一足，出入水則必風雨，其光如日月，其聲如雷，其名曰『夔』。黃帝得之，以其皮以為鼓，橛以雷獸之鼓，聲聞五百里，以威天下。」《繹史》卷五引《黃帝內傳》也記載：「黃帝伐蚩尤，玄女為帝制夔牛鼓八十面，一震五百里，連震三千八百里。」夔牛皮鼓敲響後，聲震天地。蚩尤的士兵聽見鼓聲後驚慌失措，最後黃帝大敗蚩尤，這是中國歷史上最早的關於擂鼓助威的傳說。正因為有這則傳說，所以，在兩軍交戰時，鼓的作用就特別重要。

關於擂鼓在兩軍交戰中的作用，《左傳・曹劌論戰》中有一段名言：「夫戰，勇氣也。一鼓作氣，再而衰，三而竭，彼竭我盈，故克之。」這段話的意思是指作戰時第一次擂鼓最能激起士兵們的銳氣，但是多敲幾次鼓之後對方不應戰，銳氣也就慢慢減弱了。「一鼓作氣」這個成語，就是說要善於利用這股氣勢做成事情。（宣炳善）

021

曹操造銅雀台的真實用意究竟是什麼？

唐代詩人杜牧詠史詩《赤壁》中寫道：「折戟沉沙鐵未銷，自將磨洗認前朝。東風不與周郎便，銅雀春深鎖二喬。」因為杜牧的這首詩，許多人誤以為曹操造銅雀台是為了金屋藏嬌。事實真是這樣嗎？

漢獻帝建安十三年，曹操打敗袁紹，最後統一了北方。統一北方後曹操躊躇滿志，雄心萬丈，準備向南進兵，征討東吳，最後統一南方。因此，這是曹操開始將目光轉向南方的關鍵時候。《三國演義》第三十三～三十四回記載程昱等請曰：「北方既定，今還許都，可早建下江南之策。」操笑曰：「吾有此志久矣。諸君所言，正合吾意。」隨後在地下又挖出了一隻銅雀。在古代，銅雀富祥瑞之氣，如武則天稱帝前夕，有赤雀數萬集朝堂，武則天認為這是天授吉兆。曹操當然也大喜，命令築高台以慶之，一年後築銅雀台於漳河邊上。其實，銅雀是南方朱雀的象徵，在四象中，東方為蒼龍，西方為白虎，北方為玄武，而南方則用朱雀表示，所以，曹操造銅雀台的本意是為了統一南方，也表達曹操順從天意，一統南方的決心。

建安十五年，銅雀台落成，曹操大宴群臣，並命文人賦詩志樂。曹植才思敏捷，筆揮紙落間便寫成了《銅雀台賦》這篇千古名賦。賦中寫道：「立雙台於左右兮，有玉龍與金鳳。連二橋於東西兮，若長空之蝃。」對於「連二橋於東西兮」，在《三國演義》第三十四回中有解釋，曹植說：「若建層台，必立三座：中間高者，名為銅雀；左邊一座，名為玉龍；右邊一座，名為金鳳。更作兩條飛橋，橫空而上，乃為壯觀。」也就是說，東邊的台名叫玉龍，西邊的台叫金鳳，而中間的台則叫銅雀，而且兩座橋將東西兩個台連接起來。但是曹植的這首賦卻被諸葛亮利用了。諸葛亮智激周瑜時引用曹植《銅雀台賦》時說成「立雙台於左右兮，有玉龍與金鳳。攬二喬於東南兮，樂朝夕之與共」，故意將「二橋」改成「二喬」。（宣炳善）

延伸知識｜歷史上的銅雀台是什麼建築？

史書裡，在漢賦、唐詩、宋詞裡，銅雀台都出現過。唐代詩人杜牧的「東風不與周郎便，銅雀春深鎖二喬」更使銅雀台名噪一時。銅雀台在哪裡，它究竟是什麼樣的建築？

銅雀台是曹操爭雄天下的產物。它位於今邯鄲市轄的臨漳縣城西十七公里的「古鄴城遺址保護區」內的三台村西。古鄴城是在古邯鄲衰微成一個普通的郡縣以後，在這塊土地上崛起的第二個政治經濟文化中心，是自三國曹魏起到隋四百餘年間，後趙、冉魏、前魏、東魏、北齊六個割據王朝的都城。三國時的鄴城前臨河洛，背倚漳水，虎視中原，凝聚著一派王霸之氣。建安十五年（二一〇），曹操取得北征、東進等勝利之後，在此大興土木，建成銅雀、金鳳、玉龍三台。其中銅雀台最為壯觀，台上樓宇連闕，飛閣重簷，雕梁畫棟，氣勢恢宏。

清人李斗《揚州畫舫錄》卷十七雲：兩邊起土為台，可以外望者為陽榭，今曰「月台」、「曬台」。晉麈曰：「登臨恣望，縱目披襟，台不可少。依山倚，竹頂木末，方快千里之目。」中國古代的台式建築始於周，成長於春秋、戰國，至秦漢日趨完美。曹操在鄴城建三台特別是銅雀台，達到了中國古代台式建築的頂峰。銅雀台初建於建安十五年（二一〇），後趙、東魏、北齊屢有擴建。這是以鄴北城城牆為基礎而建的大型台式建築。當時共建有三台，前為金鳳台、中為銅雀台、後為冰井台。

據史書載，銅雀台最盛時台高十丈，台上又建五層樓，離地共二十七丈。按漢制一尺合現在中國市尺七寸算，也高達六十三公尺。在樓頂又置銅雀高一丈五，舒翼若飛，神態逼真。在台下引漳河水經暗道穿銅雀台流入玄武池，用以操練水軍，可以想見景象之盛。

銅雀台與建安文學有著不解之緣。銅雀台新成時「太祖悉將諸子登台，使各為賦」。曹丕登台作賦，有「飛間崛其特起，層樓儼以承天」之語。曹植才思敏捷，援筆立就，也寫下了《登台賦》一篇，操大異之，傳為美談。其略曰：「見天府之廣開兮，觀聖德之新營。建高殿之嵯峨兮，浮雙闕乎太清。立沖天之華觀兮，連飛閣乎西城。臨漳川之長流兮，望眾果之滋榮。仰春風之和穆兮，聽百鳥之悲鳴。」漢魏時期的許多著名文學家，如王粲、劉楨、陳琳、徐幹、蔡文姬、邯鄲淳等，都曾經登臨銅雀台，用自己的筆直抒胸襟，憫時悼亂。（李傳軍）

022

曹操為什麼要修玄武池操練水軍？

《三國演義》第三十九回記載劉表對劉備說：「近聞曹操於鄴郡作玄武池以練水軍，必有南征之意，不可不防。」是說曹操打敗袁紹統一北方後，加緊在鄴郡修建玄武池，操練水軍，準備南征。

曹操將練軍的水池取名為「玄武池」，有雙重象徵意義。

第一，玄武是北方水神的形象化代表。「玄武」的本意就是玄冥，「玄」是黑色的意思；「冥」是陰的意思。「玄冥」本來是對龜卜的形容，因為龜背是黑色的，龜卜就是請龜到冥間去詣問祖先，通過占卜，即烏龜身上的裂紋來判斷吉凶，因而最早的玄武就是指烏龜。因烏龜常年生活在水中，於是玄武就變成了水神的象徵，所以曹操用「玄武池」來命名。按照道教的思想，有「天一生水」的說法，「天一」就是指「太一」，也就是北極，是古人認為最北的地方，而「天一」是一個比較抽象的概念，於是就用形象化的「玄武」來代表抽象的北極，也就是泛指的北方。在這個意義上，「天一生水」就是「玄武生水」的意思，也說明「玄武」與水的密切關係。這一內容在《莊子》一書中也有所記載。

曹操本人十分崇拜烏龜，還專門寫《龜雖壽》來歌頌烏龜的長壽。而在《楚辭．遠遊》中則記載：「召玄武而奔屬。」宋代的洪興祖對這句話解釋為：「說者曰：『玄武謂龜蛇。位在北方故曰玄，身有鱗甲故曰武。』」《後漢書．王梁傳》中也記載：「玄武水神之名。」李賢注：「玄武，北方之神，龜蛇合體。」玄武的形象後來逐漸變成了龜與蛇的合體，但其主體仍然是烏龜。

第二，在古代，四象也是軍事行陣的象徵，四象中的玄武表示在軍隊後面鎮守殿軍的意思。《禮記．曲禮》中記載：「行，前朱鳥而後玄武，左青龍而右白虎。」講的就是軍隊在行軍的時候，要有一個象徵化的儀仗隊，前面的旗幟是朱雀，後面的旗幟就是玄武，左右分別是龍虎。《禮記正義》中對此解釋為：「軍後須殿捍，故用玄武。玄武，龜也。龜有甲，能禦侮也。」說的就是烏龜的防禦意義。曹操自北方南征，當然是自己殿後，而用象徵性的玄武殿後也是漢代三國時期軍隊一直繼承的。（宣炳善）

延伸知識──四象

中國古代的道觀常常用青龍、白虎、朱雀、玄武四種神化的動物鎮守山門，稱為「四象」，亦稱「四靈」。青龍、白虎、朱雀、玄武的四象形象在中國古代起源很早，與中國古代的星宿信仰文化有著密切的關係。「四象」是古人把每一個方位的七宿聯繫起來加以想像而成的四種動物的形象。《史記．天官書》中就有「東宮蒼龍、南宮朱鳥、西宮咸池、北宮玄武」，講的都是天空的星象方位。《禮記‧曲禮上》則明確地講：「行，前朱鳥（雀）而後玄武，左青龍而右白虎，招搖在上。」注曰：「行，軍旅之出也。朱雀、玄武、青龍、白虎，四方宿名也。」中國古代將天空分成東、北、西、南區域，稱東方為蒼龍象，北方為玄武（龜蛇）象，西方為白虎象，南方為朱雀象，是為「四象」。漢代的學者又將四象與陰陽五行五方五色相配，故有東方青龍、西方白虎、南方朱雀、北方玄武之說。到了魏晉南北朝時期，道教獲得迅速發展，一些道教人士又把四象作為道教的保護神。西晉葛洪所著《抱樸子‧雜應篇》在描繪太上老君形象時即說他：「左有十二青龍，右有二十六白虎，前有二十四朱雀，後有七十二玄武。」（李傳軍）

023

劉備為何被稱作「劉豫州」？

劉備在《三國演義》中多處被喚為「劉豫州」，如第四十二回回目「張翼德大鬧長阪橋，劉豫州敗走漢津口」，還有諸葛亮舌辯群儒，雙方你我攻難時皆用「劉豫州」作為對劉備的稱謂。劉備被稱作「劉豫州」最直接的原因，當然是劉備曾經被曹操向漢獻帝表奏為豫州牧。但是為什麼稱劉備不呼本名而以官名代之，裡面也有深刻的內涵。

中國古人的姓名包括姓、名、字三部分。名是人自襁褓中就有的，《周禮》云「婚生三月而加名」，嬰兒出生三個月後就由父親取名，名一般寄託了父母長輩對子女的期望。「字」，往往是「名」的解釋和補充，是與「名」相表裡的，故又稱「表字」。「字」是男女成年後才加取的，《禮記・曲禮》上說「男子二十冠而字」，「女子十五笄而字」，就是說不管男女，只有到了成年才取字，取字是讓人尊重他，供他人稱呼。古人的名與字往往是相近、相輔或相反的。像曹操，字孟德，出自《荀子》「夫是之謂德操」一句。「德」與「操」意義相近。趙雲，字子龍，取「雲從龍」之意。張飛，字翼德，「飛」乃「翼之德」。一般說來「名」用於自稱、謙稱和尊長者對卑幼者，「字」用於尊稱、敬稱以及卑幼者對尊長者。平輩之間，除了相熟的朋友可以不拘禮法稱名之外，一般要稱字。在古代，如果不是處在尊長的位置而直呼別人姓名，是非常不禮貌的行為，甚至是對別人的侮辱。對他人稱謂，除了「字」之外，稱號、地望以及所任官職等也是對他人的尊重。中國古代是一個「官本位」的社會，「士農工商」中「士」居其首，因此如果以他人官職稱謂，更是表示尊敬，這也就是劉備被稱作「劉豫州」的原因。（程曉菡）

延伸知識 中國古代的官名稱謂

在中國古代，官名不但指代職務，而且常常用作對人的稱謂。用官名作為稱謂，一般有兩種情況：一是有官職的據官職稱呼。例如，杜甫《春日憶李白》詩：「清新庾開府，俊逸鮑參軍。」這裡的「庾開府」指的是庾信，他曾擔任西魏和北周的驃騎大將軍、開府儀同三司。「開府」二字，就是指「開府儀同三司」這一散官稱號。「鮑參軍」指鮑照，他曾擔任南朝劉宋的臨海王前軍參軍。再如《水滸傳》中「魯提轄拳打鎮關西」的回目中「魯提轄」即魯智深，「提轄」是他當時所任的官職。此外古代很多詩文集也以官名來命名，比如王維曾任尚書右丞，世稱王右丞，他的詩文集就叫《王右丞集》；杜甫曾任檢校工部員外郎，故又稱為杜工部，他的詩文集就叫《杜工部集》。

以官名作為稱謂還有一種情況是，指稱人物並沒有官職，卻借用一種官職來稱呼，這被稱作是僭稱，僭稱的現象主要發生在宋元以後的社會生活中。例如，對有錢有勢的富紳稱作員外、朝奉。「員外」指正員之外的官，這種額外之官大多都是用錢捐獻而得來的，因此多稱有錢的富紳為員外，清人翟灝《通俗編・仕進》：「所云員外者，謂在正員之外。大率依權納賄所為，與今部曹不同，故有財勢之徒，皆得假借其稱。」朝奉為散官（有官名而無職事的官稱），後也用作豪紳之流的僭稱，例如《水滸傳》中的祝朝奉，《水滸傳》第四十六回云：「這裡方圓三百里，卻喚做祝家莊。莊主太公祝朝奉……」其中「祝朝奉」就是有錢有勢的莊主。朝奉在明清時期也廣泛作為典當鋪掌櫃的稱呼。

另外比較常見的僭稱現象就是對一些有技藝人的稱謂，如稱醫生為郎中，手藝人為待詔，酒店夥計為茶博士、酒博士等，而郎中、待詔、博士等都為官名。郎中，西漢時為侍衛官，東漢時為尚書台屬官，隋唐以後為尚書省六部二十四司諸曹司的長官。待詔，指有一技之長侍候皇帝徵召者。唐初翰林學士院，有文學、圖畫、棋藝、醫學、相卜等有專長者入值翰林院，稱為待詔。至玄宗時，始以待詔命官，稱翰林待詔，掌文詞之事，成為一種官稱。博士則為學官之名。僭稱出現的原因，一為賣官鬻爵的泛濫，還有可能就是他們之中的技藝出色者，時常被召入宮廷或官府獻藝、效力，個別的還得到賞賜的封號，手藝人進而以此為榮，廣泛用作本行業的敬稱，這也是藝人多僭稱的主要原因。（程曉菡）

024

諸葛亮的躬耕地究竟是河南南陽還是湖北襄陽？

三顧茅廬的故事已成為禮賢下士的千古美談，諸葛亮躬耕的古隆中和臥龍崗也因此名揚天下。但是，今天的湖北襄陽、河南南陽，卻都說自己是諸葛亮的躬耕地。

一九五七年三月十九日，《光明日報》曾發表了一張名為《劉備三顧茅廬處》的照片，並說：「在河南省南陽西郊臥龍崗的諸葛亮古蹟，相傳劉備三請諸葛亮就在這個地方。」諸葛亮在《出師表》中說過：「臣本布衣，躬耕於南陽……先帝不以臣卑鄙，猥自枉屈，三顧臣於草廬之中。」這樣，劉備的三顧茅廬，看來應該是在河南南陽無疑。

但是，看似定論的東西有時也並不可靠，關於諸葛亮故居隆中所在地的問題，半路上又殺出了個程咬金，湖北襄陽也出來一較究竟了。

《漢晉春秋》記載說：「（諸葛）亮家於南陽之鄧縣，在襄陽城西二十里，號曰隆中。」這裡的鄧縣不是今天河南的鄧縣，因為它在襄陽北面一百多里的地方，這個鄧縣的故城遺址在襄陽境漢水北岸十餘里處。南陽郡和南郡、襄陽郡在漢代是由荊州刺史部轄的，東漢末年，則屬於劉表的轄地。劉表當時雖然沒有完全占據南陽郡，但其勢力範圍已伸展到了南陽郡的博望、新野一帶，鄧縣更在其南，接近襄陽，在劉表的勢力範圍內。諸葛亮及其從父往依劉表，自然是居住在劉表的轄境之內。所以，諸葛亮的故居應在襄陽的隆中山中。

今天的河南南陽在漢代為「宛」。東漢末年宛城先為袁術的領地，後又為張濟、張繡占據，到建安二年，張繡向曹操投降，宛城就成了曹操的勢力範圍。劉備是在建安六年奔依劉表的，他的三顧茅廬自然應在建安六年之後，可這時劉備和曹操已是面對面的敵人了，宛城對於劉備來說已成了敵境；而他卻能夠自由出入敵境，從容三顧茅廬，如此說來是很難合乎情理的。

綜上所述，湖北襄陽的隆中較具歷史的依據，但河南南陽的隆中更具人氣，受到歷代文人騷客的憑弔、吟詠。但是，歷史名人的故居或墓地，在更多的情況下，只是一個象徵物。這如同中國各地的黃帝陵和昭君墓一樣，是中國人特殊歷史情結的產物，表達的都是人們對古人的崇敬和追思之情。（李傳軍）

延伸知識 諸葛亮為何被稱為「臥龍」？

《三國志・蜀書・諸葛亮傳》裴松之注引《襄陽記》：「劉備訪世事於司馬德操。德操曰：『儒生俗士，豈識時務？識時務者在乎俊傑。此間自有伏龍、鳳雛。』備問為誰，曰：

『諸葛孔明、龐士元也。』」司馬德操稱諸葛亮為「伏龍」，是因為諸葛亮此時是身負才學而不仕的隱居之士，「臥龍」與「伏龍」意義相近，也是指諸葛亮有絕世才華但卻躬耕隴畝，不求聞達的風操。諸葛亮被稱為「臥龍」另外一種解釋，則來自於《三國演義》，其第三十六回寫道，徐庶因曹操以徐母為質，不得不辭別劉備，轉投曹操，臨行之前，向劉備推薦諸葛亮，言道：「亮與弟諸葛均躬耕於南陽，嘗好為《梁父吟》，所居之地，有一崗名臥龍崗，因自號為臥龍先生。」

諸葛亮早年未出茅廬，卻對天下形勢洞若觀火，除了其自身博覽群書，才華出眾之外，也與他選擇的「臥龍」之地有密切的關係。臥龍崗位於其時的南陽郡，南陽在兩漢時期，無論是在軍事上還是交通上都具有重要的地位。諸葛亮自己在《隆中對》中即以開闊的眼界分析南陽所屬的荊州形勢：「荊州北據漢、沔，利盡南海，東連吳會，西通巴蜀，此用武之國。」選擇南陽這樣的地方來隱居，便能夠完全掌握英雄紛爭，時局變動。（程曉菡）

025

諸葛亮真的娶了一個醜老婆嗎？

諸葛亮的醜老婆故事很多，據《襄陽耆舊傳》載：漢末諸蔡最盛，蔡諷的姐姐嫁給了太尉張溫，長女為黃承彥的妻子，小女為劉表後妻，即蔡瑁的姐姐。諸葛亮的妻子就是黃承彥的女兒黃碩。

《三國志．諸葛亮傳》記載：「黃承彥者，高爽開列，為沔南名士，謂諸葛孔明曰：『聞君擇婦，身有醜女，黃頭黑色。而才堪相配。』孔明許，即載送之，時人以為笑樂，鄉里為之諺曰：『莫作孔明擇婦，正得阿承醜女。』」由此可見，諸葛亮的老婆是由老岳父親自送上門來的。

據傳，黃碩長得面相醜陋，黃頭髮，黑皮膚，身體十分強壯。但是，黃碩卻是位才女，諸葛亮使用的木牛流馬就是其妻子的發明。黃碩雖然生得醜陋，但是對孔明而言，是難得的賢內助。諸葛亮在前方指揮作戰，黃碩在家植桑養蠶、織布教子。諸葛亮的兒子諸葛瞻曾奉命鎮守綿竹，鄧艾兵臨城下時，諸葛瞻絲毫不受威脅利誘，最後壯烈殉國，諸葛亮的孫子諸葛尚也同時殉國。晉統一天下以後，曾詔諸葛亮的第三個兒子諸葛懷到洛陽加官進爵，被諸葛懷謝絕了。可見黃氏的教育得法。

實際上，黃氏可能沒有傳說的這樣醜陋，人們說黃碩長得貌醜，主要是因為黃承彥給諸葛亮說的「身有醜女」這句話。但是根據當時的情況來推斷，最差，黃氏也應該是相貌平平。首先，黃承彥的話可能是一種自謙，作為父親，一般不會說自己的女兒長得十分漂亮，謙虛一點是很正常的。其次，黃氏的母親與劉表的後妻是親姐妹，但卻從來沒有人說劉表的後妻長得醜陋。作為親姐妹，長相有差異很正常，但是按照常理不至於差異這麼大。第三，有一種說法，諸葛亮娶醜女是因為想擠進上層社會，但實際上當時的諸葛家族與黃家地位基本相等，諸葛亮的姐姐就嫁給了當時比較有名的蒯、龐兩家，所以這種說法是沒有道理的。因此，諸葛亮的「醜妻」應該不至於太醜。（馬寶記）

延伸知識｜古代「四大醜女」是哪四位？

古代的四大醜女是指遠古時代的嫫母、戰國時期的鍾離春、東漢時期的孟光、東晉時期阮德慰的女兒阮氏。她們雖然容貌醜陋，但卻都是有德有才之人。

嫫母被認為是四大醜女之首，漢王子淵《四子講德論》中云：「嫫母樓傀，善譽者不能掩其醜。」但是，屈原在《楚辭・九章・惜往日》中說：「妒佳冶之芬芳兮，嫫母姣而自好。」可見，嫫母是十分賢德的。嫫母養蠶繅絲，把絲織成綢子用來做衣服，被後人尊稱為「先蠶姑娘」。黃帝娶她為妻，後來黃帝打敗了炎帝，殺死了蚩尤，都是因為有嫫母作為賢內助。

第二個醜女是戰國時期的鍾離春，據史載她「四十未嫁」，長相也十分驚人：凹頭深目、長肚大節、昂鼻結喉、肥頂少髮，而且皮膚烤漆。因她居住在齊國無鹽縣，後來人們常以「無鹽女」指稱醜女。但她關心國家大事，以天下為己任，曾去拜見齊宣王，當面指責齊宣王的不足之處，齊宣王十分感動，遂立她為後。

第三個醜女是東漢時期的孟光，《後漢書・梁鴻傳》載：孟光「粗陋無比」、「肥醜而黑」，能「力舉石臼」。有人給孟光提親時，她說「必嫁梁鴻」。當時的人都笑她，但是梁鴻卻看準了她的德行，於是娶她為妻。後來，孟光隨梁鴻隱居於霸陵山中，孟光每天在家都準備好飯菜等候梁鴻回來，然後雙手把盤子舉到自己的眼眉處遞到梁鴻面前，十分恭敬。後來，就有了「舉案齊眉」的佳話。

第四個醜女是東晉時期阮德慰的女兒阮氏，她嫁給了當時的名士許允。但是新婚之夜，許允卻被阮氏的容貌嚇得跑出了洞房。可見，阮氏相貌也是很醜的。後來，還是許允的朋友恒範相勸，許允才又進了洞房。當他實在無法忍受阮氏的醜貌再次想跑出洞房時，阮氏抓住他的衣服說：「婦女有婦德、婦言、婦容、婦功四項標準，我只是缺乏容貌而已；衡量君子的標準上百條，你占那一條？」許允說：「我都具備。」阮氏說：「百條之中，第一便是德，但你卻好色不好德。」許允十分慚愧，自此知她與一般女子不同，二人相敬一生。（馬寶記）

026

諸葛亮、徐庶、龐統等人為什麼都在荊州隱居？

三國時代，聞名於世的謀士和文人們，通常選擇隱居於荊州。比如，諸葛亮、徐庶和龐統就是這樣。這其實是與劉表治下的荊州有很大關係。

荊州共有七郡：長沙、零陵、桂陽、南陽、江夏、武陵、南郡。分布於長江的南北兩岸。由於荊州北接中原，南毗江東，又處於長江的中游，戰略地位十分重要。荊州自西元一九四年到西元二〇八年的十多年時間裡，都處於軍閥劉表的治下。

《後漢書．劉表傳》稱：「（劉表）於是開土遂廣，南接五嶺，北據漢川，地方數千里，帶甲十余萬。初，荊州人情好擾，加四方駭震，寇賊相扇，處處麋沸。表招誘有方，威懷兼治，其奸猾宿賊更為效用，萬里肅清，大小咸悅而服之。」所以，在東漢末年中原和關中地區軍閥混戰的二十年間，劉表治下的荊州一直比較安定。

《三國志．劉表傳》注引謝承《後漢書》曰：「表受學於同郡王暢。暢為南陽太守，行過乎儉。表時年十七，進諫曰：『奢不僭上，儉不逼下，蓋中庸之道，是故蘧伯玉恥獨為君子。府君若不師孔聖之明訓，而慕夷齊之末操，無乃皎然自遺於世！』」可見，劉表也是一個學有根底的儒家學者。《三國志．劉表傳》注引張璠《漢紀》說他「與同郡人張隱、薛郁、王訪、宣靖、公緒恭、劉祇、田林為八交，或謂之八顧」，是東漢末年的名士。因此，很多士人選擇到劉表治下的荊州生活。《後漢書．劉表傳》稱：「關西、兗、豫學士歸者蓋有千數。」荊州治下的南陽地區，本來就是東漢時期「饒士大夫」的人才薈萃之地，現在又有大量士人來此，人才聚集的密度，一時天下無雙。劉表也對這些人十分優待：「安慰賑贍，皆得資全。」因此，劉表時期的荊州士人，雖值天下大亂之際，倒也都能悠哉遊哉，交遊問學。諸葛亮、徐庶、龐統等人，正是在這種背景下來荊州隱居的。《三國志．諸葛亮傳》注引《魏略》云：「亮在荊州，以建安初與潁川石廣元、徐元直、汝南孟公威等俱遊學。」說的就是這種情況。

劉表在群雄角逐的時代，志向有限，他「有才而不能用，聞善而不能納」，只想「愛民養士，從容自保」。但是，對於那些雲集荊州的才學之士來說，他們的理想絕非這樣簡單，諸葛亮不就好以「管、樂」自比嗎？據《三國志．魏書．王粲傳》的記載，從長安逃到荊州投奔劉表，爾後終為曹操所用的王粲後來就對曹操說：「劉表雍容荊楚，坐觀時變，自以為西伯可規。士之避亂荊州者，皆海內之俊傑也；表不知所任，故國危而無輔。」在劉表境內躬耕隱居的諸葛亮，也說自己「但求苟全性命於亂世，不求聞達於諸侯」。這並非真的要踏踏實實地做個農民，而是韜光養晦，待機而動。所以，無論是王粲、諸葛亮，還是徐庶、龐統，這些曾匯集於荊州的俊傑之士，最後都各奔前程，在魏、蜀、吳三國尋求發展的機會。（李傳軍）

延伸知識——「大意失荊州」的「荊州」包括哪些地方？

荊州是九州之一，在《尚書・禹貢》中，九州的記載分別為冀州、兗州、青州、徐州、揚州、荊州、豫州、梁州、雍州。在這九州之中，荊州正好處於中國的中部地區，也就是長江中游一帶。荊州和春秋戰國時期的楚國的地理位置是基本吻合的，所以，荊州有時候也叫做「荊楚」。在東漢許慎《說文解字》中，「荊」字解釋為「楚木也」，可見，「荊」與「楚」兩者之間的關係十分緊密。但楚國的勢力不斷擴張，其疆域延伸到長江下游一帶，出生於江蘇的劉邦也自稱楚人，好為楚歌，因此「楚」的概念實際上大於「荊」的概念。而荊州的主體基本上還是在湖南、湖北的兩湖地區。

漢代的荊州，在很長一段時期內，都是轄南陽郡、南郡、江夏郡、零陵郡、桂陽郡、武陵郡、長沙郡七個郡，包括了現在河南南部，湖北、湖南兩省的全部，廣西、廣東的北部，貴州、四川的東部地區。其中南陽郡、南郡、江夏郡這三個郡主要是在長江的北邊，而零陵郡、桂陽郡、武陵郡、長沙郡這四個郡主要是在長江南岸。由此可見，荊州內部天然的分界線就是長江中游的一段。其中南陽郡治宛縣，郡治在今河南南陽；南郡治江陵，郡治在今湖北江陵；江夏郡治西陵，郡治在今湖北新洲；零陵郡治泉陵，郡治在今湖南永州；桂陽郡治郴縣，郡治在今湖南郴州；武陵郡治臨沅，郡治在今湖南常德；長沙郡治臨湘，郡治在今湖南長沙。（宣炳善）

027

諸葛亮為什麼選擇投劉備？

諸葛亮是千古名人，是中國古代最受讚譽，也最具傳奇色彩的政治家、軍事家。「三顧茅廬」是諸葛亮出山前所受到的極大禮遇，投奔劉備也成為他人生中一個最重要的轉捩點。那麼，諸葛亮為什麼不投靠當時已成氣候的曹操和孫權，而唯獨看中了奔竄求存、走投無路的劉備呢？

歷史上的曹操是一個有著雙重面孔的人，時人譽為「治世之能臣，亂世之奸雄」，性格很複雜。他固然志向高遠，氣魄雄大，是當時第一流的政治家和軍事家，但他挾天子以令諸侯的作為，和覬覦漢鼎的不臣之跡，就連自己的手下孔融、荀彧、崔琰等都看不下去，何況以興復漢室、統一天下為己任的諸葛亮呢？在對待人才方面，曹操雖然可以做到徒跣以迎許攸，唯才是舉，連負汙辱之名的人才都可以容納，但卻也會因政治的利益而翻臉無情，殘忍殺害跟隨自己多年的部下和朋友，孔融、楊修等都沒有逃脫這種下場。一生謹慎的諸葛亮對曹操這樣的人是不會認可的。

孫吳方面，孫權文韜武略，膽識過人，不愧為一代豪傑。他據有江東，兵精而糧足。孫權愛惜人才，與魯肅、周瑜、呂蒙等手下君臣相契，相處得很好。諸葛亮的大哥諸葛瑾在孫權手下也很受重用。但諸葛亮為什麼不去投奔孫權呢？史書上記載：赤壁大戰前，劉備派諸葛亮去東吳說服孫權聯合抗曹。當時東吳的大臣張昭想留下諸葛亮，被他婉言謝絕。後來有人問起其中的原因，諸葛亮說：「孫權當然是人中豪傑，但是我看以他的度量，他有可能會對我很好，但不會對我言聽計從。所以我不能留下。」這是諸葛亮已經投靠劉備以後的事。

相反，劉備雖然出身貧寒，但畢竟是帝室之冑，是漢室「復興」的希望所在。劉備的前半生極其坎坷，時而投靠陶謙，時而聯合呂布，時而歸順曹操，時而依附袁紹，走投無路時，又跑到荊州投靠劉表。但劉備卻是當時少有的富有遠見的政治家。他對部下很誠懇、講信義，對老百姓表現得也很仁慈，具有一定的政治號召力，連曹操都認為「天下英雄，惟使君與操耳！」直到荊州之前，劉備最急缺的都不是軍隊和地盤，而是人才。因此他能夠「枉屈」州牧之尊，「三顧茅廬」，以自己的誠信和共同的政治目標感動諸葛亮。

「三顧茅廬」的故事，在《三國演義》中足足花了近兩個章節的篇幅來渲染，寫得非常精彩。但在《三國志》中，關於這一段的描寫，只有五個字：「凡三往，乃見。」對此，諸葛亮在自己所寫的《出師表》中曾經表明心跡：「先帝不以臣卑鄙，猥自枉屈，三顧臣於草廬之中，咨臣以當世之事，由是感激，遂許先帝以驅馳。」諸葛亮慎擇其主的態度，由此可見一斑。他的選擇輔佐劉備，實在是深思遠慮的結果。（李傳軍）

諸葛亮所處的時代，正是我國書法藝術趨向成熟的時代。諸葛亮幼年時就養成了良好的學習習慣，至今在襄陽民間還流傳著許多關於他刻苦學習的故事和傳說。諸葛亮喜愛書法，在青少年時代就刻苦練習，因而擅長多種字體，篆書、八分、草書都寫得很出色。劉備在寫給劉禪的臨終遺詔中曾說：「聞丞相為寫《申》、《韓》、《管子》、《六韜》一通已畢，未送，道亡。可自更求聞達。」南朝梁書法家陶弘景所著的《刀劍錄》記載：「蜀章武元年辛丑（二二一），采金牛山鐵，鑄八鐵劍，各長三尺六寸……並是孔明書作風角處所。」南朝陳大臣虞荔《古鼎錄》也記載：「諸葛亮殺王雙，還定軍山，鑄一鼎，埋於漢川，其文曰：定軍鼎。又作八陣鼎，沉永安水中，皆大篆書。」「先主章武二年（二二二），於漢川鑄一鼎，名克漢鼎，置丙穴中，八分書……又鑄一鼎於成都武擔山，名受禪鼎；又鑄一鼎於劍山口，名劍山鼎。並小篆書，皆武侯跡。」北宋時周越所著《古今法書苑》也記載：「蜀先主嘗作三鼎，皆武侯篆隸八分，極其工妙。」宋徽宗時期的《宣和書譜》卷十三記載：諸葛亮「善畫，亦喜作草字，雖不以書稱，世得其遺跡，必珍玩之。」又說：「今御府所藏草書一：《遠涉帖》。」這說明到北宋末期（一一一九－一一二五）在皇宮內府還珍藏有諸葛亮的書法作品。

（李傳軍）

028

「隆中對」的策略是諸葛亮的首創嗎？

話說諸葛亮（一八一—二三四）隱居隆中，常常自比為春秋時候的大政治家管仲和戰國時的大將樂毅，不出門而知天下大勢，時人譽為臥龍。新崛起的劉備為了網絡人才，屈尊紆貴，三顧茅廬，懇請諸葛亮為自己指點迷津，分析天下大勢。

諸葛亮認為終於得遇明主，就把自己對天下政局的觀點和盤托出。據《三國志．諸葛亮傳》記載，諸葛亮說：「自董卓以來，豪傑紛起，占據幾個州郡和城池的人不可勝數。曹操與袁紹比，名聲小，兵力弱，但是曹操卻戰勝袁紹，不僅是時機好，更是政治智慧高明的結果。現在曹操擁有百萬大軍，挾天子以令諸侯，不能與他爭勝。孫權占有江東，已歷父兄三代，江東地勢險要，民眾歸附，才俊多被重用，孫權可以結援，而不可謀取。荊州北控漢、沔二水，資源豐富，東連吳郡和會稽，西通巴、蜀二郡，是兵家必爭之地，但是劉表卻無力統治，這地方就是老天用來資助將軍的。益州關塞險要，沃野千里，自然條件優越，漢高祖憑著這個地方而成就帝業。益州牧劉璋昏庸懦弱，張魯在北面占據漢中，人民興旺富裕、國家強盛，但他不知道愛惜人民。有智謀才能的人都想得到賢明的君主。將軍您既然是漢朝皇帝的後代，威信和義氣聞名於天下，如果您占據荊州、益州二州，憑險固守，在西面、南面與當地少數民族處好關係，對外跟孫權結成聯盟，對內改善政治；天下形勢如果發生了變化，就派一名大將率領荊州的軍隊向南陽、洛陽進軍，將軍您親自率領益州的軍隊出擊秦川，老百姓誰敢不歡迎您呢？如果真的做到這樣，那麼霸業可成，漢家的政權也可以復興了。」

這就是著名的「隆中對」。劉備聽了諸葛亮這一番精闢的分析，豁然開朗。他覺得諸葛亮這人才難得，於是懇請諸葛亮出山，幫助他完成興復漢室的大業。今天四川成都的武侯祠，有一副對聯：「三顧頻繁天下計，一番晤對古今情」，描寫的就是隆中對的情景。

不過，類似於「隆中對」的策略在三國政治家中早就有人談過，說不上是諸葛亮的首創。

孫策死後，孫權新立，江東形勢一度相當混亂，只是靠著周瑜等人的全力維持才逐漸穩住局面。不久，周瑜推薦老朋友魯肅給孫權。孫權對魯肅的見識十分讚賞，他有一次單獨把魯肅留下來，共坐一榻，一邊飲酒，一邊議論國家大事。席間，魯肅向孫權提出了「鼎足江東」的策略。

魯肅認為，曹操已取得控制漢帝的有利地位。漢室已不可能恢復，曹操的力量也不能根本剷除。而孫權想要一統天下的設想也是不符合現實的，因而最好的辦法是割據江東，等待時機，利用曹操無暇南下的機會，進攻劉表，占據荊州，然後建號稱帝，逐步奪取天下。

魯肅的「榻上策」和諸葛亮的「隆中對」，雖然有細緻與粗略之別，但在基本觀點上是完全一致的，兩者同樣比較準確地把握了當時的客觀形勢，並提出了遠大的政治目標。不過，魯肅的「榻上策」提出的時間整整比諸葛亮的「隆中對」早了七年，在時間上占有先機。魯肅專美於前，諸葛亮擅美於後，「榻上策」與「隆中對」，見證的是魯肅與諸葛亮英雄所見略同的高明政治家的智慧和遠見。（李傳軍）

延伸知識——「隆中對」的致命不足在哪裡？

「隆中對」是一個兩步走的戰略組合：第一步是占據荊州、益州，建立根據地；第二步是兵分兩路，進取中原。不過，諸葛亮北伐的失敗，蜀漢政權的過早滅亡，都無情地否定了「隆中對」的第二步，也就是「隆中對」總目標的可能性。學者研究證明，「隆中對」最致命的不足在於以下幾個方面：

其一：跨有荊益的戰略基礎不具有現實可能性。荊州是劉備勢力西取益州的基礎，也是蜀國建立後，面對魏、吳兩國最重要的戰略地。但是，由於劉備戰略上的短視和關羽交惡孫吳的失策，導致荊州被孫吳占領，而劉備彝陵之戰的失利，使得蜀國擁有荊州的機會永久喪失，諸葛亮跨有荊益的戰略構思遂成為一紙空文。失去荊州，諸葛亮預期的一路出秦川，一路走宛、洛，分路合擊，以鉗形攻勢進攻魏國的戰略，就再也不能實現。

其二，諸葛亮對曹魏軍事進攻的策略是一把雙刃劍，它在保證蜀國安全的同時，極大地消耗了蜀國的實力，最後導致蜀國為魏國所滅。魏蜀吳三國之中，蜀國經濟、軍事實力最弱。但應該說，在諸葛亮執掌蜀漢朝政的時候，蜀漢政權以弱待強，用持續的軍事保持了對曹魏的軍事壓力，在相當長的時間內與曹魏關係方面一直居於戰略主動地位，這是諸葛亮的高明之處。但這並未根本上改變蜀、魏兩國的實力對比。

其三，由於劉備政治策略的短視，在蜀漢與孫吳關係上，並未貫徹「隆中對」中結援孫權、聯吳抗曹的外交戰略，在劉備當政期間，蜀、吳數次交惡，其後雖經諸葛亮多次修補，仍導致兩國貌合神離，互不信任，最後被各個擊破。

「隆中對」的提出，在建安十二年（二〇七），即赤壁之戰的前一年。當時，曹、劉、孫三家的未來發展趨向，除了曹操外，都還很不清楚。諸葛亮見微知著，準確預見了未來三國鼎立的政治局面，特別是對劉備從占有荊州，到跨有荊、益，進而建立蜀漢政權的發展歷程，更是預見得分毫不爽，這在中國歷史上，是唯一的個案，這也正是「隆中對」被千古傳頌的價值所在。（李傳軍）

029

龐統見劉備時為什麼「長揖不拜」？

《三國演義》第五十七回，寫江南名士龐統自恃才高，初次拜見劉備，長揖不拜。看到龐統行這樣的見面之禮，劉備有些不高興，而龐統又長得十分醜陋，劉備就更不高興了。「長揖不拜」是行禮者站立著，對長者或尊者行拱手禮，同時向前彎腰，兩手由上向下抱拳至膝蓋處，但不跪拜磕頭，因此，「長揖不拜」其實就是「作揖」的動作，簡稱為「揖禮」，屬於一般性的禮節，有點像是當代流行的鞠躬禮。

「長揖不拜」的禮節在《三國演義》中多次出現，如《三國演義》第八十六回記載蜀漢派使臣鄧芝前去東吳遊說孫權與蜀結好，小說中寫道：「近臣引至簾前，鄧芝長揖不拜。權令卷起珠簾，大喝曰：『何不拜！』芝昂然而答曰：『上國天使，不拜小邦之主。』」孫權大怒，差點想用油鼎烹了鄧芝。鄧芝到了東吳，不肯下拜，而只是行「長揖不拜」禮，這是為了維護蜀漢的尊嚴。

《史記》卷九十七《酈生列傳》記載：「酈生至，入謁，沛公方倨床，使兩女子洗足而見酈生。酈生入，則長揖不拜。」一說的是酈食其去拜訪劉邦的時候，劉邦正坐在床邊洗腳，在這樣的情形下接見酈生，當然是不尊重酈食其的表現，於是酈生也就沒有行跪拜的大禮，而是長揖不拜，只是彎腰行拱手禮而已。

所以，從上面可以看出，「長揖不拜」多用於同輩之間或對長者、尊者的一種略示尊敬的禮節。而傳統禮節，臣子見君主是不可以行「長揖」的揖禮，應該行拜禮才對。（宣炳善）

延伸知識｜曹操祭袁紹墓時拜了兩拜，為什麼要拜兩拜？

《三國演義》第三十三回，曹操攻破冀州後，親自到袁紹墓下設祭，再拜而哭甚哀，「再拜」，也就是第二次下拜，即拜了兩拜。

《禮記・雜記下》記載有一次孔子的馬廄失火，鄉人前來慰問，孔子答拜表示感謝，「拜之，士一，大夫再，亦相弔之道也」。孔子對於士人只拜一次，而對於比士高一級的大夫，就拜兩次。可見再拜就是對對方身分的一種更為尊重的表示。所以清代趙翼《陔余叢考》卷三十一關於「再拜」等條目的解釋是：「古人拜，雖臣之於君，亦只再拜。」意即在上古時期，就是大臣拜見皇上，也只要兩拜就夠了。而曹操為了表示對袁紹的尊敬，所以拜了兩拜。

030

徐庶在曹營真的一言不發嗎？

在三國故事中，徐庶是一個傳奇人物。他任俠使氣，善擊劍，敢殺人，後又能折節向學，遍訪名師，可謂文武全才。劉備駐守新野，他化名單福前來輔佐，取得了一連串的勝利，斬呂曠、呂翔，破八門金鎖陣，計取樊城，殺得曹仁丟盔棄甲逃回許都，可謂戰績輝煌。正因如此，才引起了曹操的注意，並在謀士程昱的幫助下，以徐庶之母為人質，騙取徐庶來降。明知是曹操謀略，但事母至孝的徐庶還是捨棄劉備而投奔了曹操，在徐庶臨行前，他鄭重向劉備承諾「縱使曹操相逼，庶亦終生不設一謀」。

那麼，歷史上的徐庶真的進了曹營了嗎？進去之後真的一言不發嗎？《三國志》並沒有徐庶傳記，其事附在諸葛亮傳中，據《三國志·蜀書·諸葛亮傳》注引《魏略》記載，徐庶原名單福，因為母親被曹操所俘故投奔曹操，遍觀《三國志》，徐庶從未說過不為曹操設謀的話，「一言不發」之語，乃小說家言的民間願望。

據記載，到了魏國黃初年間，徐庶在魏國官至右中郎將、御史中丞。中郎乃官名，秦代開始設置，漢人沿用秦制，仍設置中郎，擔任宮中護衛、侍從，屬郎中令。分五官、左、右三中郎署。各署長官稱中郎將，省稱中郎。而御史中丞在西漢時為御史大夫的助理，對外督部刺史，對內領侍御史，有權利受公卿章奏，糾察百僚，其權勢頗重，東漢以後不設御史大夫時，即以御史中丞為御史之長。所以這都是權勢頗重的職責，假設徐庶進曹營後真的一言不發，很難想像他能一路穩居朝廷。即便如此，諸葛亮還是感歎徐庶升遷太慢，《三國志・蜀書・諸葛亮傳》注引《魏略》載：「諸葛亮……歎曰：『魏殊多士邪！何彼二人不見用乎？』」言下之意，深為歎息。（程曉菡）

延伸知識｜曹操幕府的機構模式有什麼特色？

幕府本指將帥在外的營帳，後亦泛指軍政大吏的府署。作為一代霸主，名義上的漢獻帝丞相、大將軍，曹操身邊有著完整的幕府機構，這樣的幕府機構因為曹操的強大力量又被後人稱為「霸府」。

曹操幕府的基本構成，乃是承襲漢代將軍幕府、太尉幕府而來，根據《後漢書・續百官志》記載，將軍幕府主管軍事，太尉幕府主管民政。

而曹操幕府則統合軍事與民政，加上他後來封魏王，所以其規模與組織系統表現出全新的特點。熟悉三國故事的人都知道，曹操身邊謀士極多，才華出眾，因此，由他們構成的軍事參謀集團就格外引人注目。曹操霸府的軍事參謀集團由軍師、軍師祭酒、軍謀掾、參軍構成。其中地位最高的是軍師，三國時代群雄身邊多有軍師一職，大多是請極有名望之士擔任。例如名士荀攸，《三國志・魏書・荀攸傳》記載曹操上表朝廷時言道：「軍師荀攸，自初佐臣，無征不從，前後克敵，皆攸之謀也。」後來隨著霸府機構的擴大，又出現了中軍師、前軍師、左軍師、右軍師等職位。當時著名人物如鍾繇、涼茂、毛玠都曾任軍師。

軍師以下，曹操霸府還有軍師祭酒之職。《三國志・魏書・武帝紀》說：「公還許，初置軍師祭酒。」可見此職乃曹操首創，其地位略低於軍師，人員也不局限於一人，當時著名的人物如王粲、徐幹、陳琳、阮瑀、路粹、董昭、薛洪、王朗、杜襲、傅巽、袁渙、董蒙、張承等人皆曾擔任此職。軍謀掾的地位又在軍師祭酒之下，擔任者的名望亦多不及軍師祭酒，如令狐劭、薛夏、孫禮等。（程曉菡）

031

諸葛亮在戰爭中為什麼多用火攻之術？

三國戰爭中有一個現象很值得注意，那就是諸葛亮除了正規的陸軍對抗戰以外，還特別擅長用火攻之術。先後火燒新野、火燒赤壁，南征孟獲時又火燒兀突骨三萬藤甲軍。

對於火攻之術，諸葛亮自己也有一定的評價。《三國演義》第九十八回，當諸葛亮知道魏國的上將軍孫禮運糧時就說：「此是魏將料吾乏糧，故用此計。車上裝載者，必是茅草引火之物。吾平生專用火攻，彼乃欲以此計誘我耶……遂喚馬岱吩咐曰：汝……但於上風頭放火。」於是馬岱領命前去放火，最後打敗孫禮。這裡，諸葛亮說他平生專用火攻，其實是來自道教的五行相剋之術。

道教最重視對自然界的探索，對自然的瞭解也遠遠超過一般的儒生，而諸葛亮作為在道教背景成長的人，對於五行相剋之術自然十分熟悉。五行相剋是指金剋木，木剋土，土剋水，水剋火，火剋金。在這五行相剋之中，威力最大的就是火剋金，因為金屬要在高溫下才能融化，火可以剋金，而人的肉體當然比不上金屬剛強，那麼用火攻之術來對付人，其難度就降低了，也更容易實施。所以在戰爭中，諸葛亮首選是用火攻，其次才是水淹。《三國演義》第四十回，諸葛亮用兵新野打敗曹仁，就是先用火攻，再用水淹，水火並用，完全將理論用到了實踐上。（宣炳善）

延伸知識　古代軍事指揮系統中的「三官」是什麼？

在中國古代戰爭中，旗鼓扮演過重要的角色。我們通常所說的「旗鼓」，其實是古代戰爭指揮系統中的重要視覺和聽覺訊號的代稱。戰爭得以展開，關鍵在於指揮；而在古代，戰爭指揮的順利開展，關鍵又在旗鼓。故在古代軍事用語中，常有「旗鼓相當」、「大張旗鼓」、「偃旗息鼓」等用語，來表示軍隊的出戰、隱蔽和撤退等等含義。古代軍事指揮系統中使用的器物以旗、鼓、金（銅制的打擊或吹奏樂器）最為常見，它們號稱「三官」，在指揮作戰過程中各有其功能和重要的含義。《管子・兵法篇》講：「一曰鼓，鼓所以任也，所以起也，所以進也；二曰金，金所以坐也，所以退也，所以免也；三曰旗，旗所以立兵也，所以制兵也，所以偃兵也。此之謂三官。有三令，而兵法治也。」（李傳軍）

032

劉關張中，劉備真的是大哥嗎？

在《三國演義》的第一回《宴桃園豪傑三結義，斬黃巾英雄首立功》中，寫到了漢靈帝中平元年（一八四），黃巾起義爆發，時劉備「年已二十八歲矣」。就在他看到幽州刺史劉焉的招軍榜文的當天，先後認識了張飛、關羽兩位豪傑，彼此都有相見恨晚之意，於是次日，在張飛家桃園中，備下烏牛白馬祭禮等項，三人焚香再拜而說誓曰：「念劉備、關羽、張飛，雖然異姓，既結為兄弟，則同心協力，救困扶危；上報國家，下安黎庶。不求同年同月同日生，只願同年同月同日死。皇天後土，實鑒此心，背義忘恩，天人共戮！」誓畢，拜玄德為兄，關羽次之，張飛為弟。從此，劉關張兄弟同心打天下的佳話就傳遍天下。

桃園三結義的情節，已經證明是小說的虛構，就連《三國演義》中所說的劉備結義時二十八歲的年齡，也與史實不合。記載三國史事的正史如《資治通鑒》、《三國志》均未提及劉備的生年，但根據《三國志．蜀書．先主傳》的記載，劉備卒於蜀漢章武三年（二二三）夏四月，「時年六十三」。古人計算年齡都算虛歲，照此逆推六十三年，劉備應該是生於漢桓帝延熹四年（一六一）。那麼，黃巾起義爆發的漢靈帝中平元年他應該是二十四歲。而根據《三國志》中《關羽傳》和《張飛傳》的有關記載，以此類推，漢靈帝中平元年關羽的年齡應為二十五歲，張飛的年齡應為二十歲。三人的年齡如果按長幼排序，應該是關羽為長，劉備次之，張飛最幼。因此，即使單純從年齡的角度來講，「桃園三結義」的故事也不可能是真正的事實。

《三國演義》中桃園三結義的情節，應該是以《三國志》中劉關張「恩若兄弟」的記載為依據，並進而進行的「七分史實，三分虛構」的藝術想像和發揮。儘管劉關張年齡的排序不符合歷史的事實，但卻非常符合中國民間傳統的「打虎親兄弟，上陣父子兵」的民眾心理，同時，為君臣之義渲染上幾分溫馨可人的手足之情，也符合讀者大眾的情感邏輯和審美心理。（李傳軍）

延伸知識｜赤壁之戰中主要將領的年齡到底有多大？

三國魏、吳、蜀之爭天下，實際上是「人才之爭」，得人才者得天下。為此，三國的統治者虛懷若谷，想盡一切辦法吸引人才。

曹操以「唯才是舉」的口號網羅人才。在建安二十二年（二一七）下達的《舉賢勿拘品行令》，曹操指出，即使「負汙辱之名，見笑之行，或不仁不孝，而有治國用兵之術；其各舉所知，勿有所遺」。通過不拘一格地選賢任能，曹操手下的文臣武將人才濟濟。三國中，蜀漢國小地狹，劉備在各個爭霸的軍閥中並不占優勢。但劉備靠「以情相契」，也就是以感情留人，以事業用人。他仁義寬厚，以誠待人，君臣之間肝膽相照，始終不渝，也得到諸葛亮、龐統、法正等一流人才，共同創業。東吳孫權在人才政策上也很有一套，諸葛亮曾經說過：「江東國險民附，賢能為之用。」孫權用人不拘一格，他「納魯肅於凡品，拔呂蒙於行陣」，任陸遜於「未有遠名」時，這些都是堪當大任的不世之才。

人才在三國鼎立局面的形成中發揮了關鍵性作用。比如，在決定三國鼎立局面形成的赤壁之戰中（發生於西元二〇八年），戰爭發生時孫吳方面的將帥孫權（一八二—二五二）二十六歲，周瑜（一七五—二一〇）三十二歲，魯肅（一七二—二一七）三十六歲；劉備方面的將帥劉備（一六一—二二三）四十七歲，諸葛亮（一八一—二三四）二十七歲，龐統（一七九—二一四）二十九歲；而曹操方面的將帥曹操（一五五—二二〇）已是五十三歲，荀彧（一六三—二一二）四十五歲，曹仁（一六八—二二三）四十歲。結果孫劉聯盟依靠孫權、周瑜、諸葛亮、魯肅、龐統等年輕有為的政治家、軍事家，戰勝了年齡偏大、思想保守的曹操集團。可見，人才年輕化的優勢，自古已然。（李傳軍）

033

東坡詞裡的「羽扇綸巾」指的是諸葛亮嗎？

「身體髮膚，受之父母」，古人對自己身體的各部位都十分愛惜，從不輕加損毀，故不論男女，均為長髮。為了行動的便利，將頭髮攏束為一髻，並將之固定，就成為漢族人民的代表性髮式。貴族男女成年之後，有冠、笄之禮，即採用一定的形式，將髮式固定起來，以示成年。因而，冠、巾等便成為漢民族服飾史上別有韻味的風景。

冠是士人所戴之物，而「巾」則是平常之物，即平常所說的「頭巾」，也就是一塊方形的布，用來包住頭頂的髮髻。漢代劉熙《釋名》卷四《釋首飾》中記載：「巾，謹也，二十成人，士冠庶人巾，當自謹修四教也。」就是說二十歲成人的時候，要舉行成人禮儀，貴族的成人儀式是戴冠，也就是用簪子盤綰髮髻，然後再用冠套住髮髻；而百姓的成人禮則是戴巾，因而冠與巾的差異也是社會等級地位尊卑的差異。

漢代末年，出現了一個奇特的現象，就是當時的貴族士人在很多場合不再按儒家禮制戴冠，而是改用戴巾。戴頭巾握羽扇是魏晉名士的打扮，這種風氣在漢末已經開始。當時王公顯貴如袁紹、崔豹等，大多以頭戴幅巾為風度高雅，這居然成為一種風氣。東晉裴啟《語林》載，三國時期，諸葛亮與司馬懿在渭水之濱鏖戰，時司馬懿全身戎裝，站在高處觀察對岸諸葛亮的軍陣，發現諸葛亮「乘輿葛巾，持白羽扇，指麾三軍，皆隨其進止」。司馬懿感歎說：「諸葛亮可謂名士矣！」後人因此又把綸巾稱為諸葛巾。比如明王圻《三才圖會・衣服・諸葛巾》條就說：「諸葛巾，此名綸巾。諸葛武侯嘗服綸巾，執羽扇，指揮軍事，正此巾也，因其人而名之。」綸巾未必是諸葛亮的創造，但羽扇綸巾的形象是智者文人的象徵，無疑這種形象最適合諸葛亮的風采。

蘇軾《念奴嬌・赤壁懷古》中描寫周瑜：「遙想公瑾當年，小喬初嫁了，雄姿英發。羽扇綸巾，談笑間，檣櫓灰飛煙滅。」周瑜字公瑾，小喬是周瑜的妻子，在蘇東坡的詞中，和諸葛亮的打扮一樣，周瑜也是「羽扇綸巾」。可見在當時，戴頭巾握羽扇是士人的普遍裝束，就像民國時期的文人大多穿長衫一樣。這實際上說明了當時儒家禮制的衰微，而追求逍遙自在的道家精神正在逐漸產生。（宣炳善、李傳軍）

延伸知識——「冠軍」和古人戴的「冠」有關係嗎？

春秋時期士人屬於貴族，士人戴冠是其貴族地位的象徵。按照禮制，平民百姓是不可以戴冠的。「冠」的本義，按照清代段玉裁《說文解字注》中的記載，說的是頭髮束起來後將頭髮固定的頭飾，是弁冕的總名。《禮記・冠義》記載：「故冠而後服備，服備而後容體正，顏色齊，辭令順。故曰：『冠者，禮之始也。』是故古者聖王重冠。」說的就是要先戴冠，然後再穿衣服，這樣才是合禮之舉。

「冠」戴在頭上，高高聳立，成語「峨冠博帶」說的就是這種情況。因為「冠」是社會地位的象徵，也是君子的象徵，所以當時的士人對於「戴冠」相當重視。《左傳》哀公十五年記載衛國發生內亂，石乞等人用戈砍斷子路的纓，子路一邊重新束纓，一邊說：「君子死，冠不免。」子路放下武器結上冠纓，結果被刺死。所謂「冠不免」就是不免冠，還是要讓冠戴在頭上，以維護士人的尊嚴。由此可見，古人戴冠的時候還要束上冠纓，也就是用兩根帶子繫在領下，從而將冠固定。漢代劉熙《釋名》卷四《釋首飾》中記載：「纓，頸也，自上而下繫於頸也。」所以，纓也就是冠繫，用來繫在領下，使冠固定。這樣戴冠就成為貴族彰顯其身分的最明顯的標誌，而「冠族」的意思就是指豪門世族，後來一系列的辭彙均由此而來，如「冠冕堂皇」、「冠軍」等，本來都是指地位顯赫。（宣炳善）

034

諸葛亮借東風完全是虛構嗎？

赤壁之戰發生於建安十三年年末，即西元二〇八年十二月二十五日到二〇九年一月二十三日之間，正是冬季，按照中國人、特別是中國北方人的常識，這個季節絕不會有東風。但《三國志．周瑜傳》記載：「權遂遣瑜及程普等與備併力逆（迎擊）曹公，遇於赤壁。時曹公軍眾已有疾病，初一交戰，公軍敗退，引次江北。」裴松之注又說：「至於赤壁之戰，蓋有運數。實由疾疫大興，以損之鋒。凱風自南，用成焚如之勢。天實為之，豈人事哉。」這告訴我們，赤壁之戰過程中，特別是周瑜遣程普、黃蓋襲擊曹軍的時候，確實起了南風。

但這風不是諸葛亮借來的，因為諸葛亮既無借風的神力，當時更不在赤壁前線。在湖北省境內，也就是三國時期的荊、襄地區，冬天有東南方向的風並不罕見，這是由於當時的氣候和長江沿岸的地理特徵決定的。同時，孫吳也不是必須要有東南風才能火燒曹操的戰船，因為三國時期孫吳的造船術最發達。而且，三國時已經有了側帆的技術，只要有南風，無論是西南風還是東南風，都可以幫助孫吳戰艦前進。

話又說回來，假如赤壁戰前真有諸葛亮借東風的情況存在，這也不是什麼荒謬不然的事情。風是氣候的主要因素，事關濟時育物，對農業生產、軍旅行動等有重大的影響，故中國古代很早就存在著借風的習俗和神靈。甲骨文裡就有四方風神的記載，《史記．封禪書》中也有秦國祭祀「風伯」的紀錄。《周禮．大宗伯》則有「以燎祀司中、司命、風師、雨師」的明確記載，這最遲應該是戰國秦漢間的制度。風伯就是能夠興風的神靈或巫師。東漢蔡邕在其《獨斷》中說：「風伯神，箕星也。其象在天，能興風。」漢代對風伯、雨師的祭祀，已經納入了國家的祭典，民間也都設有風伯、雨師廟。魏晉之後，這種習俗更甚。漢末泰山太守應劭的《風俗通義》中記載，風伯「鼓之以雷霆，潤之以風雨，養成萬物，有功於人。王者祀以報功也」。一九八三年四月，河南南陽市漢墓出土一幅畫像石《風伯雨師圖》，畫上部刻三神人共拽引五星車，興風降雨，其中，一神駕車，雙手挽繮，這就是風伯。在中國民間和一部分少數民族中，也有以巫師代替風神的做法，宋元以後的小說中，更多有道士呼風喚雨的描寫。諸葛亮的借東風，或許正是這種民間祭祀和宗教信仰傳統下的產物。（李傳軍）

延伸知識｜古代求雨為什麼一定要選在午時？

《三國演義》第二十九回寫東吳的孫策在城樓上設宴款待陳震時，城樓上的諸位將軍卻紛紛下樓去拜一個名叫于吉的道士，城裡百姓也都焚香伏道而拜，把于吉看作于神仙。孫策於是大怒，將于吉抓來。後來孫策的下屬呂範建議讓于吉祈雨以贖罪，於是孫策親至求雨壇中下令：「若午時無雨，即焚死于吉。」後來在午時的時候，果然天下大雨，於是全城民眾與百官都去拜謝于吉，孫策更是狂怒，認為于吉擾亂人心，把于吉給殺了。

這裡提到的「午時求雨」是古代中國的一種求雨信仰，而求雨的時間點選擇在「午時」，則是對「午時」陰陽交會的信仰。「午」這個字，在陰陽學說看來，是陰陽轉換的關鍵時刻。《史記‧律書》中記載：「陰陽交，故曰『午』。」《淮南子‧天文訓》中也記載：「陽生於子，陰生於午。」也就是說，在午時的時候，陰開始產生，而陽則開始衰落，所以也是陰盛陽衰的時候。而「午時」的具體時間則是在中午十二點前後，民間認為這個時候是陰陽開始轉換的時刻。如在五月五日端午節的時候，要在午時採百草沐浴，午時喝雄黃酒，午時貼符於門，午時關上門避瘟等。這些活動都是為了抑制陰的生長，使陽能夠留下來。中國古代的太守都有求雨的活動，一般也選擇在午時，往往在山上的龍潭邊舉行，同時太守還要朗誦《祭雨文》。這說明古代的官方也進行基於陰陽學說的求雨儀式。

正因為「午」是陰陽轉換的時刻，所以在古代又有推出「午門」斬首的慣例，其實也是對「午」的陰陽思想的應用，因為「午門」象徵的是陰陽相隔，生死兩分。（宣炳善）

035

諸葛亮行法術時，為什麼要「披髮」？

「披髮」是道教行法術時的一個基本形象標誌。與「束髮」不同，「披髮」是將頭髮解散，鬆散地垂在肩上。「披髮」也叫做「散髮」，如古代詩句中說：「人生在世不稱意，明朝散髮弄扁舟。」講的就是這個意思。在一定程度上，「束髮」與「披髮」也是儒家與道家的區別，因為儒家的禮儀規定一個人不可以隨便「披髮」，在公共的社交場合，一定要「束髮」，否則就是失禮。

但是在重要的道教儀式中，由於道教教義的要求，作法者在作法時，個人的身心一定要處於自然自由的狀態，要放鬆自己，從而與天地相往來，與神靈相溝通，所以就要穿寬袍大袖，要赤腳，要披頭散髮，看上去飄飄欲仙，這樣才能進入通靈的狀態。

道教法術，源於古代的巫術。古代的巫覡，歌舞事神是他們的基本職能，而要進入與神靈相通神的狀態，披髮是少不了的。因為按照萬物有靈和交感巫術的觀念，身體髮膚回歸到最原始的本初狀態，才更有利於在聖域中與上天神明進行交流，從而達到祈祝目的。（宣炳善）

延伸知識｜古人為什麼用「左道旁門」罵人？

「左道旁門」一詞，原指非正宗的宗教派別，後泛指不入正道。比如武俠小說裡名門正派經常用「左道旁門」一詞罵人，表明自己才是正統。「左道」一詞顯然帶有貶義色彩。

上古的春秋時期，中原是以左為尊的。在古人的時空觀念中，左因為與東方相對應，所以在日常的和平時期，象徵的是吉祥與生命，而右因為與西方相對應，象徵的是死亡。《老子》第三十一章記載：「君子居則貴左，用兵則貴右。兵者不祥之器，非君子之器，不得已而用之，恬淡為上。勝而不美，而美之者，是樂殺人。夫樂殺人者，則不可以得志於天下矣……吉事尚左，凶事尚右。」意思是說，在日常的和平時期，君子是主張崇尚左的，古人認為左陽右陰，君子主張生活在陽處，盡量避開陰，但是在戰爭時期，就變成崇尚右了。所以尚左還是尚右，要看社會的具體情境。

但在軍事的兵符制度中，國君掌握右符，將領掌握左符。一九七八年陝西出土的戰國時秦國虎符《杜符》的銘文云：「兵甲之符，右在君，左在杜。凡興士被甲，用兵五十人以上，必合君符，乃敢行之。」與兵打仗屬於凶事，會有人死亡，於是右半虎符在君王手中，體現了凶事尚右。到了戰國時期，諸侯爭霸，禮崩樂壞，征伐戰亂不斷，各諸侯國競相尚武好鬥，以軍事實力之大小強弱分政治地位之高下貴賤。因為戰事不斷，國君手中就常年握著右半虎符，軍國大事一律以右為尊，於是右的地位不斷上升。後來以武功統一六國的秦國，也因襲前朝以右為尊，於是漸漸的，統治階級將危害國家統治、破壞社會秩序、擾亂民眾思想的行為斥之為左道，列為刑法重點打擊，法律明文規定：「析言破律，亂名改作，執左道以亂政，殺。」

036

到底誰是赤壁大戰中火攻計的出謀者？

三國故事中，諸葛亮與周瑜皆極有才華，後人稱為「一時瑜亮」。兩人對當時的天下局勢亦有清晰的認識，並且在這樣認識的基礎上有著比較相似的戰略思想——孫劉聯盟抵抗曹操。尤其在赤壁之戰中，兩人都是主戰派，共同想出了火攻的戰略。《三國演義》對此不惜筆墨描繪二人在指揮這場戰役時的默契與配合。

但是根據正史記載，赤壁火戰，諸葛亮並無功勞，其功勞應該歸於周瑜，而首先提出火攻謀略的，則是東吳將領黃蓋。《三國志．吳書．周瑜魯肅呂蒙傳》有這樣一條記載：「瑜部將黃蓋曰：『今寇眾我寡，難與持久。然觀操軍船艦首尾相接，可燒而走也。』」

由此可見，面對曹操軍隊的逼人氣勢，周瑜部將黃蓋認為應該用火攻戰略。火攻戰略提出後，受到周瑜等指揮者的重視，並圍繞這一戰略制定了比較詳細的作戰計畫。赤壁之戰爆發時，周瑜的軍隊「放諸船，同時發火。時風盛猛，悉延燒岸上營落。頃之，煙炎張天，人馬燒溺死者甚眾，軍遂敗退，還保南郡」。後文注引《江表傳》則詳細描繪了戰場情況：「至戰日，蓋先取輕利艦十舫，載燥荻枯柴積其中，灌以魚膏，赤幔覆之，建旌旗龍幡於艦上。時東南風急，因以十艦最著前，中江舉帆，蓋舉火白諸校，使眾兵齊聲大叫曰：『降焉！』操軍人皆出營立觀。去北軍二里餘，同時發火，火烈風猛，往船如箭，飛埃絕爛，燒盡北船，延及岸邊營柴。瑜等率輕銳尋繼其後，雷鼓大進，北軍大壞，曹公退走。」由記載可知，黃蓋提出了火攻的謀略並充當戰爭的先鋒官，因此，此次戰役，黃蓋功不可沒。（程曉菡）

延伸知識｜赤壁之戰主要參戰將領是哪些人？

赤壁之戰時，作為勝利者的孫劉聯軍，其主力乃是孫吳軍隊。據《三國志・蜀書・先主傳》記載，曹操南征收復荊州後，由於擔心劉備占據江陵的大量軍事物資，故率領五千騎兵「一日一夜行三百餘里」，以急行軍追趕劉備。劉備則倉皇逃亡，「先主棄妻子，與諸葛亮、張飛、趙雲等數十騎走」，逃到漢津，在關羽船隊的接應下才能渡過沔水。後與前來接應的江夏太守劉琦合兵一處，人馬約有「萬餘」，這是劉備一方的全部兵力。因此，根據這些記載，劉備身邊的將領至少有諸葛亮、關羽、張飛、趙雲等四人。

而孫吳部隊在人數上多達「數萬」，不過關於其領軍將領的記載卻並不多，但其領軍人物應該就是周瑜，據《三國志・吳書・吳主傳》記載：「權大悅，即遣周瑜、程普、魯肅等水軍三萬，隨亮詣先主，并力拒曹公。」因此，孫吳方面的領軍將領還有魯肅、程普二人。其中，「瑜、普為左右督」，周瑜與程普為左右都督，是這次戰役的前線最高指揮。除此三人之外，據《三國志・吳書・程黃韓蔣周陳董甘淩徐潘丁傳》記載，黃蓋也參加了此次戰役，並且充當了先鋒。「建安中，（黃蓋）隨周瑜拒曹公於赤壁，建策火攻」，不僅隨軍出征，火燒赤壁的謀略，也是由黃蓋率先提出來的。同樣是這則記載，其注引《江表傳》記載，黃蓋在戰爭中為箭所傷，被敵人俘虜，他大呼韓當的名字並因此被韓當所救，由此可見，當時韓當亦參與其中。另據《三國志・吳書・朱治朱然呂範朱桓傳》記載，汝南人呂範亦曾參加赤壁之戰，並因此累積軍功而「拜裨將軍，領彭澤太守」。

根據以上分析，孫吳方面參戰的將領至少有周瑜、魯肅、程普、黃蓋、韓當和呂範六人。

北方軍隊中，除領軍人物曹操外，隨隊的將領亦有很多，但是遍覽《三國志》所有篇目，有名字可考的參戰將領只有曹仁、徐晃、樂進，其餘將領未見其名。即便是此三人，也是出現在《三國志・吳主傳》中，且是一筆帶過：「備、瑜等復追至南郡，曹公遂北還，留曹仁、徐晃於江陵，使樂進守襄陽。」赤壁之戰後，曹操敗退，孫劉聯軍隨後追殺，曹操北還中原時留下曹仁、徐晃鎮守江陵，樂進鎮守襄陽，可見此三人應該參加了赤壁之戰，一直隨侍在曹操身邊，因此才能很快被曹操部署在沿江重鎮以防護北方。（程曉菡）

037

赤壁之戰曹操是敗於火攻嗎？

曹操赤壁戰敗的原因，歷來被認為是孫吳的火攻。李白《赤壁送別》云：「烈焰張天照雲海，周瑜於此破曹公。」蘇東坡《念奴嬌·赤壁懷古》裡也說「談笑間、檣櫓灰飛煙滅」。《三國志·蜀書·先主傳》也明確記載：「權遣周瑜、程普等水軍數萬，與先主并力，與曹公戰於赤壁，大破之，焚其舟船。」「焚其舟船」，當然是用火攻了。可見，古人眾口一辭，認為火攻是曹軍致敗的原因。然而，李友松先生在《中華醫史雜誌》一九八一年第二期發表《曹操兵敗赤壁與血吸蟲病關係之探討》一文，對火攻論提出質疑，認為曹操赤壁戰敗，是疾疫造成的，這種疾疫，是血吸蟲病。

《三國志·魏書·武帝紀》敘及赤壁之戰時，並未提及火攻一事，反而強調的是疫病：「（曹）公至赤壁，與備戰，不利。於是大疫，吏卒多死者，乃引軍歸。」況且，交戰一方的主帥曹操，也不承認因遭火攻而敗北。《三國志·吳書·周瑜傳》注引《江表傳》載，曹操在赤壁戰後曾給孫權一信，其中說：「赤壁之役，值有疾病，孤燒船自退，橫使周瑜虛獲此名。」看來，疫病的確是曹軍敗北的一個重要原因。

血吸蟲病在我國古代早已存在，遠溯古醫籍中「山風蠱」之症以及西元七世紀初葉的《諸病源候論》，都有類似血吸蟲病的記載。近觀一九七三年長沙馬王堆一號漢墓出土的女屍，研究者在其腸壁和肝臟組織中都發現了血吸蟲卵，由此證明，至少在漢時，長沙附近就存在著血吸蟲病之患。根據大量調查資料表明，與赤壁之戰有關的地域，特別是兩湖（湖北、湖南）地區，是嚴重的血吸蟲病流行區。

赤壁之戰時，曹軍轉徙，訓練水軍都在秋季，恰好是血吸蟲病的易感季節。曹軍大多為北方戰士，免疫能力差，他們捨鞍馬、仗舟楫，一觸即發，極易感染。蟲體在宿主體內經過一個月以上的發育後才出現典型的急性期症狀，所以訓練期間已陸續發病，到了冬季決戰，疾病急性發作，曹軍疲病交加，軟弱到不堪一擊的地步，因而致敗。

當然，曹軍敗於血吸蟲病的說法還沒有直接的史料依據。不過，從醫學的角度來講，這種可能性是存在的。應該說，曹軍赤壁之戰敗於火攻和疾疫的說法並不矛盾，火攻是對曹軍的直接打擊，血吸蟲病是對曹軍健康素質的嚴重襲擾。不過，究竟哪方面是主因，還需要歷史學家和醫學史家的進一步研究。（李傳軍）

延伸知識—赤壁為什麼有文赤壁和武赤壁之分？

赤壁是東漢末年曹操和孫權、劉備鏖戰之地。後世文人雅士中以赤壁為題，抒情詠史的著作很多。其中，蘇軾的《念奴嬌．赤壁懷古》更是傳頌千古的傑作。這首詞是蘇軾貶官黃州後的作品。蘇軾於元豐二年因烏台詩案被捕下獄，出獄後貶官為黃州團練副使。他在任上遊歷訪古，探尋古蹟，於黃州城外的赤鼻（壁）磯下，寫下了這首膾炙人口的詞作。但是，詞中的一句話「故壘西邊，人道是，三國周郎赤壁」，卻引發了一場關於赤壁究竟在哪裡的筆墨官司。其對於赤壁的位置，蘇軾似乎也不清楚，只是以「人道是」這種人云亦云的口吻輕輕帶過。其實，黃州赤鼻磯的地理位置既不在樊口上游，又不在長江之南，與史書記載的赤壁戰場並不相合，並非真正的古戰場。

經歷史學家和地理學家的多年論證，現已證明，三國赤壁鏖兵的戰場，在今湖北蒲圻縣，與蘇軾寫《念奴嬌．赤壁懷古》的湖北黃州，完全無關。但是由於蘇軾的文名，特別是因為《念奴嬌．赤壁懷古》所取得的高度藝術成就，使得人們對黃州赤壁的說法也採取姑妄言之聽之的態度，並且給了它一個比較高雅的稱號：「文赤壁」，這使得湖北黃州與湖北蒲圻，分稱文、武赤壁，成為史壇佳話。（李傳軍）

038

關羽真的「華容道義釋曹操」嗎？

「華容道義釋曹操」見於《三國演義》第五十回，曹操赤壁大敗之後，一路向華容道敗逃，又遇大雨泥濘，道路不通，好不容易才逃了出來。曹操正得意此處沒有敵軍阻攔，「言未畢，一聲炮響，兩邊五百校刀手擺開，為首大將關雲長，提青龍刀，跨赤兔馬，截住去路。操軍見了，亡魂喪膽，面面相覷」。無奈，曹操只好縱馬上前向關羽問好，並乞求放開一條生路。關羽以義為重，「想起當日曹操許多恩義，與後來五關斬將之事，如何不動心？又見曹軍惶惶，皆欲垂淚，一發心中不忍」。於是將曹操及其部隊盡皆放走。關羽「義釋曹操」成了關羽最講究「義」的典型代表，後來關羽之所以能夠在歷代崇拜之後成神成仙，並成為各行各業的神靈，就是因為有這個「義」字。關羽也儼然成了「義」的化身。

那麼，歷史上的關羽真的「義釋曹操」了嗎？在《三國志．蜀書．關羽傳》中，沒有提到關羽「義釋曹操」的事，在《魏書．武帝紀》中倒是記載了曹操兵敗逃亡的事件。《武帝紀》裴注引《山陽公載記》曰：「公船艦為備所燒，引軍從華容道步歸，遇泥濘，道不通，天又大風，悉使羸兵負草填之，騎乃得過。羸兵為人馬所蹈藉，陷泥中，死者甚眾。軍既得出，公大喜，諸將問之，公曰：『劉備，吾儔也。但得計少晚；向使早放火，吾徒無類矣。』備尋亦放火而無所及。」這倒是和《三國演義》的情節大體一致，不同的是，重要人物關羽並沒有出場。可見，「華容道義釋曹操」完全是《三國演義》虛構的。（馬寶記）

延伸知識｜關羽是武將，為什麼後來在民間變成了財神？

在民間，中國的武財神有兩位，一位是趙公明，另一位就是關公。關公本是武將，但卻變成了中國的財神，這其中的原因與曹操有關，也與歷代統治者對其推崇有關。建安五年，因為劉備與關羽失散，劉備只好自己投奔袁紹。關羽找不到劉備，只好在曹操手下暫且寄居。曹操拜關羽為偏將軍，在關羽斬了顏良後，曹操更是表奏朝廷，封關羽為漢壽亭侯。曹操對關羽賞賜有加，民間傳說為「上馬一錠金，下馬一錠銀」。因此關羽的財運深為民間羨慕。

對於這一段歷史，《三國志・蜀書・關羽傳》中用了一個句子：「禮之甚厚。」可見，關羽在曹操手下確實積累了大量的財富。但當關羽得知劉備在袁紹處，立即封金挂印而去。關羽走的時候，曹操親自相送，還送黃金一盤，但關羽還是不接受。所有這一切，都為民間百姓所津津樂道，也為關羽後來成為財神奠定了基礎。

關羽死後，地位越來越高。《三國演義》第七十七回就寫關羽死後，在當陽縣玉泉山顯聖，當時就被佛教吸收為神靈。明代關羽被封為「三界伏魔大帝神威遠鎮天尊關聖帝君」。因為關公講義氣，且武藝超人，更重要的是關公有錢，所以民間親切地稱他為關老爺、關財神。

到了清代，統治者想利用關公來增加其政權的合法性，當朝者將關公看作是保駕護國的神靈，而民間則更多地把關公看成是一個有財運的武將。關羽忠義雙全，武藝高超，更兼財運亨通，民間將他當作財神也不是沒有根據的。（宣炳善）

039

周瑜是被諸葛亮氣死的嗎？

《三國演義》中說，諸葛亮使巧計「三氣周瑜」，引起周瑜舊傷復發，在「既生瑜，何生亮」的感歎中吐血而亡。周瑜由此也讓人們留下了氣量狹小的印象。事實上，「三氣周瑜」只是《三國演義》裡的藝術虛構，歷史上周瑜確實英年早逝，但周瑜的死亡卻另有原因。

周瑜絕非是因為氣量狹小而被氣死的。周瑜為人豁達，從不忌賢妒能。他留意發現和提攜有真正才能的人，經他薦舉的如魯肅、甘寧這樣的政治、軍事人才就有很多。程普早年追隨孫堅，是江東政權的元勳，曾看不起周瑜，多次欺辱他。周瑜處處謙讓，從不和他計較。周瑜的寬忍，終於使程普大受感動，越來越欽佩周瑜，遂成忘年之交。指揮赤壁之戰時的周瑜，運籌帷幄，胸懷全局，可謂是「談笑間、檣櫓灰飛煙滅」。所以，在周瑜死後，孫權稱讚他「公瑾雄烈，膽略兼人」，這絕非虛譽。三氣周瑜之說，則是沒有任何根據。

那麼，周瑜又是因什麼原因而英年早逝的呢？

赤壁之戰後的建安十五年十二月，周瑜去京口（今江蘇鎮江）面見孫權，建議奪取益州的計畫。在得到孫權同意之後，周瑜立即啟程返回江陵，作攻取益州的軍事準備。但是，周瑜走到巴丘（裴松之注云應為巴陵）的時候，突然身染重病，不幸去世。這一年，周瑜三十五歲。

考慮到周瑜的年齡、時間和死亡的突然性，我們推測，周瑜很可能是死於疾疫，也就是當時流行的傳染病。東漢末年至魏晉時期，是中國歷史上疾疫發生最頻繁、影響最嚴重的時期之一。這一時期，小規模或地方性的疫病不斷，大規模的疾疫也時有爆發。其中，漢獻帝在位的建安年間更是疫病的高發期。應劭《風俗通義》在講到漢末的疾疫時說：「歲歲有病，人情愁怖。」曹植《說疫氣》裡說：「建安二十二年，癘氣流行，家家有僵屍之痛，室室有號泣之哀。或闔門而殪，或覆族（《續漢．五行志》五注補作『舉族』）而喪。」東漢末年的名醫張仲景在其《傷寒雜病論序》裡曾經說：「余宗族素多，向餘二百，建安紀元以來，猶未十稔，其死亡者，三分有二，傷寒十居其七。」

由此可見，周瑜英年早逝，極有可能是死於建安年間大規模流行的疾疫，這種疾疫的名字，據張仲景的說法，是傷寒。（李傳軍）

延伸知識｜什麼是傷寒，它為什麼能夠奪去許多三國名人的性命？

周瑜死於漢末流行的疾疫傷寒，只是我們的一種推測，但漢末的傷寒疫病，導致了很多人的死亡，則是一個不爭的事實。據史料記載，從漢桓帝劉志至漢獻帝劉協的七十餘年中，記載有疫病流行十七次。疫情連年，民不聊生，即使是士大夫們也未能倖免。如文學史上著名的「建安七子」中的徐幹、陳琳、應瑒、劉楨也一時俱逝。其慘狀可見一斑。

在中國傳統醫學中，傷寒是一個籠統的名稱，其包含的疾病類別相當複雜。《內經》曰：「傷寒有五，有中風，有傷寒，有濕溫，有熱病，有溫病。」但不管何種症狀，感染傷寒都很難治癒。《內經・素問》裡面說，傷寒之類的疾病，「或癒或死，其死皆在六七日之間，其癒皆在十日以上」。關於傷寒的症狀，《內經・素問》還說：「傷寒一日，巨陽受之，故頭項痛，腰脊強。二日陽明受之，陽明主肉，其脈挾鼻，絡於目，故身熱，目疼而鼻幹，不得臥也。三日少陽受之，少陽主膽，其脈循脅絡於耳，故胸脅痛而耳聾。三陽經絡皆受其病，而未入於藏者，故可汗而已。四日太陰受之，太陰脈布胃中，絡於嗌，故腹滿而嗌幹。五日少陰受之，少陰脈貫腎，絡於肺，系舌本，故口燥舌幹而渴。六日厥陰受之，厥陰脈循陰器而絡於肝，故煩滿而囊縮。三陰三陽，五藏六腑皆受病，榮衛不行，五藏不通，則死矣。」

疾疫不分貴賤，特別是在醫學還不夠發達的三國時代，只要感染上傷寒，不管是王公貴人，還是普通百姓，除非僥倖治癒，否則大多難逃一死。（李傳軍）

040

諸葛亮為什麼要七弔周瑜？

「弔孝」即「弔喪」，也就是穿孝服，舉行儀式哀悼死者。按照中國的古老傳統，給有身分的死者弔孝時要對死者宣讀祭文，後來變成送輓聯，另外還要設酒祭奠。三國時期的弔孝也基本上沿用這些儀式。《三國演義》第五十七回「柴桑口臥龍弔喪」，講的是周瑜死後，諸葛亮前往柴桑口弔孝。當時，諸葛亮帶了祭物，將祭物放在周瑜的靈前，親自奠酒，並讀七弔周瑜的祭文：「弔君幼學，以交伯符；仗義疏財，讓舍以居。弔君弱冠，萬里鵬摶；定建霸業，割據江南。弔君壯力，遠鎮巴丘；景升懷慮，討逆無憂。弔君豐度，佳配小喬；漢臣之婿，不愧當朝。弔君氣概，諫阻納質；始不垂翅，終能奮翼。弔君鄱陽，蔣幹來說；揮灑自如，雅量高志。弔君弘才，文武籌略；火攻破敵，挽強為弱……嗚呼公瑾！生死永別！樸守其貞，冥冥滅滅。魂如有靈，以鑒我心。從此天下，更無知音！嗚呼痛哉！伏惟尚饗。」

這篇祭文連用七次「弔君」這一詞語，是諸葛亮對周瑜一生的評價，也是對弔孝儀式中數字「七」的民俗習慣的遵守。諸葛亮之所以「七弔」周瑜，這是因為漢代以後，漢族一直有在人去世後「做七」的習俗，即每隔七天對死者進行超度祭奠。死者去世後的第七天稱為「一七」或者「頭七」、「首七」，這一天是第一次對死者進行超度祭奠，所以在喪禮中十分重要。接下去就是二七、三七、四七、五七、六七、七七，直至七七第四十九天為止，民間謂之「斷七」，而整個活動則統稱為「做七」。胡朴安《中華全國風俗志》下篇卷三江蘇省下的「浦東之喪禮」條下記載：「距死期之第七日，謂之首七。以後每七日一記，謂之二七、三七等稱，直至終七，適滿四十九天……每逢上述之日，親友多來祭奠，死者之家屬，亦必盡哀如禮。」由此也可以推測諸葛亮弔周瑜的時間是在頭七或者二七的時候，因為當時從荊州到東吳還有一段很長的路，路上至少需要一週的時間。（宣炳善）

延伸知識｜為什麼說民間的「做七」習俗，融合了佛教與道教的傳統文化元素？

漢族民間的「做七」風俗中，融合了佛教與道教的傳統文化元素。《水滸傳》第二回寫九紋龍史進替父親辦喪事：「一面備棺槨盛殮，請僧修設好事，追齋理七，薦拔太公。又請道士建立齋醮，超度升天，整整做了十數壇好事功果道場。」史進又請僧人又請道士，佛道並用，這是中國的喪俗傳統。這段話中的「理七」就是民間的「做七」風俗。請僧人做七，說明「做七」本是中國的佛教傳統，同時又融入了道教數位「七」的觀念。守喪期間請僧人做法事，請僧人「做七」，說明「做七」來自佛教。唐玄奘譯《瑜伽師地論》卷一記載：「若未得生緣，極七日住。有得生緣，即不決定。若極七日未得生緣，死而復生，極七日住。如是展轉，未得生緣，乃至七七日住，自此已後，決得生緣。」說的就是從死後到投胎轉生之間以七七四十九天為期的階段，也就是超度往生。

中國地方誌中對於「做七」源自佛教文化傳統也有一定的說明，如清乾隆五十四年刻本《大名縣誌》「風俗」條記載：「用浮屠氏數七之說，七日為斷，至七七四十九日而止。」清康熙四十年刻本《永寧府志》「風俗」條記載：「每七日必祭，用浮屠術，間事道教，至四十九日，七盡奄喪。」這些記載中提到的「浮屠」就是指佛教，而「間事道教」則說明「做七」風俗中也有道教文化傳統的遺留。清代王應奎《柳南隨筆》卷四中也記載：「或問：人死，每遇七日則作佛事，謂之做七，何歟？曰：人生四十九日而魄生，亦四十九日而魄散。」這段話中對「魄」的解釋就是道教的解釋，民間認為的「三魂七魄」也是道教文化傳統的觀念。（宣炳善）

041

人們為什麼稱周瑜為「周郎」？

周瑜（一七五－二一〇）字公瑾，廬江舒（今安徽廬江東南）人，東吳大將，因赤壁之戰而名垂青史。周瑜出身權貴之家，儀表英俊，聰穎過人，後人多稱其為周郎。如蘇軾《念奴嬌．赤壁懷古》云：「大江東去，浪淘盡、千古風流人物。故壘西邊，人道是，三國周郎赤壁。」杜牧的《赤壁》中也說：「東風不與周郎便，銅雀春深鎖二喬。」周郎的稱號，淵源有據。《三國志．吳書．周瑜傳》載：「瑜時年二十四，吳中皆呼為周郎。」

郎是漢魏以後對有風度、有才氣的少年的愛稱。如《世說新語．雅量篇》載：「郗太傅在京口，遣門生與王丞相書，求女婿。丞相語郗信：『君往東廂，任意選之。』門生歸，白郗曰：『王家諸郎亦皆可嘉，聞來覓婿，咸自矜持，唯有一郎在東床上坦腹臥，如不聞。』郗公云：『正此好！』訪之，乃是逸少，因嫁女與焉。」王羲之因其卓然不群的才氣和風度，成為郗家的東床快婿。

指揮赤壁之戰時的周瑜少年得志，風度可人，議論英發，有口皆碑。周瑜一生征戰，有高超的政治眼光和細膩的軍事指揮藝術。他文采超群，精於音樂，即使是在醉酒之後，仍能聽出音樂演奏中的細微疏失，每當這時，他總要轉頭看一看。所以《三國志．吳書．周瑜傳》記載當時的謠諺說：「曲有誤，周郎顧。」周瑜被稱為周郎，正是他少年英才的魅力所致。（李傳軍）

延伸知識 漢末人物品鑒標準有哪些？

漢代末年，社會上興起品評人物的風潮，品評的結果甚至可以直接影響到一個人的政治命運，就像顧炎武所說：「有名者入青雲，無聞者委溝渠。」而且品評人物時，採取了比較新鮮的標準，人們也都接受這些標準，甚至有意識按照這樣的標準規範自己的言行。這個新的標準涵蓋了以下幾個方面的內容。才情，儒家當然首先是重視德行，可以說德行一直是中國傳統社會最注重的美好品質。即使在魏晉時代，人們也仍然仰慕德行高潔之士。《世說新語》這部被魯迅譽為「名士教科書」的作品卷首第一篇亦仍是「德行」篇，可見人們對德行的重視。但生逢亂世，德行的考察難有標準，兼之曹操推行「唯才是舉」，於是人們在仰慕德行的同時，也更重視個人才性，重德輕才逐漸傾斜於重才。

容止，指人的儀容舉止。漢末以來，人們日益重視儀容舉止等外在風範。那是一個崇尚美麗的時代，對人的外在儀容有狂熱的追求，所以才會流傳下來「看殺衛玠」、「擲果盈車」等典故。孫策就自豪於自己的俊美長相，而一代豪傑的曹操，在接見匈奴使者時，因為對自己的容貌沒有信心，居然請當時著名的帥哥崔琰來頂替自己。

同時，漢末時代，雖然傳統意義上的大族都在沒落，曹操又極力打擊世家大族的勢力，但是，豪門大族仍擁有極高的社會聲譽，即使是曹操手下，也有大量的世家大族子弟。所以，世家大族子弟往往成為人們仰慕的對象。（程曉菡）

042

究竟誰是赤壁之戰的真正指揮者？

火燒赤壁使周瑜的英名傳揚天下，孫權在這次戰爭中的作用，反而湮沒無聞，這其實是不太公平的。西元二〇八年，曹操興師南下，他致信孫權，威脅說：「近者奉辭伐罪，旌麾南指，劉琮束手。今治水軍八十萬眾，方與將軍會獵於吳。」戰火就燒到了孫權的家門口，赤壁之戰拉開了幃幕。而在赤壁之戰前後，孫權重點做了以下幾個方面的工作。

第一，聯合劉備，穩定荊州局勢。在劉表剛剛去世之時，孫權及時派魯肅以弔喪的名義去荊州探望虛實，並勸說寄寓荊州的劉備，請他安撫荊州士卒，共拒曹操。這為孫劉聯合抗曹奠定了堅實的政治基礎，是赤壁之戰前，孫權完成的最重要的戰略布局。

第二，在魯肅、周瑜的大力支持下，孫權力排眾議，定下堅決抵抗的決心。《三國志·吳書·魯肅傳》載：當在朝諸將皆勸孫權投降曹操時，唯獨魯肅和周瑜支援孫權抗戰。《三國志·吳書·周瑜傳》注引《江表傳》載，在決心已下後，孫權乃「拔刀斫前奏案曰：『諸將吏敢複有言當迎操者，與此案同！』」

第三，在戰爭進行中，孫權調兵遣將，運籌帷幄，表現出高屋建瓴的戰略遠見和高明的戰爭指揮藝術。一方面，他以周瑜、程普為左、右都督，魯肅為贊軍校尉，統率三萬水軍，與劉備會師共抗曹軍；另一方面，他自己也率領兵馬，廣載糧草輜重，親自督戰。孫權還告訴周瑜：「卿能辦之者誠快，邂逅不如意，便還就孤，孤當與孟德決之。」

第四，在戰爭進行中，孫權還親自率軍參戰。曹操赤壁初戰敗北，本欲將戰線擴大至長江下游，給孫吳全面打擊，但此時孫權則在長江下游率軍北擊合肥，有效牽制了曹軍的左翼，使曹操面臨兩線作戰的危險。這樣，孫權與周瑜以鉗形陣勢分進合擊，保證了赤壁之戰的順利進行。曹操見無可乘之機，才決定退回北方。

赤壁之戰中，周瑜作為孫吳的前線指揮官，確實發揮了不可替代的重要作用，展現出卓越的軍事才華。但與之相較，作為東吳的最高領導人，孫權才是赤壁之戰的最高指揮者。赤壁之戰時，孫權才二十六歲，但他堅定的政治態度和抗曹決心，和各方面處置得宜的戰略布局，已顯露出他足以與曹操、劉備並稱無愧的政治家才幹。（李傳軍）

延伸知識　古代戰爭為什麼往往說「統率三軍」而不是其他？

三軍一詞起源於西周時期的天子六軍、大國三軍的規定。一軍一般為一萬兩千五百人。

三軍通常指左、中、右三軍，也有按照行軍先後順序稱為前、中、後三軍。春秋時，大國通常都設三軍，但各國稱謂有所區別，如晉國稱中軍、上軍、下軍；楚國稱中軍、左軍、右軍；齊國、魯國和吳國都稱上、中、下三軍。三軍各設將、佐等軍銜，而中軍將則是三軍統帥。隨著時代演進，上、下、中軍漸漸被前軍、中軍、後軍所代替。一般來說，前軍是先鋒部隊，中軍是主將統率的部隊，也是主力，後軍主要擔任掩護和警戒任務。漢唐時期，這樣的編制已成為軍隊的固定建制。（李傳軍）

043

魏、蜀、吳三國，哪國地盤最大？

西元二二〇年，曹丕以魏代漢，三國鼎立局面確立，三國的疆域也大致定型。三國皆大致繼承東漢的疆域及政區制度，為州、郡、縣三級制。州設刺史或州牧。郡設太守。縣大者置令，小者置長。

經過前期曹操多年的南征北戰，至魏國正式建立時，曹魏已經擁有十二州八十七郡，這十二州分別為司隸、徐州、青州、豫州、冀州、并州、幽州、兗州、梁州、雍州、荊州、揚州。控制了整個華北地區，其疆域大致上北至山西、河北及遼東，東到大海，東南與孫吳對峙於長江淮河一帶及漢江長江一帶，西至甘肅，西南與蜀漢對峙於秦嶺、河西一帶。如果再加上曹魏設置的西域長史和戊己校尉所管轄的西域地區，則魏國從理論上來講，無疑是三國中疆域面積最大的國家。

孫吳政權經過孫堅、孫策父子在江東累年的苦心經營，至孫權時，孫吳的疆域也漸趨成型，共擁有三州三十二郡，即荊州、揚州、交州。孫吳北與曹魏對峙在長江淮河一帶及漢江長江一帶，西與蜀漢相鄰於三峽，東及南至海，其中最南達現在越南的中部。

蜀漢共有二十二郡，僅益州一州。北方與曹魏對峙於秦嶺，東與孫吳相鄰於三峽，西南至岷江、南中直至雲南，並在益州下設庲降都督，治味縣（今雲南曲靖），其疆域應該已至雲南。（程曉菡）

延伸知識——「九州」為什麼又代指中國？

人們多用「九州」來代指中國，如：「九州生氣恃風雷，萬馬齊喑究可悲」；「月子彎彎照九州，幾家歡樂幾家愁」；「九州道路無豺虎，遠行不勞吉日出」等。那麼「九州」究竟具體指哪些地方呢？關於「九州」的表述在古代也並非完全相同，大致有四種說法。

第一種說法源自《尚書‧禹貢》，據此書則「九州」為冀、兗、青、徐、揚、荊、豫、梁、雍。第二種說法源自《周禮‧夏官‧職方氏》，據此書則「九州」指：「東南曰揚州」、「正南曰荊州」、「河南曰豫州」、「正東曰青州」、「河東曰兗州」、「正西曰雍州」、「東北曰幽州」、「河內曰冀州」、「正北曰并州」。有幽州、并州，無梁州、徐州。第三種說法源自《呂氏春秋‧有始覽‧有始》，據此書記載：「何謂九州島？河、漢之間為豫州，周也。兩河之間為冀州，晉也。河、濟之間為兗州，衛也。東方為青州，齊也。泗上為徐州，魯也。東南為揚州，越也。南方為荊州，楚也。西方為雍州，秦也。北方為幽州，燕也。」有幽州，無梁州。第四說源自《爾雅・釋地》，其書曰：「兩河間曰冀州，河南曰豫州，河西曰雝州，漢南曰荊州，江南曰揚州，濟河間曰兗州，濟東曰徐州，燕曰幽州，齊曰營州。」有幽州、并州、營州，無梁州、青州、徐州。

這些「九州」說，實際上是春秋、戰國時期學者對當時周代領土所做的地理區域的劃分，並非具體的行政區劃。直到西漢武帝時期，「州」作為行政區劃才初顯雛形。《漢書・武帝紀》載，元豐五年（西元前一〇六）「初置刺史，部十三州」。漢武帝用《禹貢》、《職方》中的十一個州名：冀、兗、徐、揚、荊、豫、幽、并、梁、雍、青置刺史部，其中把梁改為益、雍改為涼，加上新拓展的土地「南置交趾，北置朔方」兩個刺史部，共為十三刺史部，又謂十三州。但當時的州刺史僅代表漢王朝監察所轄的郡、國，並無固定住所，還沒有形成一級行政區劃。東漢靈帝中平五年（一八九），朝廷為有效鎮壓黃巾起義，改刺史為州牧，命朝中九卿任州牧，執掌一州的軍政大權，州逐漸成為郡、縣以上的一級行政機構。從此，中國的行政區劃進入到州制時期，經三國、兩晉、南北朝，直至隋代。（程曉菡）

044

曹操沒有稱帝，為什麼自稱是「孤」？

《三國志》卷一《武帝紀》裴松之注引曹操《述志令》：「身為宰相，人臣之貴已極，意望已過矣……設使國家無有孤，不知當幾人稱帝，幾人稱王！」

當時曹操用武力打敗了北方的袁紹，統一了北方，為了表彰其功德，朝廷封其為武平侯，這是對曹操統一北方功績的肯定。「孤」是古代諸侯的自謙之稱，相當於「鄙人」。《左傳》莊公十一年記載：「秋，宋大水，公使弔焉。曰：『天作淫雨，害於粢盛，若之何不弔？』對曰：『孤實不敬，天降之災，又以為君憂，拜命之辱。』臧文仲曰：『宋其興乎！禹、湯罪己，其興也勃焉；桀、紂罪人，其亡也忽焉。且列國有凶，稱孤，禮也。』」說的是宋國發了大水，魯莊公派臧文仲去慰問，稱道宋國是一個好諸侯國。對此，唐代的孔穎達疏曰：「無凶則常稱寡人，有凶則稱孤也。」清代的趙翼在其《陔余叢考》卷三十六「稱孤」條中也記載：「按《禮記》：庶方小侯自稱曰『孤』，諸侯自稱曰『寡人』……是孤本小侯之稱，諸侯遭喪則亦稱之，此定制也。」這裡所謂「庶方小侯」的意思就是地方上的小諸侯，而對應的

「諸侯」就是封地廣大的大諸侯。北方的曹操其實是三國時期最大的諸侯，但在臨死時還是自稱「孤」，可見曹操還是守禮制之人，也是為人謙虛的一種表現，而如此也更能籠絡人心。

三國人物中，不只曹操自稱為「孤」，劉備與孫權也一直自稱「孤」。如《三國志・蜀書・諸葛亮傳》記載劉備說：「孤之有孔明，猶魚之有水也。」《三國演義》第四十三回，講曹操發檄文給孫權欲與孫權一戰，孫權讓大臣商議，張昭等人主張投降，魯肅則力主迎戰，於是孫權說：「諸人議論，大失孤望。子敬開說大計，正與吾見相同。」

諸葛亮也曾自稱為「孤」。《三國志・蜀書・譙周傳》注引《蜀記》曰：「周初見亮，左右皆笑。既出，有司請推笑者，亮曰：『孤尚不能忍，況左右乎！』」記載譙周口才不好，第一次見到諸葛亮時居然說不出什麼話來，諸葛亮看著譙周的呆樣，也忍不住要發笑。諸葛亮自稱「孤」，因為諸葛亮是武鄉侯，領益州牧，其實也是「庶方小侯」的謙稱。（宣炳善）

延伸知識─「帝」與「王」有什麼區別？

在中國歷史上，「帝」與「王」的區別是兩種不同政治制度的反映，確切地說，就是中央集權制與封建分封制的區別。「王」本來只是部落首領的稱號，後來諸侯的領主獨立性越來越強，膽子也越來越大，慢慢就稱王了，也就是諸侯王，這是封建分封制度所不允許的。如

《史記》卷四十一《越王勾踐世家》記載：「允常卒，子勾踐立，是為越王。」對這段話，唐代張守節《史記正義》釋為：「周敬王時，有越侯夫譚，子曰允常，拓土始大，稱王，春秋貶為子，號為於越。」

越國允常時代是分封制的時代，中原周王室是王朝正統，而分封到全國各地的就是各個小的諸侯國，各個諸侯國名義上效忠周王室，但實際上是一個獨立的地方政權。允常自稱為王，付出的政治代價就是被周王朝從原來侯的爵位貶為子的爵位。在「公、侯、伯、子、男」五等爵位體系中，等於說是被連降兩級。允常死後，勾踐繼承父親遺志，繼續稱王。《越王勾踐世家》中記載：「勾踐已平吳……周元王使人賜勾踐胙，命為伯。」當時越國的力量已相當強大，打敗吳國後，周王室才命勾踐為伯，也就是將原來的「子」爵升為「伯」爵，算是正統王朝對地方諸侯實力上升的承認，但還是沒有恢復到最初分封時「侯」的政治地位。但勾踐對這個伯爵一點都不在乎，還是稱王了。

秦始皇統一六國後，不再滿足於稱自己為「王」，將自己的功勞與傳說中的三皇五帝相提並論，稱自己為「始皇帝」，也就是第一任皇帝。在秦始皇之前，代表國家最高權力的是周天子，但也不叫皇帝。自秦始皇以後，中國開始了中央集權制，地方官員直接由朝廷任命，而且不能世襲，傳統的封建分封制度遂被取消。

所以，從「王」到「帝」，也是中國政治體制的變化過程。在三國歷史中，曹操稱魏公後，其下屬王粲等人後來建議曹操稱魏王，但中書令荀攸卻表示反對，認為公已是爵位中的最高級了，想要進升王位絕對不可，曹操因而對荀攸十分不滿。但最後，曹操還是稱魏王，可謂漢獻帝一人之下，萬人之上。《三國演義》第七十八回曹操臨死時說：「吾事漢多年，雖有功德及民，然位至於王，名爵已極，何敢更有他望？」曹操到死也不敢稱帝，由此可見兩者在本質的上的差別。（宣炳善）

045

曹操究竟為何殺華佗？

華佗是我國古代偉大的醫學家，歷來被譽為外科鼻祖。根據《三國演義》以及民間傳說，曹操一直有頭疼之症，他向華佗求救時，華佗建議他做一個頭顱手術，劈開頭顱取出病灶，即可病癒。可惜曹操生性多疑，以為華佗要殺害自己，因此，不僅不同意手術還以之為藉口殺死了華佗。人們因此常常感歎華佗之死。那麼歷史上的華佗究竟是不是曹操所殺呢？殺死華佗的理由又是什麼呢？

據《三國志．魏書．方技傳》記載，華佗聰慧異常，不僅擅長醫學，亦是讀書出身，自幼熟讀諸子百家之書。但是，由於得罪了曹操，華佗還是被處死在獄中。

據記載，曹操患頭風病，病情嚴重，一般醫生沒有能力醫治。但華佗審視病情後也並未根治曹操頭疼，他認為這樣的長期慢性病，很難除根，只能堅持長期治療，才能保證病不發作。「太祖聞而召佗，佗常在左右。太祖苦頭風，每發，心亂目眩，佗針鬲，隨手而差。」每次曹操發病，華佗手到病除，有效緩解了曹操的痛苦。但是作為一名醫者，華佗不願意長期待在曹操身邊，於是他向曹操請假回家省親，但卻推說妻子有病而屢屢拒絕返回曹操身邊。後來終於惹怒曹操，曹操命人去偵察華佗妻子的身體狀況，發現華佗在撒謊敷衍，於是下令處死華佗。華佗臨死，把其醫書贈送與獄吏，但是獄吏因害怕曹操法令嚴苛而不敢接受，故而華佗醫術沒有流傳於後世，實在可惜。

考察華佗死因，不難發現，並不是因為華佗要給曹操動手術而被殺，而是因為華佗沒有徹底治癒曹操，又不願意老老實實待在曹操身邊盡心盡力醫治曹操，因此招致殺身之禍。

曹操之所以殺華佗，是因為曹操認為華佗是在依仗自己的才能而自驕，使得曹操在這方面必須長期依靠其醫治才能保持身體健康、正常的狀態。這種情況本就不是雄霸天下、傲視群雄的一代霸主願意接受的，何況華佗並不是很配合，在請假回家後不願再服侍曹操，這就是憑藉著自己不可替代的技藝來要挾曹操了。而曹操最討厭別人要挾自己，他身邊本有一個技藝出眾的歌姬，水準極高但脾氣暴躁，經常不理會曹操的聽歌要求。於是，曹操開始培養新人，等到他發現新人中已經有人能夠取代那個「大牌」歌姬，就不客氣地殺死了那個歌姬。無論是對待那個恃寵而驕的歌姬，還是恃技而驕的華佗，曹操都寧可殺之而不願意受制於人，這也是曹操一貫的個性。（程曉菡）

延伸知識　華佗做過開顱手術嗎？

《三國志》記載，華佗有一種麻醉劑，名曰麻沸散，這是世界醫藥歷史上的創舉。病人在飲用麻沸散後全身處於麻醉狀態，沒有任何知覺，和現代的麻醉技術十分相似。在這樣的麻醉狀態下，華佗確實曾經做過外科手術。例如書中記載，假如病人屬於針藥不能解決的疾病，必須要切除病灶，那麼，華佗就會為病人進行外科手術。假若病在腸中，就切開肚子，剪斷發生病變之處，或者清洗發生病變之處，然後再縫合傷口，傷口恢復過程中還加了一些輔助藥物以及按摩治療，病人不感覺疼痛，同時又復原很快。

《三國志・魏書・方技傳》還記載了兩個例證：「又有一士大夫不快，佗云：『君病深，當破腹取。然君壽亦不過十年，病不能殺君，忍病十歲，壽俱當盡，不足故自刳裂。』士大夫不耐痛癢，必欲除之。佗遂下手，所患尋差，十年竟死。」

《三國志・魏書・方技傳》注引《佗別傳》曰：「又有人病腹中半切痛，十餘日中，鬢眉墮落。佗曰：『是脾半腐，可刳腹養治也。』使飲藥令臥，破腹就視，脾果半腐壞。以刀斷之，刮去惡肉，以膏傅瘡，飲之以藥，百日平復。」

記載說明，華佗早在一千六百年以前，已經成功進行了腹部、腸胃等手術。但是，史籍中並未見到華佗做開顱手術的記載，事實正好相反，華佗認為曹操的頭風病不能根治，只能慢慢進行長期調理。可惜曹操不給他機會，最後還殺死了華佗，也間接害死了自己最喜愛的兒子曹沖。在曹沖病重的時候，曹操感歎說：「吾悔殺華佗，令此兒強死也。」（程曉菡）

046

劉備建立的國家是叫「蜀」嗎？

漢代末年，北方的曹操，江南的孫權和四川的劉備三足鼎立，成為雄霸一方的地方豪強。建安二十五年（二二〇），曹操去世之後，曹丕接受漢獻帝的禪讓，建國稱帝。次年，四川的劉備宣布漢獻帝被謀害，並「發喪制服，追諡曰孝愍皇帝」。之後，諸葛亮等人開始勸說劉備稱帝，重建漢帝國。諸葛亮言道：「今曹氏篡漢，天下無主，大王劉氏苗族，紹世而起，今即帝位，乃其宜也。」

因此，劉備稱帝時，國號乃是繼承劉氏家族之「漢」，以之作為自己的國號。這在其昭告天地神明的誥文中表現得很清楚：「備畏天明命，又懼漢祚將湮於地，謹擇元日，與百寮登壇，受皇帝璽綬。修燔瘞，告類於天神，惟神饗祚於漢家，永綏四海！」

但是，由於劉備的「漢朝」最後並未完成全國的統一，而且無論是當時還是後世，人們對劉備的家譜都缺乏足夠的信任，因此，人們很難把劉備所建立的漢朝與劉邦、劉秀之漢朝相提並論。同時，由於地處蜀地，為了表示區別，人們往往稱呼這個政權為「蜀漢」，以區別其他。因此，雖然劉備的國號為

「漢」，但人們更熟悉的稱呼則是「蜀漢」。（程曉菡）

延伸知識——古代的國號是怎麼來的？

《史記・五帝本紀》記載：「自黃帝至舜禹，皆同姓而異其國號，以章明德。故黃帝為有熊，帝顓頊為高陽，帝嚳為高辛，帝堯為陶唐，帝舜為有虞。」據此記載可知，國號一般是指國家或朝代的名號，五帝各有一個能夠表明自己德治的國號。那麼，國號是怎麼來的呢？有沒有什麼制定標準呢？作為國家的稱號，國號的制定自然不能草率。考察中國歷史上的國號，其來源有如下幾個方面：

首先，本部族的發源地或者駐守地常可以作為國號，這種命名方式大多出現在原始部落和奴隸制時代。例如商部族發源於河南商丘附近，故其國號曰「商」，後來遷都到殷後就改國號為「殷」。又如周朝，因其先祖曾經居住於周原，故而其國號為「周」。遼國的祖先曾經生活在遼水上游，因此其國號為「遼」。

其次，以開國君主本來的封號為後來的國號。例如秦國統一之後就以其本來的「秦」為統一後帝國的國號。劉邦曾經被封為「漢王」，故而稱帝後就稱其所建立之國家為「漢」。魏王曹丕、晉王司馬炎、唐國公李淵皆是如此，這是中國整個封建社會中最常見的定立國號的方法之一。

再次，以陰陽五行或者讖緯迷信制定國號，例如南齊，其國號就來自一句讖語：「金刀利刃齊刈之。」而魏、晉的國號則和漢代流傳的一句讖語「代漢者，當塗高也」有一定關係。元朝之號，出自《易經》「法《春秋》之正始，體大《易》之乾元」，故其國號為「元」。而清朝的建立者認為明有「火」之意，按照五行相剋的說法，定其國號曰「清」。

當然除了這些來源之外，個別王朝有其自己獨特的制定標準。例如以開國者的姓氏為國號，南朝時代的最後一個王朝陳朝，就是以開國者陳霸先的姓氏為國號。當然還有直接借用前代已經出現過的國號作為自己國號的現象，典型的例子就是「漢」。劉秀統一天下之後，為了表示自己擁有劉邦的神聖血統而稱其國家為「漢」，史稱東漢；劉備建立的政權也標榜他擁有劉邦的血統，也稱為「漢」，史稱蜀漢；匈奴大單于劉淵號稱自己與劉邦家族有一定的血緣關係，乃是漢朝公主遠嫁匈奴之後的嫡系後裔：「吾又漢氏之甥，約為兄弟。」因此，其建立的國家亦稱「漢」；李壽建國於成都，其國號亦稱「漢」；劉知遠建立漢政權，史稱「後漢」；劉崇建立漢政權，史稱「北漢」；劉龑建立的漢政權，史稱「南漢」。

其實，這麼多國號的制定方法都有一個宗旨：為這個國號找到一個神聖的起源，使其具備旺盛的生命力，以求萬代長存。（程曉菡）

047

東吳孫權立足於江東，江東是指哪些地方？

李清照在《烏江》一詩中寫道：「生當作人傑，死亦為鬼雄。至今思項羽，不肯過江東。」「江東」一詞得名於長江。唐末五代丘光庭《兼明書》卷五「江東」條下云：「今人言項羽起於江東者，多以為浙江之東。明曰：『按，古人稱江東皆謂楚江之東也，以其江自西南而下，江南、江東隨江所向而呼也。』」這裡說的「楚江」即為長江，因為戰國時，長江中下游一帶主要在楚國境內。項羽起兵江東，後來與劉邦爭霸時即打著「楚」的旗號籠絡人心。《資治通鑒》卷六十六《漢紀五十八》記載獻帝建安十八年「春，正月，曹操進軍濡須口，號步兵四十萬，攻破孫權江西營」。胡三省注為「大江東北流，故自曆陽至濡須口皆謂之江西，而建業謂之江東」。

顧炎武《日知錄》卷三十一「江西廣東廣西」條下云「蓋大江自歷陽斜北下京口，故有東西之名」。這裡的京口即為今天的江蘇鎮江，長江從安徽歷陽到江蘇南京是西南－東北流向，從南京到鎮江是向東流。所以從歷陽到鎮江的這一段長江就成為劃分自然地理單位的一個標誌。在這一段長江以東以南就是江東，這一段長江以西以北就是江西。可見中國歷史上「江東」、「江西」的得名是因為自然的原因，而非政治的原因。

《三國志．吳書．孫破虜討逆傳第一》記載孫策臨死時對張昭等說：「中國方亂，夫以吳越之眾，三江之固，足以觀成敗。公等善相吾弟！」呼權佩以印綬，謂曰：「舉江東之眾，決機於兩陳之間，與天下爭衡，卿不如我；舉賢任能，各盡其心，以保江東，我不如卿。」在這裡「吳越之眾」與「江東之眾」相並列，說明在當時人的心目中，吳越和江東的地理範圍是重合的。不過，在歷史上，江東的範圍是比較小的，比江東範圍更大的是江南。在江東與江南對比時，江南即是指廣義上的江南。史書上也多次記載江東領土的狹小。如《史記．項羽本紀》記載烏江亭長對項羽說：「江東雖小，地方千里，眾數十萬人，亦足王也。」（宣炳善）

延伸知識｜江東為什麼又叫江左？

事物的名稱往往有自稱與他稱的區別。「江東」是當時吳國人的自稱，而「江左」則是北方人對南方江東的一個他稱，也可以說「江左」是一個外稱，是江東以外的區域給江東的一個命名，是站在北方人的地理位置上對南方江東的一個稱呼。

當代人看地圖以地圖的左邊為西、右邊為東，這其實是西方的地理傳統。而在古代，由於

中國的政治中心在唐代以前主要在北方，

因而許多規章制度是從北方人的角度來制定的。古人在地理上以東為左、以西為右的一個制度規定，其實就是因為北方人看南方時，是面向南方，那麼在其左手就是東面，其右手就是西面，這和當代人看地圖正好相反。北方人看江東時，是面向南方的，而江東在長江的東面，也就是說，在其左手，也就是江左了，而這江左，就是江東。

《三國演義》第四十五回講蔣幹願憑三寸不爛之舌，遊說周瑜來投降曹操，於是蔣幹對曹操說：「丞相放心，幹到江左，必要成功。」這裡蔣幹對曹操稱江東為「江左」，因為曹操是北方人，當然視江東為江左。這一北方的命名傳統一直延續，如《晉書》卷六十七《溫嶠傳》：「二都傾覆，社稷絕祀，元帝初鎮江左……江左草創，綱維未舉，嶠殊以為憂。」說的是北方的西晉滅亡後，東晉的第一個皇帝司馬睿即晉王位，而司馬睿本是北方河南人，因而也視江東為江左，這些都是北方人觀察的視角。而在《史記》中，項羽無顏見江東父老，因為項羽本來就是南方的江東本地人，所以在項羽的眼裡，江東就是江東，而不是江左。（宣炳善）

048

曹丕、劉備、孫權三人中，為什麼孫權最後才稱帝？

曹操只是做了魏王，在生前並沒有稱帝。曹操死於西元二二〇年，同年曹丕稱帝，追認父親曹操為「武帝」。

西元二二〇年曹丕稱帝，逼漢獻帝禪位，將漢獻帝降為山陽公，並將延康元年改為黃初元年。對於曹丕篡漢自立為大魏皇帝一事，劉備和孫權的反應是不一樣的。劉備一直以漢室正宗自許，曹丕篡漢，漢代的江山就由原來的劉姓變成曹姓，也就是說漢代的正統就此滅亡。

因此，劉備的反應最為激烈，他要重新續上漢統。《三國志》記載當時劉備手下的臣子上書勸劉備稱帝，並指出：「操子丕，載其凶逆，竊居神器。群臣將士以為社稷墮廢，備宜修之，嗣武二祖，龔行天罰。」這裡所說的「天罰」，就是認為曹丕稱帝是大逆不道、犯上作亂的叛臣之舉，而劉備應該及時稱帝，以漢室正統名義討伐曹魏的偽政權。於是在第二年，也就是西元二二一年，劉備稱帝，改元章武，對曹丕政權表示抗議，準備用武力解決北方的曹魏政權。

在曹丕和劉備先後稱帝後，孫權卻沒有緊接著稱帝，而是一直到西元二二九年才稱帝。這主要是因為當時的江東政權在綜合實力上遠遠比不上蜀漢與曹魏。在劉備稱帝的二二一年，孫權不但沒有稱帝，反而向曹丕上書稱臣，後來還接受曹丕的封號，被封為吳王。孫權之所以這樣做是因為擔心劉備稱帝後會因關羽一事攻打東吳，其目的就是希望在劉備攻打東吳時，魏國能出手幫忙。果然，劉備稱帝後沒有北伐中原，反而首先東征東吳。後來陸遜大敗劉備，打了大勝仗，孫權對曹魏也就不再像以前那麼謙卑了。《三國志．吳書．吳主傳》記載孫權「外托事魏，而誠心不款」，所以曹丕很不高興，為了懲罰孫權的不忠心，發三路大軍攻打東吳。東吳夾在曹魏和蜀漢之間，因為綜合實力最弱，所以兩邊都不敢得罪；而且當時東吳內部也不穩定，其境內的少數民族問題，如山越等還沒有解決，內憂外患，所以孫權不敢急著稱帝。

直到劉備死去，陸遜打敗了魏軍的曹休，國內的山越問題也解決了，於是孫權才在二二九年最後稱帝，並改元黃龍，這也是孫權權衡時勢後的務實之舉。（宣炳善）

延伸知識　為什麼「登九五」是做皇帝的象徵？

《周易》的第一卦乾卦記載：「九五，飛龍在天，利見大人。」唐代的孔穎達疏：「言九五，陽氣盛至於天，故云飛龍在天。此自然之象。猶若聖人有龍德，飛騰而居天位。」

《周易》六十四卦的首卦是乾卦，乾者象徵天，而第二卦坤卦則象徵地，第一、二兩卦合稱為乾坤卦，其中第一卦乾卦地位最為重要，所以乾卦也稱為天字第一卦。乾卦由六條陽爻組成，是極陽、極盛之相。而爻是指八卦的兩個符號，一個是陽爻，用一條長橫表示，另一個是陰爻，用兩條並列的短橫表示。歷史學家郭沫若認為，《周易》中的陽爻是男性生殖器的符號象徵，而陰爻則是女性生殖器的符號象徵。乾卦中，從下向上數，第五爻稱為九五，九代表此爻是陽爻，五則是第五爻的意思。九五是乾卦中最吉祥的爻，同時乾卦是六十四卦的第一卦，所以九五是六十四卦三百八十四爻的天字第一爻，是帝王的象徵。

另一方面，《周易》首卦為乾卦，乾者為龍，所以乾卦又稱為「龍卦」。龍一直是古代華夏族的圖騰，後來為帝王專用。皇帝也多穿龍袍，住在龍廷中以示帝王之尊。關於龍的政治信仰在《周易》乾卦中有明確記載：「初九：潛龍勿用。」九二：「見龍在田。」九三：「終日乾乾。」九四：「或躍在淵。」九五：「飛龍在天。」這裡說的初九就是指「九一」，從九一到九五，都是龍的五種不同的狀態，而到了九五的狀態，龍就從地上飛到了天上，君臨天下，因而成為帝王的象徵。

在古代，「九」是《周易》中的陽爻，同時「九」又是最大的陽數，成語「九九歸一」說的也是到了最大的陽數「九」以後，就又向「一」開始迴圈。而與第五爻相結合，就變成了「九五」這個詞語，特指帝王之尊，是帝王之相。如《三國演義》第六回中，孫堅得到了扔在水井中的漢王室的傳國玉璽，程普便對孫堅說：「今天授主公，必有登九五之分。」意思就是說，這是老天有意把宮中的傳國玉璽送給孫堅，認為孫堅將來總有一天會做皇帝。孫堅得了這塊傳國玉璽後，就與袁紹鬧翻，帶著傳國玉璽回江東去了。（宣炳善）

049 三國的君主為什麼愛以貌取人？

在《三國志》中，往往對人物的容貌有特別的記載，而且對於長得英俊或有異相的人特別著意渲染。如寫孫權是「形貌奇偉，骨體不恒，有大貴之表」，寫周瑜是「長壯有姿貌」，寫劉備則是「美衣服。身長七尺五寸，垂手下膝，顧自見其耳」，完全是帝王之異相。

在正史中，對人物的容貌這麼重視，其實是當時普遍的社會風氣，也是漢代以來「品評人物」的一個傳統。三國時期劉劭的《人物志》一書，就是專門講述對人物的品評方法，其中也提到容貌舉止。如書中認為「骨植而柔者，謂之弘毅；氣清而朗者，謂之文理；體端而實者，謂之貞固；筋勁而精者，謂之勇敢；色平而暢者，謂之通微」，就是從面相與人的才性的角度來評判人物。正因為這樣的人物品評的風氣，所以漢代三國時期的面相術很發達，而三國的君主也喜歡以貌取人。如《三國演義》第五十七回寫龐統去拜見孫權，「孫權見其人濃眉掀鼻，黑面短髯，形容古怪，心中不喜」，第一印象就不好。而龐統又很高傲，於是沒有被錄用。接著龐統來見劉備，小說中也寫：「玄德見統貌陋，心中亦不悅。」可見，孫權和劉備對於龐統貌醜的第一心理反應都是一樣的，結果在劉備這邊，龐統也沒有受到重用，只讓他做一個縣宰。而第五十四回講的是劉備到東吳成親，孫權看到劉備儀表非凡就有畏懼的心理，這其實也是以貌取人的表現。（宣炳善）

延伸知識　孫權真的是綠眼睛紫鬍鬚嗎？

三國時代，人們很重視儀表體態美，所以，流傳下來了諸多容貌迥異、不同凡響的人物形象。帥呂布，錦馬超，顧曲周郎，大耳劉備，張飛豹頭環眼，關羽面如重棗等等。可是無論怎麼差異，他們都是黃皮膚、黑頭髮、黑眼睛的華夏人種，而孫權的長相簡直就是外來血統了。《三國演義》中數次說孫權是紫鬍鬚，綠眼睛。例如第二十九回回目就是「小霸王怒斬于吉，碧眼兒坐領江東」，羅貫中在讚美他時也說：「紫髯碧眼號英雄，能使臣僚肯盡忠。二十四年興大業，龍盤虎踞在江東。」而關羽在罵孫權時更是屢次罵他為「碧眼小兒」、「紫髯鼠輩」。據《漢語大詞典》解釋，碧有青白色、青綠色之意。小說和民間故事透過這樣的異化，使得孫權的面貌充滿了神異色彩。

那麼，孫權真的綠眼睛紫鬍鬚嗎？

《三國志・吳書・吳主傳》注引《江表傳》記載：「堅為下邳丞時，權生，方頤大口，目有精光，堅異之，以為有貴象。」頤，指口腔的下部，俗稱下巴。而「目有精光」並未說其眼珠的顏色，只是說其目光十分犀利有神采，精氣完足。這往往用做對人的溢美之辭，例如《北齊書‧神武帝紀上》言：「（高祖）目有精光。」從藥理學的角度出發，明代李時珍在其《本草綱目‧草五‧決明》中亦有「久服益精光，輕身」的說法。這些都只是說明，孫權的目光炯有神，並未提到他是綠眼睛。

建安十九年五月，曹操進攻漢中，曾與孫權交戰，張遼在戰陣中見到了一位紫髯將軍，他「問吳降人：『向有紫髯將軍，長上短下，便馬善射，是誰？』降人答曰：『是孫會稽。』」可見孫權的紫髯倒是真實存在的。

透過這些記載，孫權容貌上最大的特徵之一，就是大嘴、方下巴、紫鬍鬚，目光精銳。這樣的相貌配上孫權獨有的氣質、神采，使他在重視儀表風度美的漢末社會，形成了自己的獨特風采。曹操就曾經喟歎「生子當如孫仲謀」。可見其對孫權的讚許。事實上，漢末三國時期，孫氏兄弟皆人中龍鳳，袁術亦曾感歎說：「使術有子如孫郎，死復何恨！」這裡的孫郎，便是指孫權之兄長孫策。（程曉菡）

050 周瑜設過美人計嗎？

「周郎妙計安天下，賠了夫人又折兵。」在三國傳說中，劉備招親是民間津津樂道的故事。孫權與周瑜以孫權之妹為幌子，定下假招親的計謀，試圖殺死劉備，或者至少把劉備困在江東。但此計卻被諸葛亮識破，他準備了三個錦囊，指揮趙雲一步步擊破周瑜與孫權的計畫，不僅贏得了孫權母親吳夫人和周瑜岳父喬國老的支援，娶得美人，而且還平安返回荊州，氣得周瑜口吐鮮血。

那麼，周瑜真的設過美人計對付劉備嗎？

事實上，周瑜確實曾經試圖設美人計。據《三國志．吳書．周瑜魯肅呂蒙傳》記載，赤壁之戰後，劉備占領荊州，並開始蠶食周圍地區。周瑜看出劉備志向遠大，認識到劉備「必非久屈為人用者」，一旦得勢而起，就會如「蛟龍得雲雨」一樣風雲縱橫。因此，他向孫權建議，希望把劉備留在東吳，為他修建華美的宮殿，配備大批的美女和華貴的珠寶器物，使劉備玩物喪志。但是，孫權認為北方的曹操才是心頭大患，此時不應該破壞孫劉之間的戰略聯盟關係，因此，這一建議遭到了孫權的否定。可見，周瑜的美人計並未來得及實行，同時，其主角也並未提及孫權之妹。

赤壁之戰後，劉備的勢力逐漸增大，孫權為了表示與劉備的聯盟之意，把妹妹嫁給了劉備。《三國志・蜀書・先主傳》載：「郡下推先主為荊州牧，治公安。權稍畏之，進妹固好。」但是，所有的史籍中都只是提到了孫夫人的名號，並未有孫尚香之名。同時，劉備與孫夫人的關係亦不像演義所言，夫妻恩愛。事實上，孫夫人脾氣暴躁，經常依仗自己兄長權勢而飛揚跋扈。因此，劉備與孫夫人之間的結合是典型的政治聯姻。

但這並不是孫權與周瑜設下的美人計，而是東吳集團為了鞏固與劉備集團的政治聯盟而採取的聯姻手段而已。具體結親時間歷史上並未記載，根據推斷，大致應該在建安十四年至建安十五年之間。建安十六年，隨著劉備與東吳關係惡化，孫權就派人接回了妹妹，等於宣布取消了二人的婚姻關係。

但是《三國演義》把周瑜的這個想法進行了誇張與演繹，於是才有了「周郎妙計安天下，賠了夫人又折兵」的故事。（程曉菡）

延伸知識｜周瑜擔任的都督是一種什麼官？

《三國演義》中稱周瑜為大都督並不符合事實，周瑜擔任的實為左都督。都督本是漢末軍中執法和辦理事務的武官，三國初年開始成為領兵將帥的官號。漢末領兵官多稱督，駐一地者為某地督，攻城者為升城督，領某部者為某部督。後漸以大督、都督、都督中外諸軍事等為統率諸軍者的官號。建安二十一年（二一六），始有都督諸軍事。曹魏黄初二年（二二一），孫權以陸遜為大都督，為設大都督之始。黄初三年，魏始置都督中外諸軍事。兩晉、南北朝均以都督中外諸軍事或大都督為統帥的稱號。周瑜在赤壁之戰時擔任的左都督實際就是赤壁前線的左翼軍團指揮官，和右都督程普相對應。（李傳軍）

051

劉備真的是在甘露寺招親嗎？

《三國志．蜀書．先主傳》記載：「琦病死，群下推先主為荊州牧，治公安。權稍畏之，進妹固好。先主至京見權，綢繆恩紀。」說到劉琦病死以後，荊州的官員推舉劉備作荊州牧。劉備得了荊州，力量強大起來，孫權對劉備十分忌憚。建安十四年（二〇九），正好劉備的妻子甘夫人去世，於是孫權就利用這個機會將其妹妹送到公安與劉備成婚。「進妹固好」一詞，可以看出孫權是主動派人將妹妹送到荊州與劉備成婚的。劉備雖然知道這是一場政治婚姻，但對這樁婚事非常滿意，所以據《資治通鑒》的記載，建安十五年，劉備親自到京口來拜謝孫權。這個時候劉備與孫權的關係非常融洽，史書上叫「綢繆恩紀」。

當時荊州牧治所就在公安。所以劉備招親其實是在今天湖北的公安縣，不是在東吳的甘露寺。甘露寺建於東吳甘露元年（二六五），而劉備招親卻是在建安十四年，也就是西元二〇九年。也就是說，劉備在京口招親的時候，甘露寺還沒有建造，劉備與孫夫人婚後五十年，甘露寺才興建。（宣炳善）

延伸知識｜劉備一共有幾位夫人？

根據《三國志・蜀書・二主妃子傳》記載，劉備一生有事蹟可以考察的夫人至少有四位。

甘皇后，據《三國志》記載，甘夫人名字不詳，沛縣人，是劉備任豫州牧時所納的小妾。在甘夫人之前，劉備「數喪嫡室」，所以家事後來都是甘夫人在打理，她追隨劉備至荊州，生後主劉禪。在長阪坡，劉備為逃命而「棄后及後主，賴趙雲保護，得免於難」。可見面臨生死抉擇，劉備拋棄了甘夫人與兒子劉禪獨自逃生。甘夫人去世後，追謚昭烈皇后。甘夫人以美貌著稱，是當時有名的美人。晉人王嘉著《拾遺記》卷八載：「先主甘後，沛人也，生於賤微……至十八，玉質柔肌，態媚容冶。先主召入綃帳中，於戶外望者，如月下聚雪。」

糜夫人，名字不詳，乃劉備謀士糜竺之妹，據《三國志・蜀書・糜竺傳》記載，建安元年（一九六），劉備的家眷被呂布擒獲，「竺於是進妹於先主為夫人」。同時陪嫁過去的還有大量的財物，這對窮途困窘的劉備實在是雪中送炭。《三國演義》中的糜夫人，在長阪坡之戰中，為了保護劉禪與趙雲突圍而選擇自殺，「糜夫人乃棄阿斗於地，翻身投入枯井中而死」。但歷史上的糜夫人，其時卻並沒有任何記載，應該早已去世。

孫夫人，名字不詳，乃孫權之妹。據《三國志・蜀書・先主傳》記載，赤壁大戰後，劉備占領荊州，孫權為了鞏固與劉備的戰略同盟而「進妹固好」，此時已是建安十四年（二〇九），劉備已經四十九歲。而由孫權的年齡來推斷，其妹不過二十歲。她性格剛猛，據《三國志・蜀書・法正傳》記載，她與劉備並無甚深感情，甚至常常分居。她身邊常有「侍婢百餘人，皆親執刀侍立，先主每入，衷心常凜凜」。諸葛亮也說：「主公之在公安也，北畏曹公之強，東憚孫權之逼，近則懼孫夫人生變於肘腋之下。」後孫劉兩家翻臉，孫權就派人接回孫夫人，「先主入益州，吳遣迎孫夫人。夫人欲將太子歸吳，諸葛亮使趙雲勒兵斷江留太子，乃得止」。回歸江東以後，孫夫人從此再不見於史籍。

穆皇后，姓吳，名字不詳，陳留（河南開封）人，本是劉焉的兒子劉瑁之妻，劉瑁去世後，她守寡在家。後孫夫人還吳，劉備身邊無人，於是就娶吳氏為妻，並於建安二十四年立為漢中王后。劉備稱帝後以其為皇后，後主即位後尊其為皇太后。

這就是史籍中可見的劉備妻子的大致情況，除了甘夫人、糜夫人、孫夫人、吳夫人等四人有姓名外，其餘皆無姓名可考。只是知道，在甘夫人之前，劉備有過數任妻子，稱霸四川之後，至少也有過幾位妃子，例如他的兒子劉永、劉理與後主劉禪三人皆不同母，那麼，劉備後來應該至少有兩位側室。（程曉菡）

052

劉備、孫權、曹丕，為什麼都娶了二婚之人？

三國時期，社會上對女性的貞操觀念相當寬容。劉備的身邊一直是妻妾成群，在甘夫人死後，劉備就娶孫權的妹妹孫尚香為妻，但後來孫夫人被孫權接回東吳，劉備身邊就只有幾個小妾，沒有夫人，於是劉備就娶穆氏為妻。穆氏本來是劉瑁的妻子，《三國志·蜀書·二主妃子傳》記載劉瑁死後，穆氏成了寡婦。當時劉備的下屬都勸劉備納穆氏為夫人，劉備就同意了。章武元年，還立穆氏為皇后。而根據《三國志·吳書·妃嬪傳》的記載，孫權共有六位夫人。其中徐夫人先是嫁給了陸尚，後來陸尚去世，時任討虜將軍的孫權就聘徐氏為妃。但徐夫人生性妒忌，與其他夫人的關係處得不好，於是孫權一直不肯立徐夫人為皇后。至於曹丕，《三國演義》第三十三回記載袁紹的兒子袁熙被曹操打敗後，袁熙的妻子甄氏躲在府內避禍。曹丕來到紹府，見到如花似玉的甄氏，就占為己有，而曹操也同意曹丕納甄氏為妻。

在這裡，《三國演義》的描寫並不是小說家言，而是史實。

劉備、孫權、曹丕都娶了二婚之人，說明當時的貞操觀念淡薄，沒有一女不事二夫的觀念。《史記·

司馬相如列傳》就記載了卓文君成為寡婦後，看到司馬相如一表人才，連夜與司馬相如私奔的事。這樣的情節在漢代不是個別現象。西漢朱買臣妻子也曾離婚再嫁。東漢的時候，寡婦再嫁更是普遍，如女詩人蔡文姬曾嫁人三次，在當時也沒有異議，可見漢代的貞節觀十分淡薄。因為對女性形成了一個寬容的環境，所以三國時期的人物娶二婚之人也就十分自然。（宣炳善）

延伸知識 妻與妾

古代的妻妾制度是一夫多妻制度。西周的時候，妻妾制度就產生了，如《孟子》一書中提到的「齊人有一妻一妾」的典故，說明當時一般的民眾也有妻妾。東漢劉熙在《釋名》卷三《釋親屬》中釋「妾」為：「接也，以賤見接幸也。」畢沅引《一切經音義》的解釋說：「婢妾媚以色事人得幸者也。」也就是說，妾是以女色事主人的女性，因而在家庭中沒有地位。妾在家庭中也承擔生兒育女的義務，卻享受不了妻的待遇，因為妾沒有透過正式的婚禮儀式。《禮記・內則》記載：「聘則為妻，奔則為妾。」妻是經過聘禮而且拜過堂的，所以叫娶妻，而妾只要接過來就可以了，所以叫納妾。

最初設立妾的制度主要也是為了傳宗接代。如果妻子不能生育，那麼就要納妾，妾生下的孩子也是家庭香火的綿延。但要由妾上升為妻就十分困難，歷史上許多妾就為自己的婚姻地位發愁，這種現象叫做「妾身未分明」，也就是妾還沒有變成妻的身分。三國時期，卞氏最初被曹操納為妾，因卞氏賢慧，幫曹操撫養其他夫人生養的孩子而沒有怨言，因而深得曹操喜歡。後來曹操稱魏王後，封卞氏為王后。

由於家庭中妻妾並列，所以對於妾有許多限制措施，如《禮記・內則》記載：「妻不在，妾御莫敢當夕。」意思是說當妻子因為回娘家等原因不在家的時候，男主人與妾可以發生性關係，但是不能在一起過夜，因為擔心男主人與妾的關係過於親密可能會威脅到妻的正統地位。這是禮制中的規定，雖然在民間執行起來有一定的難度，但是對於妾的防範也由此可見一二。而且妻妾生下的子女其家庭地位是不一樣的，妻子所生的子女是嫡出，而妾所生的子女則是庶出，這也是一夫多妻制的婚姻制度造成的不平等現象。「嫡」是正統的意思，後來人說的嫡系部隊，就是指正統的部隊，而「庶」則是側室，東漢劉熙在《釋名》卷三《釋親屬》中釋「庶」為：「摭也，拾摭之也，謂拾摭微陋待遇之也。」意思是說，男主人獲得妾十分容易，所以生下的孩子也就沒有什麼家庭地位，其待遇也是卑微簡陋。古代妻妾制度從西周開始，經過唐宋，一直到清代都還繼續存在。（宣炳善）

053

魯肅為什麼坐牛車上朝？

《三國志．吳書．魯肅傳》中記載在赤壁大戰前夕，張昭等文臣主張東吳投降曹操，魯肅卻竭力反對。魯肅對孫權說：「今肅可迎操耳，如將軍，不可也。何以言之？今肅迎操，操當以肅還付鄉黨。品其名位，猶不失下曹從事，乘犢車，從吏卒，交遊士林，累官故不失州郡也。將軍迎操，欲安所歸？」魯肅的意思是說，他是可以投降曹操的，降操以後，還可以坐著牛車上班，還可以做一個州郡的太守，但是孫權不可以投降曹操。這一段話，實際上從側面點明了當時東吳的大臣平時上朝並不是坐馬車的，而是坐牛車，也就是「犢車」。對於「犢車」，《宋書．禮志五》中記載說：「犢車，車之流也。漢諸侯貧者乃乘之，其後轉見貴。孫權云『車中八牛』，即犢車也。」說的是在漢代，牛車是諸侯當中的貧弱者乘坐的交通工具，但在漢末三國時期乃至南朝時期，牛車反變成尊貴的象徵，孫權出行要坐八頭牛拉的車。

造成這一現象的原因，是當時東吳與北方的曹魏處在敵對的狀態，所以曹魏與東吳之間的馬匹交易就比較困難。馬匹在當時是重要的軍事戰略物資，往往用在軍事上，所以日常生活中主要用牛車。而與之相

反，北方的曹操出行則沒有坐牛車的記載。（宣炳善）

延伸知識　古代坐牛車與坐馬車有什麼差異？

《宋書・禮志五》中記載：「漢制，乘輿御大駕，公卿奉引，太僕、大將軍參乘，備千乘萬騎，屬車八十一乘。古者諸侯貳車九乘，秦滅九國，兼其車服，故八十一乘也。漢遵弗改。」這說明帝王出行，有跟隨的馬車八十一輛，而諸侯則是九輛。但在西漢時期發生吳楚七國之亂後，朝廷不允許地方諸侯自己設立御史、廷尉等官職，於是諸侯國的實力都有所下降，原來是坐馬車的，自從七國之亂發生後，一些小諸侯王因為貧窮坐不起馬車，就改坐牛車。《史記・五宗世家》記載：「自吳楚反後……諸侯獨得食租稅，奪之權。其後諸侯貧者，或乘牛車也。」而在漢初時，《漢書・食貨志》記載：「天子不能具純駟，而將相或乘牛車。」貴為天子，要找出四匹顏色一模一樣的馬也很困難，將相們有人改坐牛車上朝了。等到漢武帝時對匈奴大規模用兵，導致中原地區的馬匹十分短缺，漢武帝還為了得到西域的汗血寶馬，發動戰爭，可見對馬的渴求。

由此可見，最初都是坐馬車的，後來因為政治與軍事的原因，馬匹減少，於是就改坐牛車。從坐馬車到坐牛車，很明顯速度變慢了。《晉書・輿服志》中記載：「古之貴者不乘牛車，漢武帝推恩之末諸侯寡弱，貧者至乘牛車，其後稍見貴之。自靈獻以來，天子至士遂以為常乘。」這段記載說明本來尊貴者是不坐牛車的，坐的是馬車，但由於七國之亂後，漢武帝推行推恩令，削弱了諸侯王的實力，於是諸侯王就只好改坐牛車了。但在漢晉以後至南北朝，乘牛車已成時髦，王公貴族都覺得坐牛車也別有風致，於是變成喜歡坐牛車了。《舊唐書・輿服志》記載：「魏晉以降，迄於隋代，朝士又駕牛車，歷代經史，具有其事，不可一二言也。」

（宣炳善）

054

關羽真的是因為大意而失掉荊州的嗎？

「大意失荊州」今天已經成為一個成語，說的是一個人因小疏忽而造成巨大損失，這個成語來源於三國時期關羽喪失荊州的史實。關羽果真是因「大意」而失去荊州的嗎？

赤壁之戰後，吳蜀兩國，以湘水為界，平分荊州。但荊州既是蜀漢的重要戰略地，更是孫吳免遭魏、蜀雙重威脅的國家生命線。為了保住荊州，劉備派出蜀漢第一名將關羽鎮守荊州。然而，關羽「剛而自矜」，剛愎自用、驕傲自滿的個性十分突出。《三國志．蜀書．關羽傳》記載，名將馬超來投劉備，得到重用。關羽致書諸葛亮，「問超人才可誰比類。亮知羽護前，乃答之曰：『孟起兼資文武，雄烈過人，一世之傑，黥、彭之徒，當與益德並驅爭先，猶未及髯之絕倫逸群也。』」結果「羽省書大悅，以示賓客」。自滿之心，溢於言表，心胸之狹，躍然史冊。

更為失策的是，作為荊州守將，即使不能結好吳國，起碼也不能交惡孫權，理應韜光養晦，坐觀時變，伺機執行諸葛亮的北伐策略，以實現蜀國的長遠發展目標。但關羽卻昧於大勢，輕舉妄動。起先，

「權遣使為子索羽女」，本意是羈縻荊州，鞏固吳蜀聯盟，但「羽罵辱其使，不許婚」，搞得孫權灰頭土臉下不了台。建安二十四年（二一九），關羽更向曹軍發動大規模的襄樊戰役，斬龐德，擄于禁，軍威所及，長安為之動搖。關羽一時得意洋洋，在荊州顧盼自雄，更不把孫權放在眼裡。戰前，關羽曾揚言說：「如使樊城拔，吾不能滅汝（孫權）邪！」徹底失去了聯盟吳國的最後機會。

但是，襄樊戰役獲勝，並沒有改變蜀漢在荊州的弱勢處境。這一點，吳國的呂蒙看得很清楚。所以，襄樊之戰時，孫權想乘機攻取曹魏的徐州，但呂蒙卻建議：「至尊今日得徐州，操後旬必來爭，雖以七八萬人守之，猶當懷憂。不如取羽，全據長江，形勢益張。」孫權乃轉而與曹魏密謀，聯合夾擊關羽。關羽在呂蒙的偷襲下，一敗塗地，荊州全部丟失。《三國志．呂蒙傳》載：「羽自知孤窮，乃走麥城……父子俱獲，荊州遂定。」

總之，關羽失去荊州並非因一時疏忽，而是缺乏戰略眼光和政治智慧的結果。（李傳軍）

延伸知識　為什麼荊州的地理位置如此重要？

首先，荊州地理位置獨特，位於長江中游，是重要的交通樞紐。從三國對峙之初，荊州就一直介於曹魏、東吳、蜀漢三方的接壤要衝，各國都虎視眈眈。

其次，在劉表的治理下，荊州相當富庶，但劉表卻不思開疆拓土，給他人留下了希望。駐守荊州的劉表既無眼光，又極懦弱。劉表在初平元年（一九〇）鎮守荊州，到赤壁之戰（二〇八）前將近二十年，應該有牢固的基礎，再加上荊州物阜民豐，很少受到戰亂的洗劫。但是，劉表卻不知利用手中的這塊王牌，形成政治、軍事上的優勢，反而蜷縮一隅，自甘魚肉。在曹操與袁紹在官渡打得血肉橫飛時，袁紹自感危急，便向劉表求救，這正是劉表發展的重要時機，若借助袁紹勢力，遏制曹操，可取得自己實力的迅猛突破。但劉表卻無動於衷，任由雙方爭鬥，企圖憑藉荊州彈丸之地苟安圖存。但事實證明，這是不切實際的幻想，之所以各方暫時未對荊州下手，是因為時機未到，一旦時機成熟，三方都不會放過荊州。劉表的這種表現，讓當時的覬覦者更加心存希望，認為這塊蛋糕非己莫屬。一時三方各展拳腳，各施法數。

曹魏方面，官渡之戰後，曹操就欲大舉南下，但謀士荀彧擔心袁紹士眾未滅，勸其暫緩，云：「今紹敗，其眾離心，宜乘其困，遂定之；而背兗、豫，遠師江、漢，若紹收其餘燼，乘虛以出人後，則公事去矣。」可見，奪取荊州，是曹魏既定戰略。後來，曹操聽說孫權把荊州借給劉備之後，「落筆於地」。

蜀漢方面，劉備三顧茅廬請諸葛亮出山時，諸葛亮就詳細分析了天下大勢，認為「荊州北據漢沔，利盡南海，東連吳會，西通巴蜀，此用武之國，而其主不能守，此殆天所以資將軍，將軍豈有意乎……若跨有荊、益，保其巖阻，西和諸戎，南扶夷越，外結好孫權，內修政理，天下有變，則命一上將將荊州之軍以向宛洛，將軍身率益州之眾出於秦川，百姓孰敢不簞食壺衆以迎將軍者乎？誠如是，則霸業可成，漢室可興也」。諸葛亮把荊州作為重要軍事要塞，認為是劉備成就霸業、復興漢室的關鍵，並告誡劉備要重視與暫居荊州的劉表的關係。

東吳方面，早在魯肅剛剛結識孫權時，就明確提出，在「漢室不可復興，曹操不可卒除」的情況下，孫權應該「鼎足江東」，「剿除黄祖，進伐劉表，竟長江所極，據而有之，然後建號帝王以圖天下」。劉表死後，魯肅進一步陳說孫權要據守荊州、結交劉備：「夫荊楚與國鄰接，水流順北，外帶江漢，內阻山陵，有金城之固，沃野萬里，士民殷富，若據而有之，此帝王之資也。今表新亡，二子素不輯睦，軍中諸將，各有彼此。加劉備天下梟雄，與操有隙，寄寓於表，表惡其能而不能用也。若備與彼協心，上下齊同，則宜撫安，與結盟好；如有離違，宜別圖之，以濟大事。」魯肅的想法與諸葛亮的謀劃暗合，正說明了荊州的重要性。

由此可見，曹魏、蜀漢、東吳都把荊州看作戰略要地，並極力爭奪。（馬寶記）

055

劉備討伐孫吳是為關羽報仇嗎？

猇亭之戰，劉備被陸遜火燒連營，最後白帝托孤，黯然辭世。《三國演義》中說劉備伐吳，是為了替關羽報仇：「朕不為弟報仇，雖有萬里江山，何足為貴？」《三國志・蜀書・先主傳》也說劉備伐吳是「忿孫權之襲關羽」。事實是這樣簡單嗎？

《三國志・蜀書・關羽傳》載：「關羽字雲長，本字長生，河東解人也。亡命奔涿郡。先主於鄉里合徒眾，而羽與張飛為之禦侮。先主為平原相，以羽、飛為別部司馬，分統部曲。先主與二人寢則同床，恩若兄弟。而稠人廣坐，侍立終日，隨先主周旋，不避艱險。」由此可見，劉備與關羽的確有著情同手足般的密切關係。建安二十四年，劉備稱漢中王，「拜羽為前將軍，假節鉞」，把除了益州以外的最重要戰略要地——荊州交給關羽鎮守，可見劉備對關羽付託之重，信任之篤。然而關羽卻辜負使命，失去荊州，讓蜀漢的戰略陷入極為嚴峻的境地。

原來，關羽鎮守的荊州居長江上游，北可以進攻曹魏的襄樊，威脅許昌，東可順流而下，直達孫吳腹地，是三國時期最重要的戰略要地之一。蜀若失去荊州，就被封閉在益州一隅，雖然可以勉強自保，但諸葛亮「隆中對」中的戰略構想就要落空；吳若失去荊州，則會受到來自長江上游蜀漢和北方曹魏的雙重威脅。所以荊州是吳、蜀必爭之地，誰也不能承受失去荊州之痛。

在地理環境上，蜀和吳有所不同：蜀漢處群山環繞之中，蜀道天塹，易守難攻，所以劉備大舉攻吳，不必忌曹魏的襲擊；而且，蜀漢處於長江上游，順流而下，假如準備充足，戰術得當，荊州實具有必克之勢。因此，劉備決定伐吳時，是充滿必勝信心的。這時候如果再以為關羽報仇作號召，就更增添了重情尚義的道德色彩，劉備又何樂而不為呢？

所以，關羽的死活，並不關乎蜀漢的興亡，荊州的得失，才足以牽動三國鼎立的大局。劉備的伐吳，眼中所見，心中所想的，恐怕並不是他的雲長二弟。（李傳軍）

延伸知識｜什麼是蜀道？為什麼說「蜀道之難，難於上青天」？

廣義而言，蜀道指所有通往古代蜀地的道路，無論是三峽水道，還是從雲南入蜀、甘肅入蜀、陝西入蜀的道路等，都算是蜀道。而這麼多蜀道中，人們經常提及的則是北方旱路入蜀的幾條道路。例如由關中通往漢中的秦蜀古道（褒斜道、子午道、故道等），由漢中通往四川的金牛道、米倉道，以及著名的陳倉故道、古棧道等等。

人們說蜀道難，這和四川的地理方位關係密切。整個四川盆地處在崇山峻嶺的「包圍」之中，其四周的山地面積占總面積的九十三%。具體而言，以四川盆地為圓心，其東部有巫山阻隔，地勢險要，有著名的長江三峽；北部有綿延不盡的秦嶺，米倉山和大巴山阻止了北方冷空氣侵入四川，成為其北方的屏障，也是由北方入川的必經之路；西面是巍峨的巴顏喀拉山和橫斷山脈，其中最著名的就是海拔七五五六公尺的貢嘎雪山和海拔三〇九九公尺的峨眉山，當然還有一些比較著名的山峰，如龍門山、邛崍山、青城山等，尤其是道教名山峨眉山和青城山，久負盛名。由此可見，圍繞在四川周圍的，幾乎全都是大大小小的山脈，而入川的陸路，則只能在山間穿行。過去，由於技術條件落後，保護措施不足，盤桓在山間的道路走起來自然十分危險。例如陰平道，要「行無人之地七百里」，穿行在川甘界山摩天嶺與龍門山之間，還要跨越幾條河流，因道路過於險要又稱為「陰平險道」。而且，四川氣候溫潤，雨水充足，山路經常處於泥濘狀態。試想，在交通工具落後的古代，面對這樣群山環繞中的幾條泥濘難行的羊腸小道，看著腳下的萬丈深淵，人們怎麼能不感歎「蜀道之難，難於上青天」呢？（程曉菡）

056

關羽的謚號「壯繆侯」是美稱還是惡稱？

《三國志．蜀書．關羽傳》記載關羽死後，蜀國「追謚羽曰壯繆侯」。

對於關羽的謚號，歷來有很多爭議。《謚法》云：「威德剛武曰壯，赫圍克服曰壯，死於原野曰壯，勝敵克亂曰壯，好力致勇曰壯，屢行征伐曰壯，武而不遂曰壯，武德剛毅曰壯，非禮弗履曰壯」；「名與實爽曰繆，傷人蔽賢曰繆，蔽仁傷善曰繆」。從關羽一生的行事和最終結局來看，其「壯繆侯」的謚號即是「武而不遂曰壯，名與實爽曰繆」，基本上應該是一個惡謚。歷史上，秦檜的謚號就是「繆醜」。不過，在蜀漢政權中，關羽與劉備的關係非同一般，史載兩人「恩若兄弟」，關羽死後，劉備應不至於以惡謚號加諸於知己的愛將。因為謚法盡量都會從被謚者身上選取好的並且比較突出的方面，除非被謚者有嚴重惡行，比如漢桓帝一生是沒有什麼突出的地方，但因曾經派兵對外作戰取得勝利，開拓過邊界，所以根據「克敵伏遠曰桓」謚曰「孝桓皇帝」。

所以，關羽「壯繆侯」謚號中的「壯」也可以看作是對關羽的肯定，取的是「威德剛武曰壯」，但

「壯」同時也包含對關羽的惋惜，取的是「武而不遂曰壯」，而「繆」也是對關羽的惋惜，取的是「名與實爽曰繆」。

三國中，張郃、徐晃、龐德、許褚都被追諡為「壯侯」。張郃追擊諸葛亮軍至木門而被射殺，龐德和于禁進攻關羽而被斬殺，都未得善終，諡號曰壯，顯然具有惋惜追悼的意味，這種情況，與關羽也差不多。所以，關羽諡號中的「壯」很有可能是具有武而不遂的含義。關羽世稱虎臣，刺顏良，斬龐德，降于禁，坐鎮荊州，威震華夏，完全稱得上威德剛武，所以用「壯」，即包含對關羽的肯定。

至於「繆」字，則是取「名與實爽曰繆」之意。關羽固然名滿天下，但最後敗走麥城，被呂蒙襲殺也是事實。特別是蜀漢政權在關羽手裡失去了荊州，導致諸葛亮隆中對策中「跨有荊益」重要戰略的完全落空，實在也是不可諒解的失敗。「名與實爽曰繆」的諡號，多少有些責怪的意味在裡面。（李傳軍）

延伸知識｜中國古代的諡號文化有什麼特點？

中國古代帝王、貴族、大臣、士大夫死後，朝廷根據其生前事蹟評定褒貶給予稱號，即稱為諡或諡號。周初始制諡法，秦始皇廢而不用，漢初恢復。以後帝王的諡號一般是由禮官議定經繼位的帝王認可後予以宣布，臣下的諡號則由朝廷賜予。明清定諡屬禮部。古代除對帝王可以稱呼其「諡號」外，稱呼高官大臣、學者名流的「諡號」也是一種尊重的稱呼；有些人的諡號由於經常被後人稱呼，幾乎成為他們的別名，如陶靖節（陶淵明）、岳武穆（岳飛）、許文正（許衡）等。

謚法在剛興起的時候，一般只是表示後人對先人功績的懷念，沒有惡謚。春秋時代，謚法逐漸制度化，出現了所謂的「子議父，臣議君」，有意識地把謚法作為以禮教褒貶人物的手段。謚號的選定要根據謚法，謚法規定了一些具有固定含義的字，供確定謚號時選擇。這些字大致分為下列幾類：上謚，即表揚類的謚號，如：「文」表示具有「經緯天地」的才能或「道德博厚」、「勤學好問」的品德；「康」表示「安樂撫民」；「平」表示「布綱治紀」。下謚，即批評類的謚號，如：「煬」表示「好內遠禮」；「厲」表示「暴慢無親」、「殺戮無辜」；「荒」表示「好樂怠政」、「外內從亂」等。中謚多為同情類的謚號，如：「愍」表示「在國遭憂」、「在國逢難」；「懷」表示「慈仁短折」。（李傳軍）

057

為什麼民間剃頭理髮的人尊關羽為祖師爺？

民間剃頭理髮的人，往往尊關羽為這個行業的祖師爺。其實關羽並沒有當過剃頭匠，《三國志》中對關羽投奔劉備前從事的職業也沒有交代，而《三國演義》第一回中只寫關羽推著一輛車子，大約是推車販賣貨物的小商販出身，但都與理髮無關。因為在漢代三國時期，只有罪犯與出家的僧人才理髮，給罪犯理髮在當時有一個專門的名稱，叫做「髡」，其實是一種侮辱人格的刑罰，凡是被髡的人都被社會認為是不孝之子。而且在漢代，受「髡」刑的罪犯還不能上墳掃墓，古書上叫做「徒不上墓」，因為當時的人認為，祖先看到其子孫受了髡刑，心裡會很難受，認為這樣是給祖先蒙羞。所以在關羽的時代，民間還沒有產生為一般民眾理髮的這種職業。

但到了清初，情況發生了變化。清人入關的過程，也是強制推廣關羽從而打壓岳飛的過程，因為關羽忠心耿耿，清政府需要這樣的忠臣作為宣傳忠於清政府的榜樣，於是就想方設法在各個領域推廣關羽。據《清朝文獻通考．郡祀考上》記載，清順治元年定祭關帝之禮，乾隆年間加封關帝為「忠義神武靈祐關聖大帝」。在這個崇拜關羽的過程中，理髮的時候居然也想到了關羽，關羽於是成了剃髮令的形象代言人。清兵入關後，多次發布「剃髮令」，強行將漢人的束髮為髻改為剃髮留辮，也就是將額前與四周的一片頭髮剃去，而將其他頭髮紮成辮子垂在腦後，作為歸順的象徵。當時流傳「留髮不留頭，留頭不留髮」的民謠，也就是說如果不願剃髮，那麼就是死路一條，而要活命，就只有接受理髮。當時專門有人挑著一副剃頭擔子，剃頭擔子的旁邊挂著大刀，這挂著的大刀就帶有恐嚇的性質，清兵就守衛在剃頭擔子的邊上，對於不肯剃髮的漢人當場砍頭以示懲罰。

在這個過程中，說來滑稽的是，民間傳說中關羽的大刀就派上用處了。因為剃頭匠手上的刀是用來剃頭的，而關羽手上也有一把刀（民間傳說是青龍偃月刀），這是相同之處。由於清人大力推廣關羽，於是民間也就將錯就錯將關羽當作民間的理髮祖師爺了。（宣炳善）

延伸知識——清代信仰中，關羽為什麼逐漸代替了岳飛？

在清代關於歷史英雄人物的祭祀體系中，關羽代替岳飛完全是由於政治的原因。因為岳飛是南宋的抗金名將，也是抵抗異族入侵的民族英雄，抵禦外侮的象徵，而清人入關，在當時就是另一場異族入侵，所以當時許多知識分子如顧炎武、黃宗羲等一直謀劃反清復明。岳飛的《滿江紅》一詞中說：「壯志饑餐胡虜肉，笑談渴飲匈奴血。」非常明顯地體現了岳飛對異族勢不兩立的決心。清軍入關後，清政府的首要政治任務就是防範漢人，讓漢人服從其統治。滿族的前身是女真族，而南宋時期金的民族主體也是女真族，所以岳飛不可能成為清政府的祭祀人物。於是關公就代替了岳飛。而當時的漢人也是接受關公的，因此具有良好的群眾基礎。

關公在中國歷史上一直是忠義的象徵，在《三國演義》中，關公千里走單騎，過五關斬六將，為的就是與兄長劉備團聚。而這正是當時的清政府最需要的時代精神，也就是透過樹立關公的忠義形象，號召漢人忠於清王朝。清代的趙翼在《陔余叢考》卷三十五《關壯繆》條目中記載說：「關壯繆在三國、六朝、唐、宋皆未有禋祀……萬曆二十二年因道士張通玄之請，進爵為帝，廟曰英烈。四十二年又封三界伏魔大帝、神威遠鎮天尊、關聖帝君……本朝順治九年，加封忠義神武關聖大帝。今且南極嶺表，北極塞垣，凡婦女兒童，無有不震其威靈者，香火之盛，將與天地同不朽。」

從這段話中可以看出，明代統治者與清代統治者對關公的態度是不一樣的，在明代，關公最多是一個道教人物，降魔伏妖；而在清代，則是「忠」字當頭，清代統治者，看中的就是關公對劉備的忠誠。（宣炳善）

058
蜀國最先滅亡的原因何在？

諸葛亮死後，蜀國的政治先後由蔣琬、費禕掌管。蔣琬還考慮過伐魏，興復漢業。費禕就全無與魏爭天下的思想了。《三國志．蜀書．姜維傳》注引《漢晉春秋》載，費禕對姜維說：「吾等不如丞相亦已遠矣，丞相猶不能定中原，況吾等乎？且不如保國治民，敬守社稷。如其功業，以俟能者。」費禕死後，姜維掌權，又恢復了對魏的戰爭。他自後主延熙十六年（二五三）到延熙二十年間，五次伐魏，但均失利，蜀國因此元氣大傷。

蜀漢後主劉禪是個庸材，他為政四十年，前期因有諸葛亮的輔政，政治較為清明。但在費禕之後，他寵信宦官黃皓，政治昏聵，朝政相當腐敗。《三國志．吳書．薛綜傳附子珝傳》記載，西元二六一年，吳派使臣薛珝來蜀，回國後對吳主孫休說到蜀國情況：「主暗而不知其過，臣下容身以求免罪，入其朝不聞正言，經其野民有菜色。」

景元四年（二六三），魏國大舉伐蜀。征西將軍鄧艾軍突破蜀道天險，進軍到雒（今四川廣漢），離成都只有八十里。後主劉禪最後聽從譙周的主張，向鄧艾投降，蜀亡。《三國志．蜀書．後主傳》注引王隱《蜀記》記載，稱蜀亡時有二十八萬戶，男女九十四萬口，將士十萬二千人，吏四萬人。

三國之中，蜀國國土和人口最少，實力最弱。益州雖然號稱天府之國，但經濟實力畢竟難與孫吳、曹魏抗衡。諸葛亮當政時因政治清明，國家安定，尚可採取主動，北伐曹魏。至費禕、姜維主政後，政治腐敗，勢弱民貧，限疆自保猶難，姜維猶昧於大勢，執意北伐，造就了取亂侮亡的局面，被魏軍攻滅。三國之中，蜀國自二二一年劉備稱帝，至二六三年劉禪降魏，只存在了四十二年。（李傳軍）

延伸知識 四川成都昭烈廟裡為何沒有劉禪像？

魏黃初四年（二二三），劉備病死，被葬在成都南郊的惠陵。南朝劉宋時期，惠陵擴建為先主廟，或稱漢昭烈廟。明初與武侯祠合併，明末時毀於戰火，現建築為清初重建。

在今天的昭烈廟正殿裡，劉備像的旁邊是劉備的孫子、北地王劉諶像。兩旁的偏殿裡，一邊是關羽及其兒子、部將像，一邊是張飛及其子孫像。殿前的兩廊內，是二十八尊文臣武將像。在這裡，從皇帝到大臣都有了，唯獨沒有劉備的兒子劉禪像，這是為什麼呢？

根據《太平寰宇記》記載，昭烈廟內原來是有劉禪像而沒有劉諶像的，可能因為劉禪是亡國之君的緣故，在唐代以前就曾被逐出了昭烈廟，但後來又被請了回來。所以唐代杜甫在詩中說「可憐後主還祠廟」。北宋慶歷年間，益州知州蔣棠才又下令將其逐了出去。南宋紹興年間，劉禪再一次回到廟內。到了明代，三國故事婦孺皆知，劉禪又被請了出去。這次之後，劉禪再也沒有回來，最終被兒子劉諶取代，直到今天。從劉禪像的變化，可以看到人們是如何看待投降者的態度。（馬寶記）

059

「曹沖稱象」故事的主人公曹沖為什麼特別被曹操喜愛？

據《三國志．魏書．武文世王公傳》記載，孫權派人給曹操送了一頭大象，曹操很想知道大象的體重，但苦於沒有足夠大的稱量工具，無法稱其重量。曹操帳下聰明才智之士輩出，但居然沒有一個人能解決這一難題。這時，年僅五六歲的幼齒之童曹沖，利用浮力原理，「置象大船之上，而刻其水痕所至，稱物以載之，則校可知矣」。

那麼，曹沖是誰呢？同書記載，曹沖，字倉舒，乃曹操之子，曹操之妾環夫人所生。建安元年（一九六）出生，建安十三年（二〇八）夭折，年僅十三歲。曹沖是曹操諸子中最具聰明才智者，是中國歷史上不可多得的神童。不僅如此，曹沖還廣有仁愛之心，常勸諫曹操廣施仁義，並多次挽救誤觸刑律的官吏，探查被冤枉的案件以還人清白，既有才能又寬宏大度，深得曹操賞識。同時，曹沖「容貌姿美」，這在重視外在美的三國時代尤其難得。因此，對這樣一個內在氣度、才智與外在風神、姿容俱佳的兒子，曹操極為欣賞，屢次對手下群臣表示，要把自己的基業傳給曹沖。曹操對曹沖的重視可見一般。

建安十三年，年僅十三歲的曹沖生病，曹操居然放下軍國大事，日夜為之請命，祈求上天庇佑，這對於並不是很相信鬼神的曹操而言，實在是特例。曹沖病逝後，曹操極為痛苦，因此，當曹丕安慰曹操時，曹操由於傷心過度居然口不擇言的說「此我之不幸，而汝曹之幸也」，話語極其刻薄，直接指出，曹沖之死，使得曹丕兄弟有機會繼承曹氏基業。這樣的話語再一次折射出，曹操一直視曹沖為最佳繼承人。關於這一點，曹丕在稱帝後也曾提到。據《三國志．魏書．武文世王公傳》注引《魏略》記載，曹丕經常說「若使倉舒在，我亦無天下」的話。這顯然不是曹丕的故作謙虛，而是了解到曹操真正的態度。（程曉菡）

延伸知識 曹操一共有幾個兒子？

據《三國志・魏書・武文世王公傳》記載，曹操總共有二十五子，「武皇帝二十五男」。卞夫人生曹丕、曹彰、曹植、曹熊，劉夫人生曹昂、曹鑠，環夫人生曹沖、曹據、曹宇，杜夫人生曹林、曹袞，秦夫人生曹玹、曹峻，尹夫人生曹矩，王昭儀生曹幹，孫姬生曹上、曹彪、曹勤，李姬生曹乘、曹整、曹京，周姬生曹均，劉姬生曹棘，宋姬生曹徽，趙姬生曹茂。

曹操原配丁夫人無出，故親自撫養妾室劉夫人所生之長子曹昂，因此，曹昂算是一定意義上的嫡長子。按照中國宗法社會繼承人選擇慣例，嫡長子是最合法的繼承者。曹昂少舉孝廉，追隨曹操南征北戰。可惜，建安二年（一九七）南征張繡時死於戰亂。因為嫡長子的身分，曹昂其實極有機會獲得繼承人身分，關於這一點，曹丕稱帝後亦曾多次提到，假如曹昂還在，那麼繼承人的位置應該是曹昂的：「家兄孝廉，自其分也。」

次子曹丕，字子桓，漢中平四年（一八七）冬生，生母為卞夫人。丁夫人與曹操離異後，卞夫人成為正妻，故而卞夫人所生育之四子曹丕、曹彰、曹植、曹熊便為嫡子。由於嫡長子曹昂去世，曹丕成為實際意義上的嫡長子，按照傳統，曹丕最具資格成為合法繼承人。事實上，雖然經歷了一些反覆，曹丕最終也如願以償於建安二十二年（二一七）被立為魏太子。

曹植字子建，西元一九二年生，自幼博學多才，天分極高。兼之亦為曹操嫡子，故曹植具備一定的王位繼承權資格，曹操也多次打算立其為繼承人，這曾經使得曹丕極為恐慌。然而，由於曹植「任性而行，不自雕勵」，過於張狂、率性，兼之酗酒誤事，曹操幾次委以重任都未有佳績，故曹操對其日漸失望。曹植本人也極想爭位，然而最終不及曹丕有手段。因此，曹操去世，曹丕即位後，曹植的遭遇日漸惡劣，長期處於事實上被軟禁的狀態，被禁錮在所謂的「封國」中，處處有監國使者監視，動不動就被曹丕下旨責罵，滿腔報國熱忱無處施展。曹植最後在這樣的抑鬱不得志中走向了人生的盡頭。去世後，賜諡號曰「思」，因封為陳王，故後人稱其為陳思王。曹植才華極高，南朝大詩人謝靈運曾說：「天下才有一石，曹子建獨占八斗，我得一斗，天下共分一斗。」可見人們對曹植文采的推崇。

曹彰，字子文，亦為卞夫人所生，天生神勇，臂力過人，喜歡騎馬打仗，極有軍事指揮才能。可惜其平生所好僅此而已，對王位繼承不甚熱衷。曹丕即位後，害怕曹彰倒向曹植一邊而對自己產生威脅，故對其嚴加防範。黃初四年，曹彰到京師朝賀時暴斃，人們多推測乃曹丕毒手。

曹操其餘諸子中，曹鑠、曹矩、曹上、曹乘、曹勤、曹京、曹棘等人早夭，楚王曹彪自殺。由於曹丕對兄弟比較刻薄，其餘諸子雖得享天年，然多戰戰兢兢，如履薄冰。（程曉菡）

060

曹操為什麼要替曹沖冥婚？

建安十三年（二〇八），曹操十三歲的愛子曹沖夭折，曹操傷心欲絕。正好邴原的女兒也在這個時候病死，曹操希望將曹沖與邴原的女兒合葬，但遭到邴原的拒絕。根據《三國志·魏書·邴原傳》的記載：「太祖辟為司空掾。原女早亡，時太祖愛子倉舒亦沒，太祖欲求合葬，原辭曰：『合葬，非禮也。原之所以自容於明公，公之以待原者，以能守訓典而不易也。若聽明公之命，則是凡庸也，明公焉以為哉？』太祖乃止，徙署丞相徵事。」這裡提到的「倉舒」是曹沖的字。但邴原認為「合葬，非禮也」，這裡說的「合葬」是指冥婚。邴原雖然是曹操的下屬，但曹操也沒有因此治邴原的罪，因為儒家的禮儀制度是反對冥婚的。曹操並不甘心，又轉而聘甄氏亡女與曹沖合葬，終於完成冥婚。

曹操之所以要替曹沖冥婚，是因為在曹操所有的兒子中，他最喜歡的就是曹沖，一直有意將繼承人的位置傳給曹沖。在民間，冥婚的實行主要是父母對夭折孩子情感上的彌補。曹操認為曹沖不幸早死，還沒來得及體驗夫妻之情，想用冥婚的方式讓他在陰間也能體驗到夫妻之情。這完全是父親對兒子的真摯情感。曹沖死的時候，曹操哭得十分傷心，曹丕上前勸曹操節哀，曹操卻對曹丕說：「此我之不幸，而汝曹之幸也。」意思是說，對於曹丕來說，其實是少了一個有力的競爭對手。（宣炳善）

延伸知識──古代的冥婚

「冥婚」又叫做鬼婚、陰婚、冥配等，可分為兩個死人之間結婚，和死人與活人之間結婚兩種形式。曹沖與甄氏亡女結婚就是死人與死人之間的冥婚形式。死人與活人之間的冥婚形式往往是指男性一方由於身體等原因娶不到老婆，父母就會替兒子娶一個已經死去的女人。這當然只是象徵性的出於心理安慰的儀式，更多是在窮苦人家之中發生。

《周禮．地官．媒氏》云：「禁遷葬者與嫁殤者。」東漢的鄭玄注：「遷葬，謂生時非夫婦，死既葬，遷之使相從也。殤，十九以下未嫁而死者。生不以禮相接，死而合之，是也亂人倫者也。」「遷葬與嫁殤」就是冥婚，《周禮》明確禁止冥婚，認為是亂人倫的行為。這說明冥婚在周代是存在的，所以《周禮》才明文禁之。唐代的白居易在《得景嫁殤鄰人告違禁景不伏》一文中說：「爰抵嫁殤之禁……徒念幼年無偶，豈宜大夜有行。況生死寧殊，男女貴別。縱近傾筐之歲，且未從人；雖有遊岱之魂，焉能事鬼？既違國禁，是亂人倫。」說的也是官方對冥婚禁止的態度。

宋代康譽之在《昨夢錄》中對冥婚有詳細記載：「北俗，男女年當嫁娶未婚而死者，兩家命媒互求之，謂之鬼媒人。通家狀細帖，各以父母命禱而卜之。得卜，即制冥衣，男冠帶、女裙帔等畢備，媒者就男墓備酒果，祭以合婚。設二座相並，各立小幡長尺餘者於座後。其未奠也，二幡凝然直垂不動。奠畢，祝請男女相就，若合巹焉。其相喜者，則二幡微動，以致相合。」通過「幡」的飄動來判斷冥婚是否成功，這是民間一種基於情感的信仰。（宣炳善）

061

《三字經》說「融四歲，能讓梨」，孔融真的很謙讓嗎？

「融四歲，能讓梨」是《三字經》裡面對東漢末年文學家孔融的讚美。孔融讓梨的故事，成為後世謙讓美德的典範。但是，在史籍記載上，成年後的孔融卻因言語無忌、屢次狎侮曹操而被殺，與其給人留下的「謙讓」的歷史印象有很大不同，這是為什麼呢？

陳壽在《三國志．魏書．崔琰傳》中也說：「初，太祖性忌，有所不堪者，魯國孔融，南陽許攸、婁圭，皆以恃舊不虔見誅。」此外，袁淑的《弔古文》說「文舉疏誕以殃速」；顏之推《顏氏家訓．文章》稱孔融「誕傲致殞」，這些都說明，孔融不僅不謙虛，而且還很狂傲。

《後漢書．孔融傳》曾對孔融諷刺、輕視曹操的事件詳細描述：一、在給曹操書中，嘲諷曹丕納甄氏係「武王伐紂，以妲己賜周公」；二、曹操為平袁紹，遠征遼東烏桓。孔融認為烏桓之患不大，不值得小題大做、興師動眾；三、對曹操禁酒令的嘲笑。「時年饑兵興，操表制酒禁，融頻書爭之」，孔融還開玩笑說：「天垂酒星之曜，地列酒泉之郡，人著旨酒之德……由是觀之，酒何負於政哉？」話中「多侮慢之辭」。四、孔融上《宜准古王畿之制》一文，主張「千里寰內，不以封建諸侯」，公開反對曹操稱魏王。

張璠《漢紀》曾指出：「是時天下草創，曹、袁之權未分，融所建明，不識時務。又天性氣爽，頗推平生之意，狎侮太祖……太祖外雖寬容，而內不能平。」這裡說的「不識時務」、「天性氣爽」、「狎侮」等，都表現了孔融狂傲的性格。當然，性格是心理的體現，心理則受處事原則和政治態度的影響。我們知道，曹操雖然是漢獻帝的丞相，但他並不想興復漢室，而是要讓自己的兒子取漢室而代之。曹操的這種想法，遭到了很多大臣的反對，孔融就是其中最著名的代表。孔融的因言獲罪，就是因為觸犯了曹操最大的忌諱。

儒家文化教人溫、良、恭、儉、讓，小時候的孔融或許具有謙讓的美德，但詭譎的時局，卻讓他難抑心中的悲憤，公開發泄對最高統治者的不滿。孔融對曹操的嘲戲諷刺，的確不符合謙謙君子的風格，也讓他謙讓的名聲付之東流。但他忠於漢室，不與曹操合作的狂狷性格，卻使他保持了中國傳統士人的獨立人格，雖死猶榮。（李傳軍）

延伸知識 孔子後人為何從名字上就能看出輩分大小來？

家譜，亦稱族譜、宗譜、家乘、通譜、統譜、世譜、支譜、房譜等，是系統記述某一同宗共祖的血緣集團人物世系及婚宦關係的歷史圖籍。

孔子是中國文化史上影響最大的人物之一。孔子子孫自漢代被封為褒成侯以來，歷代皆蒙朝廷封賞，因此家族世系的傳承十分明確。自明代開始就以希、言、公、彥、承，弘、聞、貞、尚、胤（後清代為避帝諱，將弘改為宏，胤改為衍），後又增加「興毓傳繼廣，昭憲慶繁祥，令德維垂佑，欽紹念顯揚」來排輩，因此，從名字上就能看出輩分大小。

孔子家譜六十年一大修、三十年一小修，是全世界延續時間最長、族系纂輯最細、保存最完備的家譜，號稱世界第一家譜。說孔融是孔子的第二十代孫，既有《後漢書·孔融傳》的記載為依據，也有孔子家譜世系表的證明，具有充分的歷史根據。孔融的父親孔宙，官至泰山都尉，他的嫡系祖先，是做過漢元帝老師的孔子第十三代嫡孫孔霸。（李傳軍）

062

楊修是因為聰明而被殺的嗎？

在《三國演義》裡，楊修被說成是一個「恃才放曠」的人，他愛耍小聰明，屢次在曹操面前炫耀自己的才華。比如，曹操在花園的門上寫一個「活」字，而楊修卻指出曹操這是嫌門太「闊」，非要招人翻修這個門；遠方客人送給曹操一盒酥，曹操題「一盒酥」三字於上，卻被楊修教人一人一口分吃了。最後因擅解曹操「雞肋」軍令的事件，被曹操冠以擾亂軍心的罪名處死。

《三國演義》的描寫，素稱「七分史實，三分虛構」，質諸《三國志》的有關記載，多少也可以證明上述記載的真實性。只不過，小說作者由於「尊劉抑曹」的成見，太過著意於對曹操嫉賢妒能的渲染，而未能夠看出楊修之死的深層原因。其實，楊修的喪命，從根本原因來說，是因為楊修捲入了曹操的繼承人之爭，即曹丕與曹植的太子爭奪戰。

文帝曹丕並非曹操長子，曹操長子曹昂在建安二年曹操對張繡作戰中遇害。故曹操「不時立太子」，希望在曹丕、曹植兄弟兩人中選立一人。《三國志．曹植傳》言「太祖狐疑，（植）幾為太子者數矣」。

故宋人葉適《習學記言》二七云，「操於諸子將擇才而與之，意不專在嫡」。曹丕終因「御之以術，矯情自飾」，而得立為太子，曹植也因為「任性而行，不自雕勵，飲酒不節」而失寵。

不過，丕勝植敗，還與二人對曹操決意篡奪漢朝的態度有關。宋代學者宋翔鳳《過庭錄》一五「劉公幹」條推論說，「子建三良詩云，功名不可為，忠義我所安。此謂人生不可覬覦非分，功名自有天定，惟當以忠義自勵……至建安二十二年，始以丕為太子爾……蓋操諸子唯丕有代漢之意，而又居長嫡，故公幹以北面諷之。當以此觸魏武之忌，故借甄氏事收之。終念其文士，無能為非，如荀彧之有深謀極慮，楊修之雅望世績，故赦之爾」。

正當曹植與曹丕爭奪太子位的鬥爭如火如荼展開之際，缺乏政治經驗的楊修卻不合時宜地參與進來，並成為曹植的死黨，為其出謀劃策，百計經營。這自然觸犯了曹操的大忌。曹操是個無情的政治家，為了政治的需要，父子之情尚且不顧，楊修的一條小命，又何足惜哉？而且，拿楊修開刀，還可以發揮敲山震虎、警示曹植的作用。《三國志・曹植傳》載：「太祖既慮終始之變，以楊修頗有才策，而又袁氏之甥也，於是以罪誅修。植益內不自安。」

另外，楊修的被殺，還與其顯赫的家世有關。楊修出身弘農華陰楊氏，弘農楊氏，在東漢是四世三公的名門望族，對漢朝皇帝忠心耿耿，不會支援曹操父子篡漢的行為。曹操殺掉楊修，對類似的政治世家無疑具有震懾作用。（李傳軍）

延伸知識—楊修家族的「四知」與「三不惑」是什麼？

楊修祖孫幾代，都靠精通《歐陽尚書》而在漢朝世代做高官顯宦，他們在漢末的政治亂局中不合流俗，一貫保持著清廉、正直的特性。

楊家的開山祖楊震，有一次路過昌邑。昌邑令王密是他的門生，為了對楊震提拔自己表示感謝，晚上懷揣著「十金」晉謁楊震。楊震說：「我很瞭解你，你為什麼不瞭解我呢？」王密說：「送您錢的事晚上不會有人知道。」楊震說：「天知，地知，我知，你知。何謂無知！」王密慚愧而退。楊震家貧，他的朋友師長們都勸他置點家產，楊震不肯，說：「使後世稱為清白吏子孫，以此遺之，不亦厚乎！」楊震的兒子楊秉，在對自己的要求方面，與楊震相比有過之而無不及。《後漢書》說他：「秉性不飲酒，又早喪夫人，遂不復娶，所在以淳白稱。嘗從容言曰：『我有三不惑：酒、色、財也。』」

楊修家族的「四知」與「三不惑」代表了中國古代清廉官員的道德標準，是中國傳統政治文化中寶貴的精神遺產。（李傳軍）

063
曹操為什麼要逼死自己的第一謀士荀彧？

荀彧（一六三－二一二），字文若，潁川潁陰（今河南許昌）人，三國時期曹操最重要的智囊和謀士。官至漢侍中，守尚書令。但這位重要的智囊，最後卻被曹操逼迫而死，這又是因為什麼呢？

荀彧出身世家，少以英名聞世，南陽名士何顒見到荀彧後，大為驚異，稱其為「王佐才」。在董卓之亂後的漢末政局中，荀彧看出曹操雄才大略，乃投奔曹操。從此，在曹操的幕府裡，荀彧竭其所能為曹操獻計獻策，為曹操集團政治、軍事勢力的發展有巨大的貢獻。

建安元年（一九六），漢獻帝劉協在楊奉、董承等護衛下，從長安返回洛陽。對於是否奉迎天子建都許昌，曹軍內部發生了爭執。多數人不同意迎接獻帝，理由是「山東未平，韓暹、楊奉新將天子到洛陽，北連張楊，未可卒制」。荀彧則力主曹操迎接漢獻帝，《三國志．魏書．荀彧傳》載荀彧說：「自天子播越，將軍首唱義兵，徒以山東擾亂，未能遠赴關右，然猶分遣將帥，蒙險通使，雖御難於外，乃心無不在王室，是將軍匡天下之素志也。今車駕旋軫，義士有存本之思，百姓感舊而增哀。誠因此時，奉主上以從民望，大順也；秉至公以服雄傑，大略也；扶弘義以致英俊，大德也。天下雖有逆節，必不能為累，明矣。韓暹、楊奉其敢為害！若不時定，四方生心，後雖慮之，無及。」曹操最重要的政治優勢—挾天子以令諸侯，就是出自荀彧的建議，因此荀彧被升為侍中、尚書令。

荀彧很少隨軍出征，而是「居中持重」，曹操雖然在外征戰，但軍國之事都由荀彧調度籌劃。荀彧善於舉薦人才，他先後舉薦了戲志才、郭嘉、陳群、杜畿、司馬懿等人，都是當時的知名之士，大大增強了曹操陣營的人才力量。所以曹操十分敬重荀彧，每有大事都先與他商議。官渡之戰前，袁紹勢力強大，曹操對是否與他開戰猶豫不決，荀彧則說：「紹兵雖多而法不整。田豐剛而犯上，許攸貪而不治。審配專而無謀，逢紀果而自用，此二人留知後事，若攸家犯其法，必不能縱也，不縱，攸必為變。顏良、文醜，一夫之勇耳，可一戰而擒也。」一席話堅定了曹操必勝的信心。

建安十七年（二一二），曹操欲進爵國公、加封九錫。荀彧表示反對：「本興義兵以匡朝寧國，秉忠貞之誠，守退讓之實；君子愛人以德，不宜如此」，因此引起了曹操的忌恨。曹操征吳時，命令荀彧去勞軍，卻把他中途留在壽春。據《三國志．魏書．荀彧傳》記載，曹操送去的是一個空食盒。看到空食盒，荀彧知道了曹操的意思：要讓自己自裁。於是乃憂憤恐懼而死，另一說是他服毒自殺。

荀彧對曹操寄予厚望，認為他可以輔佐漢室，安定天下，但一旦曹操露出不臣之跡時，他又毫不猶豫地表達反對。這說明，荀彧的政治理想，還是忠於漢朝、復興漢室。這在曹操稱魏王以後，特別是要做「周文王」的理想暴露以後，顯然已經不合時宜。荀彧的被逼而死，原因就在於此。（李傳軍）

延伸知識 何謂幕府、幕僚？

漢朝時統帥軍隊出征，有權自行招聘、選任文職僚屬，設置府署，幫助處理軍政事務，稱為「開府」。由於這類府署設於帷幕中，所以又叫「幕府」，隋唐以後，習慣上也稱親王、將軍等的參謀團隊為幕府。比如李白曾經被永王招至幕府。統帥左右的僚屬，也因此被稱為「幕僚」、「幕職」。幕府之中，一般有「長史」、「丞」、「參軍」、「主簿」等官職。其中，「長史」相當於近代參謀長；「參軍」參議軍機，幫助指揮軍事行動；「主簿」、「記室」則類似近代副官、秘書，管理文書及各類檔案等等。到了漢魏以後，「開府」成為一品的榮銜。諸葛亮《前出師表》中，曾用「宮中」、「府中」分別指代內侍和朝臣。直到明清時期，幕府、幕僚的稱呼都還存在，但此時的幕僚僅指服務於軍事機構的文職官員。（李傳軍）

064 曹操為什麼最後選擇曹丕作繼承人？

三國中，劉備立儲是沒有絲毫懸念的，孫策選擇他最為器重的二弟孫權作繼承人也不足為奇。而曹操立儲之事卻一波三折，詭譎多變，值得一探究竟。

曹操自長子曹昂戰死後，因為政治局勢的不明朗，很長一段時間都沒有立儲。西元二〇八年，曹操掃平了袁氏，平定了烏桓，鎮壓了燕地，放眼中原，已經很難找到一個像樣的對手了。於是他廢除三公制，自領丞相，挾天子以令諸侯，權力、地位實際與皇帝無異。他開始著手建立自己的「新朝廷」。

曹操的兒子中，最有可能作繼承人的是曹丕和曹植兩人。曹丕和曹植相較，兩人各有所長。曹植才高八斗，文章可援筆立就，因此得到同樣是文學家的父親「特見寵愛」，卻也養成了浪漫不羈、縱情於詩酒的個性。曹丕自其兄曹昂死後，已是長子，在中國古代嫡長子繼承制的制度下隱然已占先機。但曹丕文不及曹植，武不及曹彰，一直擔心儲君的位子會被弟弟奪去。曹丕在父親面前盡量表現得乖巧質樸，並且不遺餘力地巴結曹操周圍的謀士，「御之以術，矯情自飾」，城府很深。曹丕禮敬曹操身邊的每一個謀士，如賈詡、荀彧等，並主動詢問所謂「自固之術」。賈詡給他的回答是：「朝夕孜孜，不違子道，如此而已。」也就是說讓他老老實實，安分守己作一個好兒子就可以了，對此曹丕心領神會。

圍繞著太子之爭，在兄弟二人周圍各自形成了一批黨羽。曹丕的重要黨羽，史稱「太子四友」，即吳質、朱鑠、陳群、司馬懿。他們四個的作風似乎與曹丕很像，善於掩飾自己。就連在曹丕身邊表現最積極的吳質，史書給予的評價也是「善處其兄弟之間」。而曹植方面則非如此，他的黨羽楊修、丁儀聚攏在其周圍，勢在必得，咄咄逼人。丁儀在曹操面前主動褒揚曹植在先，楊修為曹植預作「答教十條」在後。有一次，曹丕請吳質為他商量對策，為了不引起父親的注意，把吳質藏於大簏中，對別人說裡面裝的是絹絲，被楊修看見了，立即向曹操報告。吳質讓人再用大簏裝絹，曹操派人搜查，裡面沒人，只有絲綢。於是引發曹操的警覺和狐疑，認為楊修要陷害曹丕，於是厭惡他。

曹植恃才放曠，《三國志．魏書》本傳說他「任性而不自雕勵，飲酒不節」。赤壁之戰後，駐守襄陽的曹仁被關羽圍困，曹操任命曹植為中郎將，帶兵前去救援，可是曹植卻因為飲酒大醉，不能執行任務。《三國志．魏書．陳思王傳》載：「植嘗乘車行馳道中，開司馬門出。太祖大怒，公車令坐死。由是重諸侯科禁，而植寵日衰。」《續漢書》的記載更明白：「人有白修與臨淄侯曹植飲醉共載，從司馬門出，謗訕鄢陵侯章。太祖聞之大怒，故遂收殺之，時年四十五矣。」楊修終於被曹操殺掉，曹植作太子的機會也徹底喪失。

其實，曹操立曹丕為儲嗣，主要是從政治才能的角度，和曹魏將來長治久安的目的而做出的慎重考

慮。性格決定命運，曹植詩人般的浪漫性格，從一開始就已經決定了他必然會在這場爭鬥中出局。（李傳軍）

延伸知識　曹丕被稱為「世子」，「世子」是什麼意思？

最初「世子」是指天子與諸侯王的嫡長子，也就是大兒子。按照古代立長不立幼的宗法制度，天子或諸侯王的長子被稱為世子，意思是希望將這個皇位或諸侯王的世襲爵位世世代代傳下去。漢代《白虎通》卷一《爵》中對此解釋說：「所以名之為世子何？言欲其世世不絕也。」講的就是世子的設立是為了傳承爵位。清代陳立在《白虎通疏證》卷一《右論追賜爵》的注釋中說：「世子之稱，止可施於天子諸侯，其大夫之長子，不得稱世，以大夫不世爵祿也。」意思是說士大夫雖然是政府官員，但是沒有爵位，所以其長子就不能稱世子，而天子與諸侯的爵位是可以繼承的，繼承爵位的長子就是世子。

因為世子是爵位的繼承人，所以對於世子的教育特別嚴格，《禮記》卷八《文王世子》中記載：「凡三王教世子，必以禮樂。樂所以修內也，禮所以修外也。禮樂交錯於中，發形於外，是故其成也懌，恭敬而溫文。立大傅少傅以養之，欲其知父子君臣之道也。」講的就是用禮樂之道教育世子，使其明白父子君臣之道。作為世子的王臣也是一個孝子的形象：「文王之為世子，朝於王季，日三。雞初鳴而衣服，至於寢門外，問內豎之御者曰：『今日安否何如？』內豎曰：『安。』文王乃喜。乃日中又至，亦如之。及莫又至，亦如之。」就是講每天早上、中午和晚上，周文王每天三次前去問候他的父親，這裡的王季就是周文王的父親季歷。當時季歷是諸侯王，所以季歷的長子姬昌（即周文王）當然也就是世子。（宣炳善）

065

曹操為什麼要「分香賣履」安排婢妾後事？

建安二十五年（二二〇）正月，一代梟雄曹操病死，但與其他帝王不同的是，曹操臨死前不但對國家大事予以安排，還安排了自己婢妾等宮中女子的後事。曹操《遺令》云：「吾夜半覺小不佳，至明日，飲粥汗出，服當歸湯……吾婢妾與伎人皆勤苦，使著銅雀台，善待之。於台堂上安六尺床，施穗帳，朝晡上脯糒之屬，月旦，十五日，自朝至午，輒向帳中作伎樂。汝等時時登銅雀台，望吾西陵墓田。餘香可分與諸夫人，不命祭。諸舍中無所為，可學作組履賣也。」

這是曹操臨終前所寫的一篇《遺令》，在《三國志．魏書．武帝紀》中只載入了上半部分，而後半部分則見於《文選》卷六十陸機《弔魏武帝文》的序言中。常言道：「人之將死，其言也善。」曹操戎馬一生，縱橫捭闔，君臨天下，在歷史上留下了深遠的影響。但是，這篇臨終《遺令》卻顯示出曹操非同尋常的另一面。

從這段文字可以看到，曹操夜半突覺身體不適，第二天，甚至飲粥出汗，十分虛弱，他感到自己將不久於人世。在這種情況下，他希望在自己死後，「餘香可分與諸夫人」、「諸舍中無所為，可學作組履賣也」，這就是非常著名的「分香賣履」。

在封建社會，帝王除了妻子（王后）外，往往仍有不少姬妾嬪妃，其中大部分要比帝王本人年輕很多，所以，在帝王死後，這些年輕嬪妃要不被打入冷宮，要不就穢亂宮闈，結局甚是淒慘。有鑒於此，曹操便在臨終前為這些姬妾安排好了後半生的生活，希望她們能夠自食其力，不至於重蹈他人覆轍。

曹操這種極為人性化的思想，體現了曹操立體化的性格特徵，他不僅具有胸懷天下的英雄之氣，也同樣具有情真意切的兒女私情。他的這種情意纏綿的臨終之言，對後來的文學家、史學家影響很大，羅隱《銅雀台》云：「台上年年掩翠蛾，台前高樹夾漳河。英雄亦到分香處，能共常人較幾多。」袁枚《隨園詩話》卷九引戴喻讓《臨漳曲》亦云：「賣履分香兒女情，讀書射獵英雄氣。」（程曉菡）

一延伸知識一「三宮六院」是怎麼來的？

人們在形容帝王妻妾時，往往說「三宮六院」一詞。《禮記・昏義》說：「古者天子後立六宮、三夫人、九嬪、二十七世婦，八十一御妻。」可見，「三宮六院」的說法由來已久。

秦始皇時期，后妃制度初步定型，秦始皇的後宮由皇后、夫人、良人、八子、七子、長使、少使等構成。其中，皇后一人，其餘多人，沒有嚴格的品級和人數規定。

漢承秦制，但是劃分更詳細，品級亦基本有定例。據《漢書・外戚傳》及顏師古注，除了皇后之外，又有「美人、良人、八子、七子、長使、少使之號」。後又增設昭儀、婕妤、娥、容華、充依等名稱。其中昭儀為妃嬪中的第一級；婕妤位視上卿，秩比列侯；娥中二千石，比關內侯；容華二千石，比大上造。等而下之，美人、八子、充依、七子、良人、長使、少使、五官、順常等，皆按照朝廷的百官公卿制度嚴格劃分為十四個等級。

當然最尊貴的皇后是不參與這個等級分劃的，因為皇后乃是皇帝之正妻，亦稱嫡妻，其地位、儀仗皆與皇帝相當。「皇后之尊與帝齊體，供奉天地，祇承宗廟，母臨天下」。所以，皇后的人選極其謹慎，一般而言，皇后必然是出身名門大族，方符合儒家「娶先大族」的要求。尤其東漢以後，社會與論已經不能容忍出身微賤的女子登上后位了，漢桓帝曾想立出身微賤的田貴人為后，就被朝臣們很不客氣地否決掉了。東漢初期，劉秀崇尚節儉，后妃制度不再與朝廷職官制度掛鉤，但不久後宮又開始膨脹。曹魏時期，據《三國志・魏書・后妃傳》記載，曹操稱魏王後，立下夫人為王后，「其下五等：有夫人，有昭儀，有婕妤，有容華，有美人」。而曹丕稱帝後，「增貴嬪、淑媛、修容、順成、良人」。魏明帝以後又增加了夫人、淑妃、昭華、修儀，其中最尊貴者是貴嬪、夫人，她們的身分僅次於皇后，不參與等級評定。其餘自淑妃開始共分十二等級，「淑妃位元視相國，爵比諸侯王；淑媛位視御史大夫，爵比縣公；昭儀比縣侯；昭華比鄉侯；修容比亭侯；修儀比關內侯；婕妤視中二千石；容華視真二千石；美人視比二千石；良人視千石」。

可見古代皇帝的後宮是一個龐大的機構，人員眾多，所以民間常說「三宮六院」或「三宮六院七十二妃」，是一個雖不準確但極為逼真的說法。（程曉菡）

066

曹操憑什麼認定司馬懿將對己不利？

司馬懿（一七九—二五一），字仲達，河內溫縣人，是三國時期曹魏的重要大臣。史載司馬懿有狼顧之相。《晉書．宣帝紀》載：「帝（司馬懿）內忌而外寬，猜忌多權變。魏武察帝有雄豪志，聞有狼顧相，欲驗之。乃召使前行，令反顧，面正向後而身不動。」

「狼顧」一詞出典於賈誼《論積貯疏》：「失時不雨，民且狼顧；歲惡不入，請賣爵子。既聞耳矣，安有為天下阽危者若是而上不驚者？」指的是饑荒災年時老百姓生活無依，恐慌猶疑的神態。狼顧之相，就是指人在回頭時，頭部可以扭轉九十度而身體不動，就好比狼在回頭時身子是不動的。從狼的習性來看，狼生性多疑，總是擔心從後邊受到襲擊，因此，狼前進時，有邊走邊不停回頭看的習慣，人相學稱狼顧之相。還有人說狼顧是指背對之時，仍不時注意其身後，而餘光注視，身體不動，如狼之奸狡身態。據說，歷史上秦王政、曹操、司馬懿、勾踐都具有此相。有狼顧之相的人，個性陰險善變，出手往往狠辣。

因為司馬懿有狼顧之相，善於識人、相人的曹操認為司馬懿必將對曹魏不利。《晉書．宣帝紀》說：

「（曹操）恐其對己不利，故而遠之。又嘗夢三馬同食一槽，甚惡焉。因謂太子丕曰：『司馬懿非人臣也，必預汝家事。』」司馬懿因為受到曹操的猜忌，所以在曹操手下更加小心謹慎，勤勤懇懇，「至於芻牧之間，悉皆臨履」，他並以支援曹氏篡漢稱帝而取信。建安二十四年（二一九），當孫權向曹操上表稱臣、慫恿曹操自立為帝時，司馬懿對曹操說：「漢運垂終，殿下十分天下而有其九，以服事之。權之稱臣，天人之意也。虞、夏、殷、周不以謙讓者，畏天知命也。」當時曹操的手下擁漢者尚多，司馬懿在這個關鍵問題上的表態深得曹操之心，因此曹操才對他由猜忌逐漸轉為信任。

曹操稱魏王以後，以司馬懿為太子中庶子，佐助曹丕，得到曹丕的「信重」。曹丕代漢稱帝後，晉升司馬懿為撫軍大將軍，錄尚書事，封向鄉侯。曹丕兩次伐吳，都以司馬懿居守許昌。當曹丕臨終時，又令司馬懿為輔政大臣，輔佐魏明帝曹睿。曹睿時，司馬懿掌握曹魏軍權，成為權傾朝野的大臣。此後，老謀深算的司馬懿，以異常殘酷的手段對待曹魏政權。史載，司馬懿「及平公孫文懿，大行殺戮。誅曹爽之際，支黨皆夷及三族，男女無少長，姑姊妹女子之適人者皆殺之，既而竟遷魏鼎云」。甚至連司馬懿的子孫們，都為司馬懿歹毒、陰狠的政治手腕而感覺震驚和慚愧。《晉書》就載：「明帝時，王導侍坐。帝問前世所以得天下，導乃陳帝創業之始，及文帝末高貴鄉公事其猜忍，蓋有符於狼顧也。明帝以面覆床曰：『若如公言，晉祚復安得長遠！』」由此可知，司馬懿的狼顧之相，果然符合他的性格。（李傳軍）

延伸知識——中國古代的相人術

漢魏三國時期，相人術十分流行。相人術就是透過人的五官，或其他身體部位表現出的特點來判斷一個人的個性、仕途和禍福命運的技法和學問。漢魏時期的相人術對先秦既有繼承，又有發展，其中兩項最重要的發展，是相人術中流年部位與帶普遍性的相手紋方法的出現。比如，中國古代的五官相人術中說：「兩耳垂肩，貴不可言。」又說：「目秀而長，必近君王。」可以看出，中國古代的相人術其實是由人的身體健康狀態和精氣神來判斷人的財富多寡和社會地位。相人術雜糅了中國古代易學、醫學、民間信仰和陰陽五行學說，是極其龐雜的一門學問。自古以來，相人術就深受歷代帝王將相、文人墨客及好事者們的重視，就是一般百姓也略知一二，將相人術用於觀人、選人、擇婿挑媳等日常活動中。相人術對中華民族的思維方式和文化心理結構都產生了一定的影響。（李傳軍）

067

曹操死後究竟葬在何處?

曹操在建安二十三年，也就是在他去世前二年，發布了關於處理他後事的《終令》。《終令》中記載：「古之葬者，必居瘠薄之地。其規西門豹祠西原上為壽陵，因高為基，不封不樹。《周禮》塚人掌公墓之地，凡諸侯居左右以前，卿大夫居後，漢制亦謂之陪陵。其公卿、大臣、列將有功者，宜陪壽陵，其廣為兆域，使足相容。」這段話見於《三國志．魏書．武帝紀》，反映了曹操的喪葬觀念，即反對漢代盛行的厚葬，主張薄葬。曹操要求在他死後，就在西門豹祠西邊高原上的貧瘠之地建造一座陵墓，陵墓要建在高地上，但不要封土成墳，也不要種樹，也就是說什麼標識性的符號都不要有。建安二十五年（二二〇）正月，曹操病逝，按《三國志》的記載是葬於高陵，但沒有點明高陵的位置所在。在《終令》中，曹操要求葬在壽陵，但最後卻葬在高陵，可見正史中也是存在著兩種不同的說法。

而在《三國演義》中，關於曹操的葬地就描寫得更為神奇。《三國演義》第七十八回記載曹操臨死要求於彰德府講武城外，設立疑塚七十二，不讓後人知道其葬處，擔心被後人挖掘。

民間流傳的說法就更為離奇了，如清代的《聊齋志異》卷十「曹操塚」記載：「許城外有河水洶湧，近崖深黯。盛夏時有人入浴，忽然若敲刀斧，屍斷浮出；後一人亦如之。轉相驚怪。邑宰聞之，遣多人閘斷上流，竭其水。見崖下有深洞，中置轉輪，輪上排利刃如霜。去輪攻入，中有小碑，字皆漢篆。細視之，則曹孟德墓也。破棺散骨，所殉金寶盡取之。」孟德是曹操的字，也就是說曹操的墓是在水下，而不是在地下。

曹操的墓究竟在哪裡，單看文獻記載是互相矛盾、不合常理的。只有一點是可以肯定的，就是曹操的墳墓十分樸素，也沒有任何標誌。所以，恐怕是很難找到了。（宣炳善）

延伸知識 古人的墓葬為何「不封不樹」？

「不封不樹」是春秋時期的墓葬制度，也就是說當時的喪葬只有埋在地下的墓，而沒有出現高出地面，堆土而成的墳，當然更不種樹。這種制度和當時的靈魂信仰有直接關係。春秋時期，當時的中原人認為人死後其靈魂不是在墓中，而是附在「屍」上。這個「屍」不是「屍體」的意思，其本意是指死去的祖先或者神靈。人們祭拜「屍」，就相當於祭拜祖先，並且獻食物和酒給他吃喝，一直到他吃飽喝醉為止。祭祀儀式結束，這個人就和平常人一樣，不再具有「屍」的神聖身分。唐代杜佑《通典》卷四十八《禮八．沿革八．吉禮七》記載：「屍，神象也。祭所以有屍者，鬼神無形，因屍以節醉飽……自周以前，天地、宗廟、社稷一切祭享，凡皆立屍。」也就是說，在春秋時期，所有的祭祀儀式都要用到「屍」這一溝通的媒介。

宋代朱熹《朱子語類》卷九十《禮七‧祭》中也說：「古人祭祀無不用屍，非惟祭祀家先用屍，祭外神亦用屍。」這裡的「家先」就是指死去的祖先。段玉裁《說文解字注》中釋「屍」為「祭祀之屍，本象神而陳之，而祭者因主之」。所以最初是用人作為神的象徵。顧炎武《日知錄》卷十四「像設」條云「春秋以後不聞有屍之事……屍禮廢而像事興，蓋在戰國之時矣」。以人代神變成了以物代神，即像事興起，如用一塊木牌，即神主牌來象徵靈位，象徵死去的祖先。正因為有屍祭民俗的存在，所以，不封不樹就成為當時墓葬的主流，因為祖先的靈魂不在墓中，就沒有必要再封土為墳，並種樹以示標誌了。（宣炳善）

068

曹操生前並未稱帝，但為何被人們稱為「魏武帝」？

「魏武帝」是曹操的諡號。曹操生於沛國譙縣（今安徽亳州），年輕時十分機智、勇敢，好行俠仗義，卻不修學業。

世人都不認為他是個人才，只有梁國喬玄、南陽何顒看他不一樣。喬玄對曹操說：「天下將亂，非命世之才不能濟也，能安之者，其在君乎！」曹操二十歲的時候，就舉孝廉為郎，除洛陽北部尉，遷頓丘令，徵拜議郎。後來，董卓殺了太后及弘農王，曹操就到陳留，拿自家財產，招義兵，將以誅殺董卓。自此，曹操開始了他南征北戰的生活。西元二〇〇年，曹操在官渡之戰中，以少勝多，戰勝了袁紹的十萬大軍。後來，又在倉亭之戰中再次擊敗袁紹。西元二〇八年，曹操完成了中國北方的統一，拜丞相之職。後來，曹操又南征劉表，西征馬超，漢獻帝封曹操為魏王。西元二二〇年，曹操在洛陽去世，諡號「武王」。第二年，曹操的兒子曹丕稱帝，國號魏，追尊曹操為太祖武皇帝，故人們常稱之為「魏武帝」。

（馬寶記）

延伸知識——什麼是追謚？

封建社會，帝王后妃、文武百官以及名儒學者等人死後，其子孫和後人會依據其生前行績，予其一個特殊的稱號，這就叫作謚號，而關於給謚的規定就是謚法。謚法是「禮」的一項重要內容。關於謚法最早的記載是先秦古籍《逸周書》中的《謚法解》：「維周公旦、太公望開嗣王業，建功於牧之野，終將葬，乃制謚，遂敘謚法。」可見立謚制度始於西周初年。

謚法中有追謚、加謚、改謚、奪謚等名目。所謂追謚，就是給死了的人追加謚號，在宮廷中又稱為追尊。一般來說，都是當朝皇帝給予未當過皇帝的祖先追加皇帝的謚號。對祖先的追謚是歷代朝廷都有的現象，曹丕稱帝後，追尊曹操為「太祖武皇帝」。西晉武帝司馬炎，追尊祖父司馬懿為高祖宣皇帝、伯父司馬師為世宗景皇帝、父親司馬昭為太祖文皇帝。北魏的拓跋珪則將好幾代祖先都追尊為皇帝。追謚先人的作用除了光宗耀祖外，也還有個原因，就是自己的先人尊貴了，反過來自己也就更加名正言順，最終都是為了達到統治國家的目的。

追謚還有一類是為已死去很久的英烈、聖賢及功勳顯赫的大臣追謚。如多爾袞就被追尊為成宗懋德修道廣業定功安民立政誠敬義皇帝。

此外，追謚制度也有對前代帝王的追謚。（馬賽記）

069

曹丕為什麼要改雒陽為洛陽？

西元二二〇年，新即帝位的魏文帝曹丕下《改雒為洛詔》云：「漢火行也。火忌水，故洛去水而加隹。魏於行次為土，土，水之牡也，水得土而流，土得水而柔，故除隹加水，變雒為洛。」曹丕為什麼在稱帝後要急於在一個文字上做文章，把雒陽改為洛陽呢？

洛陽古稱雒邑。《左傳・宣公三年》載：「武王克商，遷九鼎於雒邑。」九鼎乃國家重器，遷在哪裡，就意味著在哪裡建都。武王滅商後先來到雒陽，決定立即在此建一座城邑，名曰雒邑。其址在今日白馬寺東南。九鼎即遷在此邑。《史記・周本紀》載：「武王營周居雒邑而後去。」「雒」字的含義是商人在洛河之濱的居住地。周公旦遵照武王遺志，在商代雒邑的基礎上營建被其稱為「中國」的王城，把商朝遺民集中於此加以統治。後周平王東遷雒邑，周王朝日趨衰落。戰國時，始有雒陽之名。洛河古時名雒水，雒邑居雒水之北，「水北為陽」，故名雒陽。秦朝時，五行學說盛行，秦始皇按「五德終始說」的理論進行推理，認為周得火德，秦代周，應為水德，因此改雒陽為洛陽。西元前二四九年，雒已經從國都淪為郡縣，成為秦相國文信侯呂不韋的封地。東漢光武帝劉秀定都洛陽，同樣按照五德終始說的理論，認為漢尚火德，乃去洛字之水旁，復洛陽古名為雒陽。

漢獻帝初平元年之後，天下分崩離析，軍閥割據，連年混戰，東漢王朝名存實亡，魏、蜀、吳三國鼎立的局面逐漸形成。曹操在軍閥混戰和鎮壓起義軍時，勢力逐漸壯大，最後掌握了東漢的大權，挾天子以令諸侯。西元二〇七年，曹操基本上統一了中國的北方。西元二一三年，漢獻帝封曹操為魏公。西元二一六年，又封曹操為魏王。西元二二〇年，曹操病死在洛陽，其子曹丕繼位。不久，曹丕廢漢獻帝為山陽公，自立為帝，是為魏文帝，改漢為魏，定都洛陽。曹丕也是陰陽五行和五德終始說的忠實信徒，他認為，魏為土行，「水得土而乃流，土得水而柔」，雒陽曾用洛陽得三點水之利，可以看作是曹魏土德的佳配，故下詔改雒陽為洛陽，在此設司隸校尉部。曹魏從西元二二〇年至西元二六五年司馬炎滅魏為止，以洛陽為都四十六年之久。歷經魏文帝、魏明帝、齊王、高貴鄉公、元帝共五位皇帝。（李傳軍）

延伸知識｜五德終始說為什麼會對秦漢三國時期的歷史產生重要影響？

五德終始說是中國戰國時期的陰陽家鄒衍所主張的歷史觀念。「五德」是指五行：木、火、土、金、水所代表的五種德性。「終始」指「五德」周而復始的迴圈運轉。鄒衍以這個學說來解釋皇朝興衰。鄒衍說「五德從所不勝，虞土、夏木、殷金、周火」。木剋土、金剋木、火剋金、水剋火、土剋水。由於黑色屬於水，所以秦朝崇尚黑色。按照鄒衍的說法，五行代表的五種德性是以相剋的關係傳遞的，後世也有人提出五行相生的說法來解釋五德終始。

漢代起初在漢高祖劉邦時，張蒼認為秦國祚太短且暴虐無道，不屬於正統朝代，應該由漢朝接替周朝的火德，所以漢朝之正朔應為水德。到漢武帝時，又認為秦屬於正統朝代，改漢正朔為土德（因土剋水）。直到王莽建立新朝，方才採用劉向、劉歆父子的說法，認為漢朝屬於火德。漢光武帝光復漢室之後，正式承認了這種說法，從此確立漢朝正朔為火德，東漢及以後的史書如《漢書》、《三國志》等皆採用了這種說法。（李傳軍）

070

曹丕真的逼迫曹植寫過《七步詩》嗎？

煮豆燃豆萁，豆在釜中泣。
本是同根生，相煎何太急。

這首《七步詩》，傳說是三國時期曹植、曹丕手足相爭下的產物。據稱，有一次，曹植限曹植在七步之內成詩一首，作不出來就處死他。曹植脫口而出，沒用七步就作好了這首詩。在這首詩裡，曹植以豆和萁同根相煎的比喻，強烈表達了對曹丕骨肉相殘的憤懣之情。

曹丕和曹植都是曹操之子，且都為卞太后所生，是真正的同胞手足。他們之間，圍繞嗣位的繼承，曾經有過你死我活的爭鬥。在曹丕即位後，對曹植的迫害也絲毫沒有放鬆。如《三國志・曹植傳》載：「文帝即王位，誅丁儀、丁廙，植與諸侯並就國。」延康元年（二二〇），曹丕代漢稱帝，第二年，就有「監國謁者灌均希指，奏植醉酒悖慢，劫脅使者。有司請治罪，帝以太后故，貶爵安鄉侯」。黃初三年

（二二二），植又封為鄄城王，四年，徙封雍丘王。

面對這些迫害，曹植只能把不滿藏在心裡，公開場合還是要誠惶誠恐地表示對曹丕的感戴和擁護。比如，在受到誣陷，貶爵安鄉侯之後，曹植立即上了一道《謝初封安鄉侯表》，其中說：「臣抱罪即道，憂惶恐怖，不知刑罪當所限齊。陛下哀愍臣身，不聽有司所執，待之過厚。」黃初四年，曹植朝京師，又寫了《封鄄城王謝表》，說自己「狂悖髮露，始幹天憲，自分放棄，抱罪終身」，「不悟聖恩，爵以非望，枯木生葉，白骨更肉，非臣罪戾，所當宜蒙」。即使有時候內心的痛苦難以掩抑而形諸於文字，曹植也力爭把話語說得委婉、含蓄，比如，《贈白馬王彪》裡便有「鴟梟鳴衡軛，豺狼當路衢。蒼蠅間白黑，讒巧令親疏」的激憤之語。這是黃初四年，曹植與任城王曹彰、白馬王曹彪一起朝京師，但回國途中，曹彰卻離奇死去，也不允許曹植與曹彪同路。曹植憤而寫下此詩，借手足離別的哀傷來表達對當局的不滿。但「讒巧令親疏」的委婉措辭，巧妙地把批評的矛頭轉移，對曹丕依然保持著畢恭畢敬的態度。

這說明，經歷多次的打擊之後，曹植已經由少年時期的「任性而行」，而變為飽經沉浮之後的戒慎恐懼。這使得曹丕不能不有所顧忌，他說：「植，朕之同母弟，朕於天下無所不容，而況植乎？」對曹植的上表，也每每「嘉其辭義，優詔答勉之」。終曹丕之世，曹植雖屢遭貶斥，但最後能得以保全性命。

從以上分析看來，曹植不可能也不敢對曹丕公開指斥，寫下言辭激烈的詩歌。曹丕礙於兄弟情分，也不可能對曹植當面以死威脅。《七步詩》顯非曹丕逼迫曹植所作，也不可能出自曹植之手。（李傳軍）

延伸知識 曹植作詩為什麼被限定在七步之內？

南朝宋人劉義慶所編的《世說新語・文學篇》載：「文帝嘗令東阿王七步中作詩，不成者行大法。應聲便為詩曰：『煮豆持作羹，漉菽以為汁。萁在釜下燃，豆在釜中泣。本自同根生，相煎何太急？』帝深有慚色。」這就是《七步詩》故事的來源。那麼曹植作詩為什麼又必須在七步之內呢？

七在中外古代數字文化中均具有特殊的含義，建立古巴比倫王國的閃米特人崇奉七曜神，「七」為大，以「七」為「多」、為「全」，而中國古人則把「金木水火土」的五行說和「陰」、「陽」兩個基本哲學概念結合在一起，形成了以五＋二＝七為基本數字結構的陰陽五行說。從這個意義上講，數字七在中國文化中實有陰陽五行之和的寓意，經常成為一些美好或超凡事物的隱喻。三國時期，人們耳熟能詳的典故或名詞諸如七擒孟獲、竹林七賢、七步詩之類，都可以作如是觀。

具體到七步詩而言，七是一個奇數，在中國傳統文化中被看作是一個陽數，但它與陽數之始的數字一相比，數字多出不少，但與代表陽數之極的數字九相較，又相差一個數字等級。因此，七步雖然有限，但又代表著具有一定尺度的時間範圍。曹丕讓曹植七步賦詩，說到底，代表的就是一種限定但又有一定自由的條件設定，是寬嚴相濟、緩急有度的即興創作氛圍。（李傳軍）

071

曹植《洛神賦》是寫自己的嫂子嗎？

《洛神賦》是三國時期著名文學家曹植的作品。關於《洛神賦》的寫作緣由，曹植自己在《洛神賦・序》裡講：「黃初三年，余朝京師，還濟洛川。古人有言：洛水之神名曰宓妃。感宋玉對楚王說神女之事，遂作斯賦。」但是，至少從唐朝時期開始，就有人認為此賦所寫的是曹植與魏文帝曹丕之妃甄氏之間的感情糾葛。

最早收錄曹植《洛神賦》的，是南朝梁蕭統所編的《文選》。為《文選》作注的唐人李善，對《洛神賦》的寫作緣由給了十分浪漫的解釋。他說：「魏東阿王，漢末求甄逸女，既不遂。太祖回與五官中郎將。植殊不平，晝思夜想，廢寢與食。黃初中入朝，帝示植甄後玉鏤金帶枕，植見之，不覺泣。時已為郭後讒死。帝意亦尋悟，因令太子留宴飲，仍以枕賚植。植還，度轘，少許時，將息洛水上，思甄後。忽見女來，自云：我本托心君王，其心不遂。此枕是我在家時從嫁前與五官中郎將，今與君王。遂用薦枕席，歡情交集，豈常辭能具……言訖，遂不復見所在。遣人獻珠於王，王答以玉佩，悲喜不能自勝，遂作《感甄賦》。後明帝見之，改為《洛神賦》。」

按照李善的說法，《洛神賦》所寫的，乃是曹植對其嫂子即曹丕之妻甄氏的追思。據《三國志·魏書·文昭甄皇后傳》載，甄氏確有其人，建安年間，嫁給袁紹的兒子袁熙。官渡之戰，袁紹敗死，甄氏被曹軍俘獲，繼而嫁曹丕為妻，但最後卻因宮廷鬥爭慘死。但曹植寫《洛神賦》是為甄妃而發的觀點，卻遭到歷代學者的質疑。宋人劉克莊說，這是好事之人「造甄後之事以實之」。明人王世貞則說：「令洛神見之，未免笑子建（曹植字）傖父耳。」清代又有何焯、潘德輿、丁晏、張雲等人，群起而辯駁之。事實上，在中國古代，作弟弟的公然敢於渲染自己與兄長妻子的感情密聞，而且兄長還是天下至尊的皇帝，是根本不可能的事情。再者，曹植與曹丕兄弟的關係本來就很緊張，曹植是不可能冒犯曹丕皇帝的尊嚴，寫下如此悖逆的文章。

總之，《洛神賦》或許又名《感甄賦》，但「甄」並不是甄妃之「甄」，而是鄄城的「鄄」。《洛神賦》的寫作，實是曹植「托詞宓妃以寄心文帝」，也就是賦中所說的「長寄心於君王」。至於裡面所包含的曹植與甄妃的感情祕密，不過是好事者的文飾而已。（李傳軍）

延伸知識｜賦是一種什麼樣的文學體裁？

賦是中國古代的一種文體，盛行於漢魏六朝，是韻文和散文的綜合體，通常用來寫景敘事，也有以較短篇幅抒情說理的。《漢書・藝文志》云「不歌而誦謂之賦」，可見賦本來是一種用來吟誦而非歌唱的文本。賦作為文學體制，其起源可追溯到楚辭。戰國中期屈原的《離騷》、《九歌》等篇章，當時並不曾以賦題稱，到西漢劉向、劉歆領校秘閣圖書時，為屈原編集，始稱之為「屈原賦」。《漢書・藝文志》予以著錄，後代因此也常以辭賦合稱。賦的特點，東晉文學家陸機《文賦》說：「詩緣情而綺靡，賦體物而瀏亮。」南朝梁劉勰的《文心雕龍・詮賦》則說：「賦者，鋪也；鋪采摛文，體物寫志也。」體物寫志，指賦的內容；鋪采摛文，指賦的形貌。總的來說，賦這一文學體裁，注重狀物抒情，比較注重語言的節奏和形式的美感。到了魏晉南朝時期，由於過分注重形式華美，賦的語言更趨向綺麗，但內容也更流於空虛。（李傳軍）

072
劉備與諸葛亮之間真的是魚水關係嗎？

西元二〇七年，劉備三顧茅廬，拜訪諸葛亮。諸葛亮的「隆中對」從此成為劉備爭衡天下的總策略。史載，備亮一見如故，「情好日密」，備稱「孤之有孔明，猶魚之有水也」。彝陵戰後，西元二二三年，白帝托孤，諸葛亮知恩圖報，其後十餘年間，「鞠躬盡瘁，死而後已」，戮力北伐。陳壽評曰，備「舉國托孤於諸葛亮，而心神無貳，故君臣之至公，古今之盛軌也」。世人皆以此認為劉備與諸葛亮真是君臣相得，猶如魚水。但歷史事實真是如此嗎？

其實，三顧茅廬後到白帝托孤前，諸葛亮與劉備並非如小說寫的那樣如膠似漆，在蜀的地位也非第一人。如在重大的奪取西川的戰爭中，劉備讓諸葛亮守荊州，而帶龐統、法正輔佐自己西取巴蜀，北征漢中，為建立帝業奠定了基礎；劉備進位漢中王時，法正排名也在諸葛亮前。

再看關鍵的劉備東征。彝陵之戰，劉備以為關羽雪恥為藉口，發兵征討東吳。無數大臣都上表勸阻，而一向主張孫劉聯合的諸葛亮卻一言不發。劉備敗回，諸葛亮才仰天長歎：「法孝直若在，則能制主上，令不東行；就復東行，必不傾危矣。」從這句話就可以看出，諸葛亮當時對劉備的影響力猶不如法正。

劉備死前，諸葛亮長時間不在劉備身邊，戎機大政，並無諸葛亮參贊其間的事實。決計入蜀和叛攻劉璋，是法正、龐統之謀。龐統、法正死後，劉備出峽決戰的錯誤戰略就再也沒有人可以強行諫阻。清代學者何焯《義門讀書記》卷二十七根據諸葛亮曾於荊州「都零陵、桂陽、長沙三郡，調其租賦以充軍實」的情況，就說「當先主時但寄以蕭何之任」。「但寄」，猶言僅寄，只寄，明指寄任無多。但劉邦打天下時，蕭何在關中，得以「發蹤指示」，「便宜行事」，而諸葛亮留守荊州時是沒有這種特殊權力的。

至於白帝托孤，劉備允諸葛亮可以取劉禪而代之，更不過是一種無奈之舉。事實上，劉備去世前後，蜀中益州土著和劉備所帶入蜀的荊、襄舊部間的矛盾已很尖銳，劉禪又是庸主之才，很難處理好劉備死後蜀國大臣間的主客關係，此時法正、龐統已死，劉備所能夠依賴的只有諸葛亮一人了。而白帝托孤的人物，並非只有諸葛亮一人，他還讓益州大族李嚴並受遺詔，同受顧命。

「隆中對」的戰略雖然高屋建瓴，但劉備一生政治目光短淺，生前並未以《隆中對》的戰略孜孜為念，所以失荊州、伐東吳，並未以諸葛亮主張的孫吳聯盟為意。只是在其死後，諸葛亮尋故廢李嚴為庶人，才得以施展「隆中對」的未盡策略，但世易時移，主客觀條件均已發生了巨大變化，北伐統一天下的目標，已然成為不可實現的空想了。

由此可見，劉備與諸葛亮的魚水關係，只是史書留給世人的表面印象，揆諸史實，實在不是這麼一回事。（李傳軍）

延伸知識——「顧命大臣」一詞是怎麼來的？

劉備白帝托孤，諸葛亮和李嚴同受遺詔輔佐後主劉禪，成為蜀漢政權特殊時期的顧命大臣。其中，諸葛亮權力更大，史載劉禪稱其為「相父」，「政事無大小，咸決於亮」，權力甚至超越皇帝之上。

中國歷史上從秦朝的趙高開始，一直有「顧命大臣」攝政一說。攝政，是指代替皇帝掌管朝政的人，顧命大臣大多從外戚和大臣中的佼佼者中選出，在皇帝因年幼和因故不能識事時，代行皇帝權力。顧命大臣權力很大，他們不但可以決斷朝政大事，還可以決定朝中大臣們的升遷黜陟，甚至可以決定皇帝的廢立。

《尚書・顧命篇》記載：「成王將崩，命召公、畢公二公為二伯，中分天下而治之。率諸侯相康王，作《顧命》。」這就是歷史上周、召共和，聯合執掌朝政的歷史事件。對此，唐代學者孔穎達解釋說：「《說文》云：『顧，還視也。』鄭玄云：『回首曰顧，顧是將去之意。』此言『臨終之命曰顧命』，言臨將死去，回顧而為語也。」可見，遺詔大臣輔政的顧命制度，實際是起源於西周。中國歷史上很多朝代，都有顧命大臣輔政的局面出現，而為大家耳熟能詳的，除了諸葛亮外，還有清朝的攝政王多爾袞等。（李傳軍）

073 劉禪真的是個弱智嗎？

一句「樂不思蜀」，牢牢地把蜀漢後主劉禪釘在歷史的恥辱柱上，歷經千年似乎還沒有脫身的希望。劉禪在降魏後的一系列言行，的確給人無可救藥的弱智形象。

其實，知子莫若父，《三國志・蜀書・先主傳》載，劉備早在傳位之時，就交代諸葛亮說：「嗣子劉禪可輔佐，則輔佐之，如其不行，君可取而代之。」又對劉禪說：「汝與丞相從事，事之如父。」這既體現了劉備對諸葛亮肝膽相照般的信任，也說明劉備對劉禪能力的不放心。但劉備又以傳位的實際行動，昭告了劉禪「可輔」的事實。

劉禪即位後，封丞相諸葛亮為武鄉侯，兼益州牧。劉禪也確實聽從父親的遺命，「政事無巨細，咸決於亮」，所謂「政由葛氏，祭則寡人」。這樣，庸君賢相，倒也相得益彰，蜀漢在諸葛亮的苦心經營下，國力日強。劉禪也做了十二年垂裳而治的太平皇帝。蜀漢建興十二年（二三四），諸葛亮辭世，蜀漢的政局也發生了變化，此後直到蜀漢滅亡的近三十年時間裡，都可以說是蜀漢政權的劉禪時代。

諸葛亮死後，劉禪廢除了丞相制，設立尚書令、大將軍和大司馬三職互相制衡，軍政事務分開。他先後任用蔣琬、費禕、董允等人主政。但上述執政者，均沒有諸葛亮的威信，也無法擁有淩駕於皇帝之上的權力。蔣琬死後，劉禪「乃自攝國事」，基本主導蜀漢政務。他一面延續了諸葛亮以北伐求自保的戰略，一面又注重休養生息，積蓄力量，提出較為謹慎的「須吳舉動，東西犄角，以乘其釁」的北伐策略。對矢志北伐的諸葛亮繼承人姜維多加掣肘，放慢了北伐的頻率和進度。這些，都可以說是正確的決策。

但是，對宦官黃皓的寵信，則是劉禪為政的一大缺點。應該說，從東漢後期以來，宦官在政壇上都是一支腐敗的破壞性力量。黃皓於蜀漢景耀元年（二五八）開始操弄威權。一些頗有見識的大臣頗想除掉黃皓，比如姜維就曾「惡黃皓恣擅，啟後主欲殺之」，劉禪卻對黃皓百般維護，說：「皓趨走小臣耳，往董允切齒，吾常恨之，君何足介意！」諸葛亮之孫諸葛尚也歎息說：「父子荷國重恩，不早斬黃皓，以致傾敗，用生何為！」但黃皓並不能主導朝政，他所做的一切，都在劉禪政略允許的範圍之內，所以，對蜀漢政權並未產生毀滅性的影響。

公允說來，蜀漢滅亡有多方面的深層原因，不能完全歸咎於劉禪的無能。劉禪雖然庸碌，但還不至於到弱智的程度。陳壽在《三國志・蜀書・後主傳》裡說劉禪「任賢相則為循理之君，惑閹豎則為昏暗之後」，這應該是比較公允的評價。（李傳軍）

白帝城的白帝是人還是神？

三國蜀漢皇帝劉備討伐東吳，兵敗猇亭，憂傷成疾，臨終前在白帝托孤，傳為千古佳話，也使得白帝城千載留名。那麼，白帝城的白帝，究竟是人還是神呢？

白帝城位於長江北岸，距奉節城東八公里。它一面靠山，三面環水，背倚高峽，前臨長江，雄踞水陸要津，氣勢十分雄偉，是歷代兵家必爭之地。歷史上的白帝城，是西漢末年公孫述據蜀時所建。公孫述字子陽，所以白帝城也叫子陽城。公孫述很有政治才能，年少時曾為當地太守所重用，治下兼攝五縣，竟能做到「政事修理，奸盜不發，郡中謂有鬼神」。王莽時受命為蜀郡郡守。王莽被誅後，天下一時群雄蜂起，公孫述聯合蜀中豪強，聚集精兵，憑藉蜀地的山川之險，「見利則出兵而略地，無利則堅守而力農」，割據巴蜀，自立為帝，定都成都，自稱白帝。西元三十六年，公孫述被劉秀所滅，白帝城亦在戰火中化為灰燼。

由於公孫述稱帝期間，各地戰亂頻繁，而蜀中相對安寧，當地百姓追思其德，為了紀念他，興建了一座白帝廟，塑像供祀。宋代詩人陸遊有《白帝廟》一詩，曰：「參差層顛屋，邦人祀公孫。力戰死社稷，宜享廟貌尊。」可見，白帝之祀，南宋猶存，當時人也知道白帝就是公孫述。到了明朝，公孫述的塑像被劉備像所取代，但「白帝廟」的名稱也一直沿用至今。只不過，關於白帝是人還是神，不少人已經不太清楚了。（李傳軍）

074

諸葛亮的「武鄉侯」和關羽的「漢壽亭侯」都是官位嗎？

《三國志》記載，漢獻帝建安五年（二〇〇），袁紹遣顏良攻曹操，曹操以關羽為先鋒，關羽策馬刺顏良於萬眾之中，斬其首還，遂解白馬之圍。曹操即向漢獻帝上表封關羽為「漢壽亭侯」。而蜀建興元年，劉備白帝城托孤諸葛亮，劉禪繼承蜀國帝位後，封諸葛亮為丞相、武鄉侯，領益州牧，後人也常稱諸葛亮為武侯。那鄉侯和亭侯都是官位嗎？它們到底有什麼區別呢？

其實，亭侯和鄉侯都是古代爵位的等級。漢代繼承秦朝二十等爵制，把爵位分為：一、公士；二、上造；三、簪嫋；四、不更；五、大夫；六、官大夫；七、公大夫；八、公乘；九、五大夫；十、左庶長；十一、右庶長；十二、左更；十三、中更；十四、右更；十五、少上造；十六、大上造；十七、駟車庶長；十八、大庶長；十九、關內侯；二十、徹侯。由此可見，秦漢時期的侯，為爵位的最後一級，又分為二等，即關內侯和徹侯。漢爵第十九等為關內侯，據《後漢書．百官志》記載，關內侯「無土，寄食在所縣，民租多少，各有戶數為限」。為什麼要稱為「關內侯」呢？劉劭《爵制》稱：「秦都山西，以關內為王畿，故曰關內侯也。」又荀綽《晉百官表注》云：「時六國未平，將帥皆家關中，故以為號。」漢二十等爵的最後一級即第二十等為徹侯。《後漢書．百官志》說，徹侯「金印，紫綬，以賞有功。功大者食縣，小者食鄉、亭，得臣其所食吏民。後避（漢）武帝諱，（改）為列侯」。而列侯又分為縣侯、鄉侯、亭侯三級。

《周禮》中有「五家為鄰，四鄰為里」的記載，《漢書》中也有「十里一亭」，「十亭一鄉」，「縣大率方百里」的說法，據此可知，列侯中封邑在鄉的稱鄉侯，封邑在亭的稱亭侯。鄉侯的土地比亭侯的多很多，亭侯當為列侯中最低一級。武將因軍功可由「亭侯」進封「鄉侯」。如張飛在劉備平定荊州四郡後，封「新亭侯」，後章武元年（二二一）「進封西鄉侯」。馬超原封「都亭侯」，章武元年「進封鄉侯」。用「進封」二字也可證明亭侯在鄉侯之下。

爵位只是個虛銜，是古代皇族、貴族和大臣的封號，它表示的只是一個人在朝廷中的資望與品位，並不是實際的官位。也就是說，個人爵位的高低，並不代表官職的大小。打個不太恰當的比喻，古代的爵位有點類似於今天公務員體系中的科、處、廳、部的劃分，是級別而非實職。以諸葛亮來說，武鄉侯的爵位只是身分的象徵，丞相、益州牧才是他的實際官職。（李傳軍）

延伸知識──中國古代的爵位

爵位是是歷代君主為鞏固統治地位，調整統治階級內部關係而實行的一種等級制度。中國古代的爵位制度起源於商周時期，是宗法分封制度下的產物，人們比較熟悉的是周代的公、侯、伯、子、男五等爵制。爵原是商周時期的飲酒器，是貴族生活和身分的象徵。

戰國時期，秦國從商鞅變法以後，取消王族封爵，立二十等爵制以賞軍功。爵位是表示貴族或功臣身分、地位的稱號，分為不同的等級，有些爵位可以世襲。受爵後通常可得到食邑或相當數量的財富。封爵制度在中國古代數千年的歷史中有相當大的發展變化。西漢以後，皇族封爵與功臣封爵並存，一直延續到清代。（李傳軍）

075

諸葛亮三兄弟為什麼分別被稱為龍、虎、狗？

《世說新語．品藻篇》說：「諸葛瑾弟亮及從弟誕，並有盛名，各在一國。於時以為蜀得其龍，吳得其虎，魏得其狗。誕在魏，與夏侯玄齊名；瑾在吳，吳朝服其弘量。」這裡說的就是三國時期具有傳奇色彩的諸葛三兄弟的真實故事。

諸葛亮三兄弟中，諸葛亮仕於蜀，拜丞相，武鄉侯，領司隸校尉益州牧，錄尚書事；亮兄諸葛瑾，仕於吳，拜大將軍，左都護，領豫州牧；亮從弟諸葛誕仕於魏，為吏部郎，累遷揚州刺使、鎮東將軍、司空。兄弟三人分居三國，出將入相，位極人臣，傳為歷史美談。

三國時人稱諸葛亮為「龍」，自是因其德才居三兄弟之首。諸葛亮的隆中對策，聯吳抗曹、白帝托孤、六出祁山的功業，鞠躬盡瘁、死而後已的品格均為人們推崇。諸葛亮的主要對手司馬懿稱讚他為「天下奇才」。唐代詩人杜甫更說諸葛亮「功蓋三分國」、「大名垂宇宙」，所以稱其為「龍」，可謂適當。

諸葛瑾字子瑜，諸葛亮之兄。諸葛瑾漢末避亂江東。經魯肅推薦，為東吳效力。他胸懷寬廣，溫厚誠信，很得孫權的信賴。他曾經從呂蒙襲殺關羽，呂蒙去世後，諸葛瑾代呂蒙領南郡太守，駐守公安。孫權稱帝後，諸葛瑾官至大將軍、左都護，領豫州牧。諸葛瑾雖然才略不及諸葛亮，但其宏雅大度，才智過人，孫權每有軍政大事都要和他商量。所以，人們評其為「虎」也不為過。

諸葛誕，字公休。《世說新語》中稱諸葛誕為狗其實也並非貶義，龍、虎、狗，只是表明才智品德等級的不同，虎低於龍，狗低於虎。

《爾雅．釋獸》云：「熊虎醜，其子狗」，可見，狗是熊虎幼子，也有威猛剛強的品格。事實上，諸葛誕雖然是一介武夫，但他忠烈而機敏，在魏國也屢建奇功。後來，諸葛誕為保衛曹魏政權而被司馬氏殺害。《三國志．魏書．諸葛誕傳》記載，諸葛誕被殺後，其部卒數百人拱手為列，任敵人逐一殺害，無一人投降。他們都說：「為諸葛公死，不恨。」可見，諸葛誕很得部下愛戴。

諸葛亮、諸葛瑾、諸葛誕，一門三兄弟，美名萬代傳，中國古代的歷史名人中，可以與之媲美的，幾乎沒有。（李傳軍）

延伸知識—中國古代兄弟之間的排行和稱謂有什麼特點？

古代以伯、仲、叔、季來表示兄弟間的排行順序，伯為老大，仲為老二，叔為老三，季排行最小。古人字前常加排行次序，如「伯禽」（周公長子）、「仲尼」（孔子的字）、「叔向」（春秋時晉國大夫羊舌的字）、「季路」（孔子學生仲由的字）等。因此，父之兄稱「伯父」，父之次弟稱「仲父」，仲父之弟稱「叔父」，最小的叔父稱「季父」。《史記‧項羽本紀》：「其（項羽）季父梁。」這裡的「季父」泛指叔父，而季父通常專指最小的叔父。後來父之弟都統稱為「叔父」。古代兄弟之間一般也不會逕稱大哥、二弟之類，而是稱字。如蘇軾的名作《和子由澠池懷古》就是因蘇轍的《懷澠池寄子瞻兄》而寫的。其中「子由」、「子瞻」分別是蘇轍和蘇軾的字。如果對外人講起自己的兄弟，則分別稱為「家兄」、「舍弟」。古代的兄弟排行和稱謂，反映了中國古代特別重視宗族、血緣關係的特點。（李傳軍）

076

孫權為什麼要逼死陸遜？

三國君臣之中，劉備與諸葛亮自古被譽為魚水關係，君臣相得，關係最好。魏國曹操自領宰相，死後則由太子曹丕繼位，其間也沒有大臣權侔君主的現象出現，君臣關係基本和諧。唯獨孫吳依靠江東朱、張、顧、陸等大族的支援起家，對這些大家士族多採取優容相待的策略，因而孫吳中，大族的政治權力和社會影響都很大，君臣關係常常陷入緊張局面。孫權逼死丞相陸遜就是其中顯著的例證。

彝陵之戰使陸遜一戰成名，也使陸遜繼周瑜、呂蒙以後，成為孫吳賴以抗拒魏、蜀二國的人才支柱。黃龍元年（二二九），孫權稱帝，陸遜官拜上大將軍、右都護。赤烏七年（二四四），陸遜繼顧雍之後拜相。《三國志・吳書・陸遜傳》記載，孫權在詔書中說：「惟君天資聰叡，明德顯融，統任上將，匡國弭難。夫有超世之功者，必應光大之寵；懷文武之才者，必荷社稷之重。」表面看來對陸遜的寵信已經無以復加。然而，在中國古代的君主集權時代，人臣權勢達到頂點之時，也是生命處於危機之際。

孫權生性多疑，而晚年尤甚。他設立中書校事監察各級官吏，陸遜居於相位，當然也就成為孫權偵查、監視的重點人物。加之孫權寵信校事呂壹等小人，這些人恃寵弄權，離間君臣，擅作威福，挾嫌報復，把東吳政壇搞得烏煙瘴氣，充滿恐慌氣氛。大臣們人人自危，卻又敢怒不敢言。陸遜對此也毫無辦法，只能與大臣潘濬竊竊私議，「言至流涕」。

在這關鍵時刻，陸遜卻又不合時宜地捲入了孫權的立太子之爭。原來，孫權所立太子孫和與魯王孫霸一向不睦，孫權聽信讒言，遂有廢黜太子之意。陸遜本來就有輔佐太子的職責，於是一再上疏規諫，《三國志・吳書・陸遜傳》載，陸遜上疏說：「太子正統，藩正有別，當彼此得所，上下獲安。」還要求到建業當面申述自己的意見。但是，孫權既不許陸遜還都，又以親附太子的罪名處陸遜外甥顧譚、顧承、姚信等流徙。太傅吾粲因幾次與陸遜通信討論太子事宜，竟被下獄處死。接著，孫權連連派遣內廷使者譴責陸遜。赤烏八年（二四五）二月，陸遜飲恨而死，時年六十三歲，只做了不到半年的丞相。

孫權逼死陸遜，還有一些深層原因。首先，陸遜家為「江東大族」，兄弟子侄世為高官顯宦，陸遜本人是孫策的女婿，同時又與丞相顧雍有姻親關係，家族勢力十分顯赫。呂蒙死後，陸遜鎮守武昌，勢同分陝，聲望至隆。吳國權要，上自太子，下至步騭、諸葛瑾、潘濬、朱據等都與陸遜交好。陸遜雖無結黨弄權之念，孫權難免生禍起肘腋之忌。陸遜的死亡，就成為遲早的事情了。

《三國志》的作者陳壽說，陸遜之死是「忠誠懇至，憂國亡身」，這只說出了一些表面原因，陸遜身居高位而不知裁抑家族勢力，以獲得君主的信任和優容，才是最終被孫權逼死的主要原因。（李傳軍）

門閥士族是中國魏晉南朝時期，在政治、文化上占有特權的貴族階層。東漢前期，有些經學世家，已經形成門生故吏遍天下的巨大團體。《後漢書・韋彪傳》載：「士宜以才行為先，不可純以閥閱。」李賢注引《史記》曰：「明其等曰閥，積功曰閱。」通常來說，門閥是門第閥閱的代稱，士族指的是世家大族。魏晉時期的門閥士族，一類是由東漢的世家大族而來，他們在朝廷居於高位，被視作舊族門戶。另一類，則屬乘時而起的新出門戶，他們的政治地位在魏和西晉迅速上升，入東晉後更為突出。古詩中說：「舊時王謝堂前燕，飛入尋常百姓家。」以東晉王導（王羲之、王獻之）和謝安（謝眺、謝靈運）為代表的琅琊王氏和陳郡謝氏是歷史上最著名的門閥士族。此外，東晉時期地位顯赫的門閥士族還有潁川庾氏、譙國桓氏、高平郗氏和太原王氏等。這些世家大族的子弟，平流進取，坐望高官，世代享有入仕做官的特權。歷史上，門閥士族對魏晉時期政治的穩定和中國古代文學和書法藝術的發展，都有重要的貢獻。但門閥士族的末流和不肖子弟，靠先祖的遺蔭為官，靠與高門締結的婚姻維持地位，不學無術，腐朽沒落，甚至出現了「貴遊子弟，多無學術，至於諺云：『上車不落則著作，體中何如則秘書。』無不熏衣剃面，傅粉施朱，駕長簷車，躡高齒屐……從容出入，望若神仙。明經求第，則雇人答策，三九公燕，則假手賦詩」的不堪局面，淪為社會的寄生蟲和絆腳石。（李傳軍）

077

諸葛亮北伐真的是為了統一天下嗎？

北伐中原，復興漢室，是諸葛亮在「隆中對」中提出來的。劉備死後，諸葛亮是以「北定中原，攘除奸凶，復興漢室，還於舊都」作為他報答劉備、忠於劉禪的「職分」。長久以來，人們一直認為諸葛亮北伐是為了先主的重托，明知不可為而為，是他為國為民的忠心表現。至於諸葛亮北伐的動機，很多人更局限於「漢賊不兩立」的思路。事實難道真的是如此嗎？

在「隆中對」中，諸葛亮曾經這樣說：「益州險塞，沃野千里，天府之土，高祖因之以成帝業。將軍若跨有荊、益，內修政理，天下有變，則命一上將將荊州之軍以向宛、洛，將軍身率益州之眾出於秦川。誠如是，則霸業可成矣。」從這段話中可以看出，諸葛亮在一開始的戰略中非常謹慎，即北伐要具備兩路夾攻的條件和牢固的吳蜀聯盟。但彝陵之戰，蜀吳關係受到嚴重破壞，雖經修補，但已難達到戰前水平，諸葛亮主政以後，劉備、關羽等人先後亡故，荊州已為孫權所有。北伐的各項條件已經完全喪失。但諸葛亮卻義無反顧地一再北伐，其原因何在呢？其實，前後《出師表》已經說得十分清楚，只不過一直為人所忽略罷了。

「以先帝之明，量臣之才，固知臣伐賊，才弱敵彊也。然不伐賊，王業亦亡；惟坐而待亡，孰與伐之？……自臣到漢中，中間朞年耳，然喪……屯將七十餘人……武騎一千餘人，此皆數十年之內所糾合四方之精銳，非一州之獨有；若復數年，則損三分之二也，當何以圖敵？」諸葛亮體認了四川地險而民怯，如果不在自己的有生之年擴大疆域，拖到第二代、第三代的話，不要說進取中原，就連守住四川都成問題，所以他才改變了原先的戰略，變得異常積極主動。希望先占領關中，然後再打下甘、涼二州，補充當地驍勇善戰的兵員，從而改變被動的局面。如果有可能，或許有望在將來統一天下。

事實證明，諸葛亮六次北伐，無尺寸之功，不僅沒得到曹魏半點土地，還空耗國力。以最順利的第一次北伐為例，當時「南安、天水、安定三郡皆叛魏應亮，關中響震」，勢如破竹，而後兵敗街亭，漢軍只得退回蜀中。可是仔細想想，就算馬謖僥倖破了張郃，還有魏明帝在長安親自坐鎮。單憑區區十數萬蜀軍是很難撼動曹魏的根本。統一天下，只能說說而已。「興復漢室」也只能是諸葛亮為自己連年北伐所懸的一面道德旗幟，一個遙不可及的政治夢想。（李傳軍）

延伸知識　諸葛亮任的軍師到底是一種什麼官職？

在《三國演義》以及民間傳說中，諸葛亮是劉備的「軍師」。這究竟是一種什麼官職呢？

《三國志》記載，劉備三訪諸葛亮，才得其輔助。然而這個時候，劉備亦不過寄居劉表門下，屯守彈丸之地的新野小城。因此，諸葛亮此時並未有任何官職。赤壁之戰，諸葛亮的身分不過只是劉備的謀士。赤壁戰後，劉備擁有一定的土地，這時才拜諸葛亮為「軍師中郎將」，都督零陵、桂陽、長沙三郡並負責軍備工作。這是有史可查的諸葛亮最早的官職。建安十三年，劉備入四川，平定蜀中，奉諸葛亮為「軍師將軍」，署左將軍府事，鎮守成都。這是諸葛亮隨劉備入蜀之初的官職。西元二二一年，劉備稱帝，冊封諸葛亮為丞相，錄尚書事，假節。劉備去世後，後主劉禪在建興元年封諸葛亮為武鄉侯，領益州牧，仍為丞相，總理一切軍政要務直至其去世。這就是諸葛亮一生曾經擔任過的官職。

透過考察諸葛亮的任官情況可知，諸葛亮曾經擔任過劉備的「軍師中郎將」、「軍師將軍」，而後人往往稱其為劉備的「軍師」，這二者是同一回事嗎？

在諸葛亮之前，軍師將軍亦曾出現過，東漢初期就有此職，但屬於臨時性設置。自曹操開始，各個諸侯幕府中就屢次出現「軍師」之名，曹操軍中就有軍師、中軍師、左軍師、右軍師、前軍師、軍師祭酒、征南軍師等。那麼，軍師的職責是什麼呢？《通典》卷二九《職官十一・監軍》概括軍師的職責為：「所以節量諸宜，亦監軍之職也。」《三國會要》卷九《職官上》引《華陽國志》則說：「軍師監軍，典軍政。」看來，軍師擁有很大的許可權，可以節制部隊，監察將領以及士兵，還可插手軍政諸事。

但是，《三國演義》以及民間故事中的「軍師諸葛亮」卻並非指諸葛亮的官職，而是成為一種身分。在民眾的心目中，這樣的軍師是霸主身邊的智囊，扮演著舉足輕重的角色。二者之間的關係已經不是君臣而是師友，軍師被看作是霸主之「師」。（程曉菡）

078 諸葛亮發明的饅首是什麼食物？

在中國傳統的麵食中，饅首的發明相當具有戲劇性。宋人高承在其《事物紀原》卷九《饅頭》引稗官小說云：「昔諸葛武侯之征孟獲也，人曰，蠻地多邪術，須禱於神，假陰兵以助之。然蠻俗必殺人以其首祭之，神則助之，為出兵也。武侯不從，因雜用羊豕之肉，而包之以面，以面像人頭以祠神。神亦助焉，而為出兵，後人由此為饅頭。」這說明，諸葛亮發明饅首，是軍事祭祀活動的結果，也是對三國時期南方蠻族傳統文化的借鑒和改進。諸葛亮發明的饅首在用於祭神後，人們發現它非常美味，就流傳開來。後來替它起個名字，叫做蠻首，演變成曼首，直到今天的饅頭。

但是，諸葛亮發明的饅首與今天的饅頭不同，它是有餡的包子。其後，隨著人們做包子的技術越來越成熟，饅首這種食品也被越做越小，越做越精。西晉束皙在《餅賦》中寫了一家貴族請人吃「牢丸」的故事。牢丸是一種小巧的包子，麵要用經過多遍篩過的精粉再發酵，柔軟而富有韌性。選用羊腿和豬里脊等精肉做餡。調料用蔥、薑、蓮子、瓜絲、花椒末以及鹽、酒、豆豉等。蒸的時候，火要猛，水要滾。蒸熟後，牢丸表面好像綢緞一樣細滑，香氣四溢，讓人垂涎欲滴。

中國人自古就有「食不厭精，膾不厭細」的傳統，諸葛亮所發明的饅首，是一種難得的美味，豐富了中國人的食品種類，是中國飲食文化中的一項傑作。（李傳軍）

一延伸知識一蓴菜羹為什麼成為江南名士最喜愛的美食？

《世說新語》裡記載過這樣一個故事：「張季鷹辟齊王東曹掾。在洛，見秋風起，因思吳中蓴菜羹，鱸魚膾，曰：『人生貴得適意爾，何能羈宦數千里以要名爵！』遂命駕便歸。」張季鷹本名叫張翰，是西晉著名的文學家，和阮籍齊名，時人稱之為「江東步兵」。這鱸魚膾和蓴菜羹到底是怎樣的美味，竟然勾得張翰連官都不願意做了？

原來，鱸魚膾和蓴菜羹其實是同一道菜，也是魏晉南朝時期江南最具特色的美食。蓴菜，是江南特有的一種水草，其嫩葉可以煮湯。蓴菜羹是用蓴菜、鯉魚作主料，煮熟後加上鹽豉（即豆豉）製成的菜餚。《齊民要術》記載蓴菜羹的做法：「食膾魚、蓴羹、芼羹之菜，蓴為第一……羹熟，即下清冷水。大率羹一斗，用水一升，多則加之益羹，清雋甜美。悉不得攪，攪則魚蓴碎，令羹濁而不得好。」又引《食經》說：「蓴羹魚長二寸，唯蓴不切。鯉魚冷水入蓴，白魚冷水入蓴，沸入魚與鹽豉。」又云：「魚半體熟，煮三沸，渾下蓴與豉汁漬鹽。」這都說明，蓴菜羹是用鱸魚（或鯉魚）和蓴菜為主料，再加上鹽豉為佐料做成的羹湯。鱸魚膾、蓴菜羹是江南水鄉特有的風物，因此特別為江南士人所欣賞，甚至把它當作區別於北方飲食文化的經典美食。《世說新語》記載道：「陸機詣王武子，武子前置數斛羊酪，指以示陸曰：『卿江東何以敵此？』陸云：『有千里蓴羹，但未下鹽豉耳！』」陸機所說「但未下鹽豉」，意思是未下鹽豉的蓴菜羹濃滑甜美，足以與北方的羊酪媲美，如果放入鹽豉，羊酪就遠遠比不上蓴羹。在這裡，陸機不明言酪不如蓴，而蓴味美於羊酪的意思卻於言外自見，所以陸機的這句話被稱為千古名對。蓴菜羹的美味更因此而名揚史冊。

按陸機（二六一－三〇三），字士衡，吳郡華亭（今上海市松江）人，西晉文學家、書法家，與其弟陸雲合稱「二陸」。陸機出身名門，祖父陸遜為三國名將，曾任東吳丞相，父陸抗曾任東吳大司馬。張翰、陸機都是魏晉時期江南的名士，他們對蓴菜羹的喜愛到了誇張的程度，甚至把這道江南美味看作是吳文化的象徵，這在中國古代飲食文化史上也是難得一見的佳話。晚清著名文人李慈銘，因為是浙江會稽（今紹興）人，為了表示對故鄉古代文化和先賢流風遺韻的追慕，給自己起的號就是「蓴客」。（李傳軍）

079

諸葛亮真的「七擒孟獲」嗎？

「七擒七縱孟獲」是《三國演義》中渲染諸葛亮用兵如神和大義仁慈的重要情節之一，在中國民間也有許多膾炙人口的傳說。不過，「七擒七縱」的情節在《三國志．蜀書．諸葛亮傳》、《出師表》及當時率軍南征的將領李恢傳中均沒有直接記載。陳壽是蜀漢政權的史官，職責所在，對劉備、諸葛亮等人的主要事蹟，特別是可以載譽人口的嘉言懿行不可能不有所耳聞甚或載之史冊。而七擒孟獲的情節，在《三國志》中竟無片言隻語的記載，只能說明，陳壽在撰寫《三國志》時，並不知道或者即使知道也不認為七擒孟獲是確鑿的歷史事實。

歷史上，最早記載七擒孟獲事件的，是《華陽國志．南中志》和《三國志．諸葛亮傳》注引《漢晉春秋》。《三國志．諸葛亮傳》注引《漢晉春秋》記載：「亮至南中，所在戰捷。聞孟獲者，為夷、漢所服，募生致之。既得，使觀於營陳之間，問曰：『此軍何如？』獲對曰：『向者不知虛實，故敗。今蒙賜觀看營陳，若只如此，即定易勝耳。』亮笑，縱使更戰，七縱七禽，而亮猶遣獲。獲止不去，曰：『公，天威也，南人不復反矣。』」但《華陽國志》和《漢晉春秋》兩部書出現的時間，均在東晉或以後，晚於陳壽生活的時代很多年。究竟是後世史家發現了新資料，彌補了《三國志》的不足，還是僅僅根據傳說而附會出七擒孟獲的記載，則不得而知了。

後世史家有很多相信七擒孟獲為史實的，如《資治通鑒》就記載：孟獲被「七擒七縱，而亮猶遣獲，獲止不去，曰：『公，天威也，南人不復反矣。』」顯然，一向以嚴謹著稱的司馬光，也承認有七擒孟獲的史實存在。當代學者黃承宗先生還曾據《滇元紀略》的記載，一一指出諸葛亮每次擒獲孟獲的具體地點，顯然認為七擒孟獲是確切的事實。不過，《滇元紀略》是明朝人馮時可的著作，這種根據後世史料來推測一千年前歷史真相的做法，並不符合歷史學研究的方法，其結論的可靠性也難免會大打折扣。

諸葛亮征南中，用羈縻、懷柔的辦法統治少數民族，安定蜀國大後方，當然是有文獻可徵的歷史事實。魏、蜀、吳三國當中，都存在著一定的少數民族問題，而地處西南一隅的蜀國，其境內的民族問題更關係到國家的安危存亡。加之，劉備本來就不是世居四川之人，統治益州的政治基礎並不好，這個時候，穩定其境內的少數民族就成為主要的工作之一。所以，七擒孟獲雖然是不能確定的歷史事件，但卻非常符合蜀漢歷史發展的事實邏輯。後世有關七擒孟獲的種種傳說或記載或許正是因此而起，《三國演義》對此濃墨重彩式的渲染也根源於此。不過，小說的離奇描寫，只是為了吸引讀者，若以此作為探討七擒孟獲是否存在的前提，只能是緣木求魚了。（李傳軍）

延伸知識｜南征孟獲時，蜀兵中了瘴氣，瘴氣是指什麼？

《三國演義》第八十九回，說蜀軍中了瘴氣之毒，連諸葛亮也束手無策。這時山神化成老人對諸葛亮說：「敝處有此四泉，毒氣所聚，無藥可治。又煙瘴甚起，惟未、申、酉三個時辰可往來；余者時辰，皆瘴氣密布，觸之即死。」可見瘴氣是一種令人恐怖的地方毒氣。

瘴氣本來是指南方山林中濕熱蒸鬱、能致人疾病的毒氣。在南方的濕熱環境下，毒蟲、蚊蠅極多，受叮人群廣，被叮咬後，傳染性強，所以瘴氣又與疫、癘等詞語聯繫起來，成為區域性很強的地方病之一。因為南方與北方的氣候自春秋以來就完全不同，因而北方沒有關於「瘴」的記載，凡是古籍中提到「瘴」的都是指南方的瘴氣。這個詞語實際上反映了北方人對南方氣候的認識。

在古代，北方人視南方為蠻夷之地，對於南方的氣候也有一種恐懼心理。《史記・貨殖列傳》中說「江南卑濕，丈夫早夭」，意指是南方濕熱，男人很早就夭折了。《漢書・嚴助傳》中也記載：「南方暑濕，近夏癉熱，暴露水居，蝮蛇生。」《嶺外代答》中也說：「南方凡病，皆謂之瘴。」在北方人看來，南方特別是嶺南、雲貴一帶都是瘴氣的集中分布區，對這些地方極為畏懼。《隋書・地理志下》也記載：「自嶺已南二十餘郡，大率土地下濕，皆多瘴癘，人尤夭折。」諸葛亮南征孟獲時遇到了西南地區的瘴氣，也是必然。

唐宋時期，士人多不願意到西南、嶺南一帶做官，來做官的以被貶為多。如韓愈被貶為潮州刺史後，寫了一首題為《左遷至藍關示侄孫湘》的詩，最後兩句說：「知汝遠來應有意，好收吾骨瘴江邊。」韓愈把潮州的江稱為瘴江，而且認為自己肯定要死在潮州了。即使到了清代，貴州一帶也還有瘴氣。如清代愛必達《黔南識略・貞豐州》記載：「地素苦瘴，三四月間尤盛，黃芽際天，炎熱鬱蒸，氣彌於山澤間，遭之立病。諺曰避瘴之法有四，謂勿早起，勿食飽，勿脫襖，勿洗澡也。」而《三國演義》中的蜀兵就是因為裸身渡瀘水而中了瘴氣，可見，《三國演義》中關於瘴氣的記載是符合歷史的。（宣炳善）

080

南方土著為何驅趕大象與諸葛亮軍隊作戰？

《三國演義》第九十回講的是諸葛亮南征孟獲，孟獲打了敗仗後，連夜奔回銀坑洞。銀坑洞一帶，人們在風調雨順的時候，就種稻穀，如果稻穀不熟，就殺蛇為羹，煮象為飯。所謂「煮象為飯」就是指殺大象然後吃大象的肉。這說明當地的土著對於大象十分熟悉。帶來洞主向孟獲推薦西南八納洞的洞主木鹿大王，木鹿大王出則騎象，常有虎豹豺狼相隨。後來木鹿大王身騎一頭白象，腰挂兩把寶刀，帶著許多猛獸前來應戰。趙雲看了，對魏延說：「我等上陣一生，未嘗見如此人物。」接著木鹿大王手搖蒂鐘，口中念咒語，猛獸們就衝了過來，趙雲和魏延敗下陣來。這段描述，寫的是南方的象戰，而在戰場上，驅趕大象作戰其實是有傳統的。

南方土著利用大象來打仗，其實也是對大象習性的善加利用。因為大象平時性格溫和，很容易被人類利用，同時又是陸地上最龐大的動物，因此在冷兵器時代，具有居高臨下的衝擊力，特別是數量眾多的大象組成的象陣，其奔跑產生的衝擊力就相當強，有點像是中原地區使用較多的火牛陣，戰爭破壞力很大。

而運用大象作戰在有些國家也是司空見慣，如古代的泰國就經常利用大象作戰。

上古時期的中國也用大象作戰，還組成了象陣。《呂氏春秋．古樂》中記載：「商人服象，為虐於東夷。周公以師逐之，至於江南。」這裡的「服象」是說商人駕馭大象用以作戰，結果打敗了東夷。依據商代考古與甲骨文材料的綜合反映，商朝的中原人已經掌握了馴養大象的技術。商人將捕獲的公象組織成專門用於作戰的象陣，所謂象陣就是公象用於軍事作戰的陣形。這些大象身上還挂有護甲用來保護大象。象陣屬於商軍中的精銳部隊。商王武丁就出動象陣遠征羌人並取得勝利，紂王也利用象陣征服東夷。象陣在周代還有遺存。《左傳》定公四年記載楚國與吳國的軍隊打仗，楚國失敗，在逃避吳國軍隊追擊時，將火把繫在大象的尾巴上，「王使執燧象以奔吳師」，也是利用大象作戰。但戰國以後，由於北方氣候乾旱，大象就逐漸遷到南方，北方就看不到大象了，所以趙雲對於木鹿大王騎象打仗一事覺得不可思議。（宣炳善）

延伸知識——「想像」一詞與大象有關係嗎？

「想像」一詞的意思其實就是指對大象的想念。《韓非子・解老》中記載：「人稀見生象也，而得死象之骨，案其圖以想其生也，故諸人之所以意想者，皆謂之象也。」意思是說，戰國時期，由於氣候的變化，北方人已經很難見到活的大象了，人們只能看到死去大象的骨骼，於是人們就對著以前畫下來的大象圖案，意想過去的大象到底有多大，這就是想像。

夏商時期，北方是有大象的，當時北方也是亞熱帶氣候，氣候濕熱，但到了戰國時期，氣候變得乾旱，北方的大象就逐漸遷到南方，北方於是就看不到大象了。徐中舒先生在一九三〇年發表了一篇題為《殷人服象及象之南遷》的論文，根據甲骨文結合古籍指出，殷墟之大象是本地的大象，而且河南一帶是大象的產區，商人服象用於軍事也是當時的歷史事實。河南省簡稱為「豫」，這個「豫」字就說明在當時這個地方是以出產大象聞名的，平時人們說的黃河象就是這一帶的大象。

對於曾經見過但後來又見不到的大象，人們自然特別想念。後來，大象由原來的軍事領域逐漸進入文化領域，成為一個較為抽象的哲學概念。《周易》的寫作方法就是「立象以盡意」。王弼在《周易略例・明象篇》中說：「夫象者，出意者也；言者，明象者也。盡意莫若象，盡象莫若言。言生於象，故可尋言以觀象，象生於意，故可尋象以觀意。意以象盡，象以言著。故言者所以明象，得象以忘言；象者所以存意，得意而忘象。」說的是言、意、象三者之間的關係。在王弼看來，意可以通過言與象兩種方式來表現，象是最初級的表現形式，言是相對高級一點的，而意是最重要的，可以忘言，也可以忘象，只有意是不能忘的。（宣炳善）

081

諸葛亮發明的「木牛流馬」究竟是什麼東西？

《三國演義》第一〇二回《司馬懿占北原渭橋，諸葛亮造木牛流馬》描寫諸葛亮六出祁山，七擒孟獲，威震中原，諸葛亮發明了一種新的運輸工具，叫「木牛流馬」。木牛流馬「宛然如活者一般；上山下嶺，各盡其便」，「搬運糧米，甚是便利。牛馬皆不水食，可以晝夜轉運不絕也」。不僅解決了幾十萬大軍的糧草運輸問題，而且這種工具不消耗任何能源，比現在的汽車還要先進。難道木牛流馬是永動機？它在歷史上真的存在嗎？

《三國志．諸葛亮傳》：「亮性長於巧思，損益連弩，木牛流馬，皆出其意。」《三國志．後主傳》：「建興九年，亮復出祁山，以木牛運，糧盡退軍；十二年春，亮悉大眾由斜谷出，以流馬運，據武功五丈原，與司馬宣王對於渭南。」上述記載證明，木牛流馬確實是諸葛亮的發明，其歷史真實性不容置疑。

給《三國志》作注的南朝裴松之，在注中引用了現已失傳的《諸葛亮集》中有關木牛流馬的一段記載，對木牛的形象作了描繪，也記錄了流馬的部分尺寸，但這些記載十分簡單，而且因為沒有任何實物與圖形留存後世，使得後人對木牛流馬的認識始終是一頭霧水，難得確證。不過，宋人楊允恭認為，諸葛亮發明的木牛流馬其實是一種由兵士推的小車，宋代學者高承在《事物紀事》一書中也指出：「木牛即今小車有前轅者，流馬即今獨推者是。」也就是說，木牛流馬是一種獨輪推車。

近年來，中國大陸的濟南大學建築系教授陳從周先生等，又對此說進一步闡述，認為「木牛」基本形態是：獨輪、四足，裝置有一個簡單的車架，架長約四漢尺，寬近於三漢尺，車架後面有兩個推手；前面繫繩，可用人畜拉曳；車架前方的上部，安置有一個牛頭狀裝飾物。四足分別用作上坡和下坡時安放小車，以防翻倒。「流馬」形制與此基本一致，只是沒有前轅，且車身稍顯細長。對照《諸葛亮集》的記載，此說大體可信。

總之，木牛流馬不是永動機，也不是什麼神祕的東西，它是一種便捷的獨輪車，動力來自於人的推、拉或畜力的牽引。（李傳軍）

延伸知識｜諸葛亮乘的「輿」是什麼車？

在《三國演義》中，諸葛亮有神奇指揮戰爭的能力，常在關鍵時刻搖著羽毛扇，坐著士兵推的小車出現於陣前。這種記載，在史籍中其實是有根據的。東晉裴啟《語林》載，三國時期，諸葛亮與司馬懿在渭水之濱鏖戰，時司馬懿全身戎裝，站在高處觀察對岸諸葛亮的軍陣，發現諸葛亮「乘輿葛巾，持白羽扇，指麾三軍，皆隨其進止」。據《晉書・張重華傳》載，十六國時前涼大將謝艾曾以年少書生的形象而「乘軺車，戴白袷，鳴鼓而進」，很有模仿諸葛亮的態勢。

輿是一種車，《後漢書・輿服志》載：「上古聖人，見轉蓬始知為輪。輪行可載，因物知生，復為之輿。輿輪相乘，流運罔極，任重致遠，天下獲其利。」

按古車作為載車部分的車廂，叫「輿」。本來，輿和輪合在一起才能稱為車。後來，輿則由部分指代全體，成為車的代稱。按照《後漢書・輿服志》記載，諸葛亮所乘之車，應該是三公、列侯級別所乘的安車，其形制為：「公、列侯安車，朱班輪，倚鹿較（車廂），伏熊軾，皂繒蓋，黑轓，右騑。」安車是用一匹馬拉的小車，這種車有紅色的車輪、皂色的箱蓋和黑色的障泥。因為古代的車多為立乘，而輿可以坐乘，故稱安車。由此可見，諸葛亮所乘坐的輿，與影視作品中手推的輪椅樣式的小車是很不一樣的。（李傳軍）

082

諸葛亮真的擺過空城計嗎？

《三國演義》中，諸葛亮彈琴退魏兵的「空城計」，描寫得十分精彩。這個「空城計」確有來歷，事見《三國志．蜀書．諸葛亮傳》注引《郭沖三事》：「亮屯於陽平……亮惟留萬人守城。晉宣帝率二十萬眾拒亮……亮亦知宣帝垂至，已與相偪，欲前赴延軍，相去又遠，回跡反追，勢不相及，將士失色，莫知其計。亮意氣自若，敕軍中皆臥旗息鼓……又令大開四城門，掃地卻灑。宣帝常謂亮持重，而猥見勢弱，疑其有伏兵，於是引軍北趣山。」

不過，裴松之已經詳細分析過此事，認為「此書舉引皆虛」。他說諸葛亮初屯陽平時，司馬懿還在宛城為荊州都督，不可能與諸葛亮交鋒。後來他由陽平攻蜀，又值雨天，也沒有打成，在此前後，就再也沒有魏、蜀在陽平交兵的可能。《三國演義》中諸葛亮的「空城計」，乃是一個捕風捉影的傳說。

不過，三國將帥中，確實有幾個人曾擺過幾次「空城計」。一次是趙雲的空營計。《三國志．趙雲傳》注引《雲別傳》載，建安二十四年（二一九），蜀、魏爭奪漢中，曹軍運送軍糧，黃忠建議趙雲奪曹操糧草，但黃忠率領蜀軍主力逾期未歸，趙雲率數十輕騎，遭遇曹軍主力。他邊戰邊退至營壘，大開營門，偃旗息鼓。「（曹）公軍疑雲有伏兵，引去。雲雷鼓震天，惟以戎弩於後射公軍，公軍驚駭，自相蹂踐，墮漢水中死者甚多。」趙雲因此贏得了劉備「子龍一身是膽也」的評價。

一次是吳國將領朱桓的空城計。《三國志・朱桓傳》載，吳黃武元年（二二三）魏將曹仁聲東擊西，率數萬兵馬佯攻羨溪。「桓遣使追還羨溪兵，兵未到而仁奄至。時桓手下及所部兵，在者五千人，諸將業業，各有懼心」，「桓因偃旗鼓，外示虛弱，以誘致仁」。曹仁果然被迷惑，朱桓抓住時機，發起反擊，把魏軍打得大敗。

再一次是曹魏大將文聘的空城計。《三國志・文聘傳》注引《魏略》載，魏黃初七年（二二六）「孫權嘗自將數萬眾卒至。時大雨，城柵崩壞，人民散在田野，未及補治。聘聞權到，不知所施，乃思惟莫若潛默可以疑之。乃敕城中人使不得見，又自臥舍中不起。權果疑之……遂不敢攻而去」。

由此可見，三國時期的三次空城計，都與諸葛亮無關。《三國演義》號稱七分史實，三分虛構，作者移花接木，把別人擺過的空城計，安在了諸葛亮的身上，這是為了突顯諸葛亮智慧的需要，是《三國演義》小說的藝術虛構。（李傳軍）

延伸知識——「草船借箭」的人是諸葛亮嗎？

《三國演義》當中，諸葛亮「草船借箭」的故事無疑是最精彩的篇章之一，人們對諸葛亮的神機妙算也是驚歎不已。但是據歷史記載，諸葛亮並沒有「草船借箭」。那麼「草船借箭」是羅貫中無中生有、憑空杜撰的嗎？也不是，據正史記載，「草船借箭」確有故事原型，只是主人公另有其人。

《三國志・吳書・吳主傳第二》裴松之注，建安十八年（二一三）正月，曹操與孫權對壘於濡須（今安徽巢縣西巢湖入長江的一段水道），初次交鋒，曹操派兵乘船夜襲孫權軍隊，但被孫權大敗。後孫權數次挑戰，曹操總是堅守不出。孫權於是親自乘船深入前線，探看曹軍部署。曹操生性多疑，恐其中有詐，只是命士兵亂箭齊發，嚴陣以待，並未出兵。當孫權座船一側受箭過多，有顛覆危險的時候，就掉轉船身，讓另一側承接射來的箭支。當船兩側受力均勻的時候，就開始回還，並大張聲勢，吹鼓作樂。等曹操明白過來的時候，為時已晚，而在看到孫權軍容整肅，從容不迫地撤退，曹操由衷感歎：生子當如孫仲謀，劉景升兒子若豚犬耳！

由這則史料可以看出，「草船借箭」的故事其實是發生在孫權身上，而且「借箭」也是急中生智的應敵之策，並非精心籌劃下的不勞而獲。（程曉菡）

083

諸葛亮的《八陣圖》就是一座石陣嗎？

《三國志．蜀書．諸葛亮傳》記載：「亮性長於巧思，損益連弩，木牛流馬，皆出其意，推演兵法，作八陣圖，咸得其要云。」說諸葛心思十分巧妙，曾推演兵法，製作了八陣圖。

正史中對八陣圖沒有進一步的描述，但是諸葛亮的八陣圖卻有很深的道家文化淵源。所謂「八陣」就是八卦陣的簡稱，而「八陣圖」就是將八卦陣畫成圖或者布成陣形。所以，八陣圖與八卦圖有內在的對應關係，八陣圖中的八陣就是出自道家的八卦，或者說，八陣就是道家的八卦理論在軍事布陣中的應用。

在八卦中，有乾、坤、震、巽、坎、離、艮、兌八個卦象。《易傳》認為八卦象徵天、地、雷、風、水、火、山、澤八個自然現象，在八卦中，主要是陰陽兩種區分，而在八陣中則變成吉、凶、平三種情況。開門、休門、生門是三個吉門，其中「休」的意思是休養生息，而死門、驚門、傷門則是三凶門，杜門、景門是中平門，中平就是不吉也不凶。關於八陣圖與道家八卦的關係，其實在《三國演義》的其他回目中也有所交代。當時八陣是常見的陣式，《三國演義》第一百回中，諸葛亮與司馬懿鬥陣法，諸葛亮就布下了八陣圖，也是按照休、生、傷、杜、景、死、驚、開八門設陣，卻被司馬懿識破，認出這就是「八卦陣」。但當司馬懿派三個將軍去攻打這個陣時，卻都被諸葛亮活捉了。可見，八陣在當時也是一個普通的陣法，並不是諸葛亮獨創，但在諸葛亮手上卻變化無窮，這也正是諸葛亮的高明之處。（宣炳善）

延伸知識｜古代的「陣法」

在《楊家將》、《岳飛傳》、《水滸傳》等小說、評書中，我們經常會看到、聽到有關「天門陣」、「連環陣」等說法，這些陣列在用兵打仗時十分神奇，危急時刻甚至會飛沙走石、黑雲突起、電閃雷鳴，神奇的程度與布陣將領的水平一致。其實，這些非常玄乎的描述，都是文學作品的誇張渲染，古代用兵打仗時排兵布陣的好壞與戰爭的勝負是有一定的關係，但遠沒有這樣神奇。

如何在兩軍對壘時，布置好有利的陣型，就涉及到了古代的「陣法」。「陣法」產生於冷兵器時代，目的是在短兵交戰下，戰場上要統一指揮，保持行動一致，全軍「一盤棋」。制定陣法的依據是作戰時，部隊所處的環境如地形、氣候，甚至士兵的精神狀態等，以及雙方兵力、武器裝備、後勤供應等情況，其中有不斷變化的因素，也有比較固定的情境，所以，陣法是變與不變的結合，往深處說，又是主將智慧與謀略的體現。可見陣法對於戰爭的勝負至關重要，在對陣中，主將的作用最為關鍵，往往大將被擒或被殺之後，就會導致「兵敗如山倒」的局面。《三國演義》中關羽斬顏良、誅文醜之後，袁軍大敗就是這個道理。

陣法在中國有十分悠久的歷史，《孫臏兵法》將春秋以前的古陣，總結為方陣、圓陣、疏陣、數陣、錐形陣、雁形陣、鉤形陣、玄襄陣、水陣、火陣等十陣。這些陣各有各的布法，根據需要而不斷變化。如方陣，是作戰的基本隊形，一般的大方陣都由小方陣組成，在組成上也有一定的規律。孫臏所謂的「薄中厚方」，即指方陣的核心兵力少，四圍兵力多，便於防禦。三國時期諸葛亮排練出來的「八陣圖」也很有名，八陣圖雖然在唐代就已經失傳，但是傳說中魚腹江邊的六十四堆壘石遺跡就是諸葛亮的八陣圖。唐代的李靖還在諸葛亮八陣圖的基礎上，排出了六花陣。宋代面對北方少數民族入侵的強大壓力，對陣法尤為重視，據《武經總要》記載，宋軍常用的陣型主要有常陣、平戎萬全陣和本朝八陣。明代中期以後，因為火器在戰場上的作用越來越大，為避免大面積傷亡，冷兵器時代以密集隊形為主的陣法遂逐漸走向了衰落。

（馬寶記）

084

諸葛亮北伐為什麼非要出祁山？

《三國演義》中，諸葛亮選擇六出祁山，北伐魏國，對於為什麼每次都要出祁山，《三國演義》第一百回《漢兵劫寨破曹真，武侯鬥陣辱仲達》記載，眾將問：「取長安之地，別有路途；丞相只取祁山，何也？」諸葛亮解釋說：「祁山乃長安之首也，隴西諸郡，倘有兵來，必由此地，更前臨渭濱，後靠斜谷，左出右入，可以伏兵，乃用武之地也。故欲取此，得其地利也。」這段話有一定道理，但並沒有道出事情的究竟。

諸葛亮在「隆中對」中，曾經設想了蜀漢建國後兩路出兵北伐曹操的路線：一路是從荊州出宛、洛，一路是由益州出秦川。但關羽失荊州後，兵出宛、洛的設想已經完全落空，故伐魏只能走秦川一路。而在諸葛亮北伐時期，兵出秦川，主要又有三條可行的道路可以選擇：一為子午道：子午鎮↓子午谷↓秦嶺↓石泉↓饒風關↓南子午鎮↓城固↓漢中；一為褒斜道：郿縣↓留壩↓褒城↓漢中；一為祁山道：成縣↓西和↓禮縣↓天水。三條道路中，前兩條道路距離魏國最近，但卻要經過秦嶺天險。祁山道因繞道甘、隴，路程最為曲折遙遠。

祁山位於甘肅禮縣東、西漢水北側，西起北岈（今平泉大堡子山），東至鹵城（今鹽官鎮），綿延約五十華里。在祁山道的祁山地區，西漢水由北蜿蜒而來，形成寬闊的河谷，不僅完全避開秦嶺山谷蜀道的曲折艱難，而且走寬闊平坦的祁山道，還不用擔心魏軍設伏。再者，西漢水兩岸田畝相望，人煙輻輳，大軍征戰，可以就地得到糧草補充。諸葛亮北伐捨近求遠，兵出祁山的根本原因就在於此。（李傳軍）

延伸知識　諸葛亮曾經「六出祁山」嗎？

「六出祁山」是《三國演義》最精彩的情節之一。說的是諸葛亮為了戰勝曹魏，興復漢室，先後六次北伐，兵出祁山（時屬曹魏雍州天水郡西縣，在今甘肅禮縣東北）。「六出祁山」的故事影響很大，已經成為諸葛亮「鞠躬盡瘁，死而後已」的精神象徵。但歷史上諸葛亮卻並沒有六出祁山，《三國演義》所寫，雖然於史有據，但卻很不準確。

據《三國志・蜀書・後主傳》及《諸葛亮傳》，歷史上諸葛亮確實與魏國進行了六次戰爭，這六次戰爭及其行軍路線大體如下：

一、建興六年（魏太和二年，西元二二八年）春，諸葛亮使趙雲、鄧芝為疑軍，據箕谷，魏大將軍曹真舉眾拒之。亮身率諸軍攻祁山，南安、天水、永安三郡叛魏應亮，關中響震。魏明帝命張郃拒亮，亮使馬謖督諸軍在前，與郃戰於街亭。謖違亮節度，舉動失宜，為張郃所破。亮拔西縣千餘家，還於漢中，戮謖以謝眾。三郡得而復失。

二，建興六年冬，諸葛亮兵出散關，進圍陳倉。魏將郝昭防守嚴密，諸葛亮攻城二十餘日，未能得手，因糧盡而退兵，回到漢中。

三，建興七年春，諸葛亮命部將陳式攻打武都（治所在今甘肅成縣西北）、陰平（治所在今甘肅文縣西北）。魏雍州刺史郭淮率眾欲擊式，亮自出至建威，淮退還，遂平二郡。

四，建興八年（魏太和四年，西元二三〇年）秋，魏國派大將司馬懿由西城，張郃由子午谷，曹真由斜谷，三路進攻漢中，諸葛亮嚴陣以待，但由於連降三十多日大雨，道路斷絕，魏軍無法與蜀兵交戰，只得退去。

五，建興九年春，諸葛亮再次出兵祁山，以木牛運糧草，魏明帝命司馬懿督兵抵禦。諸葛亮連戰皆勝，但因糧盡而退兵。

六，建興十二年春，諸葛亮率大軍由斜谷進軍，以流馬運糧草。諸葛亮占據武功縣五丈原，與司馬懿對峙於渭水南岸。司馬懿堅守不戰。亮每患糧不繼，使己志不申，是以分兵屯田，為久駐之基。相持百餘日，是年八月，諸葛亮病逝於五丈原。

由此可見，諸葛亮六次對曹魏作戰中，包括了五次主動出擊，一次被動防禦。諸葛亮的五次北伐中，直接出祁山兩次，間接出祁山二次，一次是亮到祁山南的建威，一次是魏延與郭淮戰於祁山一帶，還有兩次未經祁山。六出祁山之說，總體上雖然是以《三國志》記載的諸葛亮的北伐路線為依據，但具體而言，與史實有一些差距。（李傳軍）

085

街亭兵敗後，為什麼諸葛亮說自己人事方面不如劉備？

《三國演義》第九十六回寫馬謖丟了街亭重鎮後，北伐中原無望，於是諸葛亮下令斬馬謖。下屬把馬謖的頭呈上時，諸葛亮卻大哭不止。蔣琬問諸葛亮，既然馬謖已經正軍法，丞相為什麼還要哭？諸葛亮回答說：「吾非為馬謖而哭。吾想先帝在白帝城臨危之時，曾囑吾曰：『馬謖言過其實，不可大用。』今果應此言。乃深恨己之不明，追思先帝之言，因此痛哭耳！」

諸葛亮的這段話說的也是實情，在人事方面，劉備早就看出馬謖這個人誇誇其談，不可重用，但諸葛亮卻沒有意識到這一點，重用馬謖，導致街亭失守。另外，在其他人事方面諸葛亮也遠不如劉備的詭詐手段。在一般民眾心目中，劉備似乎在許多方面都不如諸葛亮，若沒有諸葛亮的輔佐，劉備就不可能有三分天下的格局。但是很多人沒有注意到，其實諸葛亮的長處在於宏觀把握全局和用兵打仗的足智多謀，而在知人用人的人事管理方面，則不及劉備。

如「趙雲單騎救主」一節，當趙雲突出曹軍重圍，將阿斗送還劉備時，劉備卻接過阿斗，將之擲於地上，說：「為汝這孺子，幾損我一員大將。」於是趙雲連忙從地下抱起阿斗，表示願意肝腦塗地以報劉備。這種籠絡人心的表演，諸葛亮是不會做的。而劉備先投呂布，又轉事曹操，接著投奔袁紹，後又轉奔劉表，可以說劉備不斷地在投奔他人，並且不斷地變卦，其人心可謂多變。而諸葛亮的兄長諸葛瑾因在東吳做官，東吳曾有意讓諸葛亮轉投東吳，但諸葛亮自隆中出山以來，只事劉備一人，其間沒有任何變卦，一片忠心。在人事方面，劉備對諸葛亮卻不十分放心，白帝城托孤時，劉備居然對諸葛亮說：「君才十倍曹丕，必能安國，終定大事。若嗣子可輔，輔之。如其不才，君可自取。」實際是逼迫諸葛亮發下誓言一生只做忠臣，不做稱王稱帝之事。這種人事手段也只有劉備才用得出來。所以，在《三國志》中，魯肅與周瑜都看出劉備其實是一個梟雄，而曹操青梅煮酒時也說，天下英雄只有他和劉備兩人。（宣炳善）

延伸知識｜為什麼道教徒往往精於自然而惑於人事？

道家文化與儒家文化的區別之一，就是道家關注人與自然的關係，如人在自然界的長壽問題、人類模仿自然界的動物等。所以《老子》第二十五章說：「人法地，地法天，天法道，道法自然。」也就是說，道家關注的是人與自然，而不是人與社會。中國歷史上的道教徒由於關注點在自然界，故在許多方面都表現出一個共同特徵，就是對社會與複雜人事的不適應。《三國演義》中，孫策最後把道士于吉殺了，可見于吉對於當時東吳的社會也不能適應得很好。

在中國民眾的心中，諸葛亮是一個神通廣大的道教人物，所以魯迅先生在《中國小說史略》中說：「狀諸葛之多智而近妖。」而民間卻十分喜歡這近妖的諸葛亮形象，究其原因，這與諸葛亮的道教徒身分有關。但不幸的是，諸葛亮作為一個道教徒，也體現出道教徒共同的特徵，就是精於自然之道，能夠呼風喚雨，卻昧於人事，陋於知人心。陳壽在《三國志》中評諸葛亮為人：「刑政雖峻而無怨者，以其用心平而勸戒明也。可謂識治之良才，管、蕭之亞匹矣。然連年動眾，未能成功，蓋應變將略，非其所長歟！」陳壽說「應變將略」非諸葛亮所長，說的就是他對人事社會的不適應。

諸葛亮因用人不當，多次釀成軍事失敗；劉備死後，諸葛亮主持蜀國的軍政大局，但是事無鉅細都由自己決斷，沒有致力培養後一代的政治人才。諸葛亮十分重用姜維，視之為接班人，但是姜維雖然十分聰明，卻只有將才而沒有帥才，在這一點上，諸葛亮的用人也是失誤的。姜維後來繼承諸葛亮遺志，多次北伐中原，都無功而返，徒耗國力。而且姜維也有嚴重的性格缺陷，《三國志》中形容姜維「外寬內忌」，不能容忍不同意見，因此行事獨斷。儒家文化則關注人與人、人與社會的關係。相對而言，儒士在社會上的適應能力整體來說是遠遠超過道教徒的，其社會經驗也更為豐富。像曹操手下的謀臣賈詡，孫權手下的謀臣張昭，都是典型的儒士，均安享天年，終身平安。（宣炳善）

086

諸葛亮憑什麼認為魏延必反？

魏延必反是《三國演義》裡描寫的，在《三國志》中，並沒有這種說法。

在《三國演義》裡，魏延最早出場是在第四十一回《劉玄德攜民渡江，趙子龍單騎救主》中，說劉備率眾人到襄陽城門時，被蔡瑁、張允阻擋，這時，「身長八尺，面如重棗」的魏延砍死守門將士，開了城門，之後遭到城內文聘的攔截，兩人大戰。戰罷，劉備因不想騷擾百姓而奔往江陵，魏延只好投長沙太守韓玄。第五十三回又寫道，在長沙，韓玄怪其傲慢少理，不肯重用。恰逢關羽來戰長沙，魏延救下黃忠、殺死韓玄，投靠關羽。等到劉備、諸葛亮來到，關羽引魏延來見諸葛亮，諸葛亮卻喝令刀斧手推下斬之。劉備驚問道：「魏延乃有功無罪之人，軍師何故欲殺之？」諸葛亮說：「食其祿而殺其主，是不忠也；居其土而獻其地，是不義也。吾觀魏延腦後有反骨，久後必反，故先斬之，以絕禍根。」在劉備勸說下，諸葛亮告誡魏延：「吾今饒汝性命。汝可盡忠報主，勿生異心，若生異心，我好歹取汝首級。」

從這段文字我們可以看到，魏延是有很高功勞的。在襄陽，當魏延拚死保護劉備入城時，劉備卻不辭而別，本來就對不起魏延了。在長沙，魏延立下了更大的功勞，諸葛亮反而要殺掉他，更讓人覺得不可思議。那麼，諸葛亮為什麼這樣對待魏延呢？我們先來看一看諸葛亮要殺死魏延的理由：其一，「食其祿而殺其主，是不忠也」，魏延並沒有真的要投靠韓玄，所謂「食其祿」不正確，至少是不準確。而「殺其主」則完全是為了劉備。不殺韓玄，關羽怎麼取勝？再說，身處亂世，擇主而事本身就無可厚非。其二，「居其土而獻其地，是不義也」。這更不對，不管是在襄陽還是長沙，魏延都是為了劉備才殺人的，不獻出城門劉備怎麼進去？站在劉備的立場來看，不可說是「不義」。其三，「吾觀魏延腦後有反骨，久後必反，故先斬之，以絕禍根」，此說就更屬無稽了。

那麼，諸葛亮為什麼要這樣對待魏延呢？其實主要是為了關羽。關羽攻打長沙卻久攻不下，諸葛亮如果將魏延之功置於關羽之上，心高氣傲的關羽如何肯服？所以諸葛亮權衡利弊，只好給魏延定一個莫須有的罪名：有反骨。至於說以後魏延真的反了，最合理的解釋是：被諸葛亮逼的。魏延有功受罰，而且諸葛亮一而再、再而三地如此對待魏延，即便魏延忍耐力再強，也終究會爆發的。（馬寶記）

延伸知識｜反骨說有什麼科學根據？

「反骨說」並沒有任何科學根據，按照人體骨骼結構，每一塊骨骼都是根據身體需要的自然組合，是一種客觀、自然的物質存在。而「反骨說」則給這些自然物質賦予了一種物質之外的精神內涵。

一般所謂的「反骨」含義有兩個：其一，是指人體身上位於頭部後下方和頸部上方之間的一塊骨骼，即一般所謂枕骨。因為每個人骨骼發育形態不完全相同，所以有人的枕骨較高，向上突出，這就是所謂「反骨」。也有人將額頭特別突出者稱為額前反骨。其二，是指人的一種精神和氣質，即具有強烈反抗意識和叛逆精神的人，人們通常稱之為有反骨。

「反骨說」也是古代相人術的重要內容，所謂相人術是指根據人的外貌特徵、精神氣質、心理特點以及行為動作等對人的過去和未來作出的一種判斷，這在科學不發達的古代社會裡十分興盛，甚至影響到現代社會。如果說其中還有一些合理因素的話，那就是根據精神氣質和心理特點對人的預見，因為人的精神和心理狀態往往能夠折射出人的複雜情感，這就給相人術者提供了一個觀察窗口，他們憑藉這些觀察再對人做出各種預見。

「反骨說」常常成為政治工具，成為上對下的懲治工具。諸葛亮說魏延有反骨，其實就是一種藉口，其主要原因就是魏延「性矜高」，秉性狂傲、恃才傲物、目中無人，這在諸葛亮看來是不可饒恕的罪過，所以要殺一殺魏延的威風。至於最後魏延真的反了，應該也是諸葛亮一步一步逼的。所以說，長「反骨」的人不是天生就有的，而是後天造成的。（馬寶記）

087

龐統和諸葛亮分別死於落鳳坡和五丈原，是因為宿命嗎？

《三國演義》中對龐統和諸葛亮之死都做了富有藝術感染力的渲染，尤其是對龐統和諸葛亮的喪命之處落鳳坡和五丈原，更做了許多神祕化的處理，讓人讀來不由產生他們的死都是宿命決定的感覺。

如《三國演義》第六十三回對龐統之死的描繪：「龐統迤邐前進，抬頭見兩山逼窄，樹木叢雜；又值夏末秋初，枝葉茂盛。龐統心下甚疑，勒住馬問：『此處是何地？』數內有新降軍士，指道：『此處地名落鳳坡。』龐統驚曰：『吾道號鳳雛，此處名落鳳坡，不利於吾。』令後軍疾退。只聽山坡前一聲炮響，箭如飛蝗，只望騎白馬者射來。可憐龐統竟死於亂箭之下。時年止三十六歲……先是東南有童謠云：『一鳳並一龍，相將到蜀中。才到半路裡，鳳死落坡東。風送雨，雨隨風，隆漢興時蜀道通，蜀道通時只有龍。』」據《三國志．龐統傳》記載：「進圍雒縣，統率眾攻戰，為流矢所中，卒，時年三十六。」龐統的確是死於箭傷，落鳳坡也實有其地，位於四川省德陽市羅江縣白馬關鄉龐統祠旁約二公里處。

諸葛亮病逝之處五丈原也實有其地，它位於寶雞市岐山縣境內，東距西安一百三十公里，西距寶雞五十六公里，北距岐山縣城二十五公里。《三國演義》第一〇四回記載，諸葛亮與司馬懿對陣，屯兵五丈原，因積勞成疾，而病入膏肓，「是夜，孔明令人扶出，仰觀北斗，遙指一星曰：『此吾之將星也。』眾視之，見其色昏暗，搖搖欲墜」。在交代後事之後，他溘然長逝。當夜，司馬懿夜觀天象，「見一大星，赤色，光芒有角，自東北方流於西南方，墜於蜀營內，三投再起，隱隱有聲」。將星隕落五丈原，也成為諸葛亮必死的徵兆。

按照《三國演義》的說法，龐統因地名犯諱而命喪落鳳坡，諸葛亮因將星隕落而病逝五丈原，看起來都具有濃烈的宿命色彩。甚至，《晉書．宣帝紀》也有司馬懿與諸葛亮鏖兵渭水，「亮不得進，還於五丈原。會有長星墜亮之壘，帝知其必敗」的說法，這說明，宿命的觀念在三國時期的確存在。不過，在今天看來，名諱之說、將星云云，顯然都是虛構的。龐統之死，是軍事部署不夠周密，而又冒險督戰而被冷箭射傷的結果，諸葛亮病逝五丈原，則是連年北伐，無功而返，導致虛耗心血、積勞成疾的結果，兩者都有主觀與客觀的原因存在。古人將此歸結為宿命，並不是很恰當。（李傳軍）

延伸知識｜諸葛亮死後，為什麼要求安葬在定軍山？

西元二三四年，諸葛亮再次北伐曹魏，駐軍於五丈原，與司馬懿對峙多日，後來病逝於此。《三國志．蜀書．諸葛亮傳》記載諸葛亮臨終遺命：「葬漢中定軍山，因山為墳，塚足容棺，斂以時服，不須器物。」諸葛亮的這一後事安排完全是道教徒的做法，強調的是與自然合一的樸素風格的薄葬，這和儒家的厚葬形成明顯的區別。

諸葛亮死後葬所是定軍山，而定軍山在漢中郡。漢中郡是蜀漢的北方屏障，也是蜀漢的北伐基地。早在「隆中對」中，諸葛亮與劉備分析天下形勢時，諸葛亮就提出「天下有變……將軍身率益州之眾出於秦川」的軍事策略，秦川就在漢中郡，再向北，就是曹魏的地盤了。諸葛亮選擇葬在蜀漢的北部邊疆，這實際上是向劉禪表示，他就是死了，也要死在戰場上。他生前封「武鄉侯」，死後追謚「忠武侯」，後人尊其墓為「武侯墓」。總之，離不開一個「武」字，這實際上是對諸葛亮一生的總結，也就是諸葛亮自出山輔佐劉備以來，致力於一統天下，但這武功未竟，諸葛亮自然引以為人生憾事。

北魏酈道元《水經注．沔水》記載：「諸葛亮之死也，遺令葬於其山，因其山勢，不起墳塋……莫知墓塋所在。」可見在北魏的時候，當地人就不知道諸葛亮的墳墓在哪裡了。

同時，定軍山的名稱也十分符合諸葛亮去世時壯志未酬的心情。定軍山在陝西勉縣城南，山上平板，可駐萬軍，故名定軍山。而當時諸葛亮五伐中原而未果，自然軍心不穩，而定軍山之名則在一定程度上使諸葛亮臨死時得到一點心理上的安慰。同時諸葛亮「遺令」葬定軍山，也是因為當時的朝廷輿論不利於他。因為當時蜀漢朝廷中，就有許多大臣對諸葛亮的多次北伐中原失利提出反對意見，認為不應再北伐，應該休兵養民。諸葛亮死後，當成都的老百姓為諸葛亮立廟向朝廷請願時，蜀漢朝廷就一直不同意。（宣炳善）

088

諸葛亮死後，為何口內含米七粒？

《三國演義》第一〇四回寫諸葛亮因魏延踏滅主燈，向北斗七星借壽不成，最終逝於五丈原。在臨死時，諸葛亮囑咐楊儀：「吾死之後，不可發喪。可作一大龕，將吾屍坐於龕中；以米七粒，放吾口內；腳下用明燈一盞；軍中安靜如常，切勿舉哀：則將星不墜。吾陰魂更自起鎮之。司馬懿見將星不墜，必然驚疑。」

諸葛亮為什麼要在死後讓部下給他含七粒米在口中呢？諸葛亮自己解釋說，這樣做則將星不墜，他的靈魂會起來鎮住天上的將星。在這裡，諸葛亮實際上談到了死後的靈魂問題。諸葛亮本來就是道教徒，因而對於靈魂的處理完全是依照道教的傳統。天上的北斗七星在道教文化裡占有極為重要的核心地位，其傳統就是向北斗七星祈求延長壽命，古書中叫做「祈斗」。因為北斗是由七顆星組成的，而在道家文化中，七是生與死的象徵。晉干寶《搜神記》卷三也記載：「南斗注生，北斗注死。凡人授胎，皆從南斗過北斗。所有祈求，皆向北斗。」《紅樓夢》第一〇二回也記載：「過了些時，果然賈珍患病，竟不請醫調治，輕則到園化紙許願，重則詳星拜斗。」說的都是在民間信仰中，北斗對生命的重要性。諸葛亮要求死後在其口內含米七粒，一方面是對道教北斗七星的崇拜，同時，七的數字觀念也是道教的靈魂周期數。

胡朴安《中華全國風俗志》下篇卷三江蘇省下的「浦東之喪禮」條下記載：「人死之第一夜，無論已殮或未殮，必延羽士若干向亡者誦讀經卷，乃為死者安定魂魄之意。二日回煞，俗傳人死之第三日，死者魂魄必返家一次……距死期之第七日，謂之首七。以後每七日一記，謂之二七、三七等稱，直至終七，適滿四十九天。」這段記載中的「羽士」就是指道士，按照道教的觀念，人死後，其靈魂不會馬上離開人的身體，這時就要用一樣東西鎮住體內的靈魂，而七粒米是鎮住體內靈魂的一種方式。按照道教觀念，人死後，靈魂停留的時間周期是四十九天。清代王應奎《柳南隨筆》卷四記載：「人生四十九日而魄生，亦四十九日而魄散。」道教的靈魂觀念也是以七為周期的，民間所說的「三魂七魄」即是道教的觀念。

清康熙四十年刻本《永寧府志》「風俗」條記載：「每七日必祭，用浮屠術，間事道教，至四十九日，七盡奄喪。」這些記載中提到的「浮屠」就是指佛教，而「間事道教」則說明人死後的「做七」風俗中有道教文化的遺留。漢代班固《白虎通》卷十一《崩薨》中對飯含的具體等級詳加表述：「所以有飯含何？緣生食，今死，不欲虛其口，故含。用珠寶物何也？有益死者形體。故天子飯以玉，諸侯飯以珠，大夫以璧，士以貝也。」諸葛亮被封為武鄉侯，屬於縣侯，而丞相的地位也相當於大夫一級，至少可以含璧，但是諸葛亮要求含飯，含飯是一般民眾的喪禮，這也是其樸素的道教思想的體現。諸葛亮一生清廉，死後也與民眾一樣含飯，並不特別標示自己的身分，真正達到了「淡泊明志，寧靜致遠」的境界。（宣炳善）

延伸知識—為什麼古代的達官貴人死後，口內往往要含玉？

古代達官貴人及皇親國戚之屬死後多含玉，這和中國玉文化密切相關。首先儒家文化認為，君子一定要佩玉，如《禮記・玉藻》云：「君子無故，玉不去身，君子於玉比德焉。」如《詩經・秦風・小戎》中說：「言念君子，溫其如玉。」東漢許慎《說文解字》釋「玉」為：「石之美者。有五德：潤澤以溫，仁之方也；緦理自外，可以知中，義之方也；其聲舒揚，專以遠聞，智之方也；不撓而折，勇之方也；銳廉而不忮，潔之方也。」這裡，實際上將玉儒家化了，認為玉有五德，即「仁、義、智、勇、潔」。這些都是從儒家的角度來分析玉與君子的關係，但從道教的角度來看，人活著的時候食玉、含玉，或者人死之後含玉都是對玉能通靈或者協和陰陽的崇拜。因為在道教看來，玉能避邪。《紅樓夢》中寶玉銜玉而生，通靈寶玉被視為賈府的命根，也是中國文化玉崇拜的一種體現。

《周禮・天官・玉府》記載：「王齊，則共食玉。」鄭玄注云：「玉是陽精之純者，食之以禦水氣。」皇家貴族除了佩帶寶玉外，還常年服食玉屑珠粉，《神農本草經》、《本草綱目》等古代醫藥名著中都有記載：「以玉石為屑，氣味甘平無毒，主治除胃中熱，喘息煩懣，止渴，屑如麻豆服之，久服輕身長年。能潤心肺，助聲喉，滋毛髮。滋養五臟，止煩躁，宜共金銀、麥門冬等同煎服，有益。」屈原《九章・涉江》中記載：「登崑崙兮食玉英，與天地兮比壽。」也就是想要服食崑崙的美玉，進而與天地齊壽。漢武帝時相信方士的話，在宮廷中造了一個巨大的銅人，用銅人托承露盤，方士們就取盤中露水和著玉屑讓漢武帝吃下去。道教中的食玉主要是為了長壽，而死後口中含玉則主要是為了避邪。

《古今圖書集成》卷三二五記載：「玉者，陽精之純，可以助精明之養者。」在道教的陰陽思想裡，玉是陽的象徵。而陽剋陰，所以，人死後口內含玉表示玉可護體，玉的陽氣護身，陰間的鬼怪就不敢前來打擾，故而人死後口中含玉，或身內放玉。《史記》中記載紂王在臨死前以珠玉纏身後自焚於鹿台，也是希望陰間的鬼怪不要來打擾他。這就不是含玉而是焚玉了，但也是對玉的陽性避邪的崇拜。（宣炳善）

089 諸葛亮的真實死因是什麼？

杜甫有《蜀相》詩讚美諸葛亮：「丞相祠堂何處尋？錦官城外柏森森。映階碧草自春色，隔葉黃鸝空好音。三顧頻煩天下計，兩朝開濟老臣心。出師未捷身先死，長使英雄淚滿襟。」尤其最後一句，讀來往往令人扼腕歎息。那麼諸葛亮為何「出師未捷身先死」呢？

諸葛亮原籍琅琊陽都，本是山東大漢，他「身長八尺」，可謂高大魁梧，隱居時常常抱膝長嘯，與一些朋友往來唱和。《三國志》中未曾提到諸葛亮身體孱弱之事，應該說，他擁有一個健康的身體。但是輔佐劉備以後，尤其是在劉備去世、後主劉禪繼位之後，由於事務繁重，諸葛亮身體日漸衰弱。

最瞭解自己的往往是敵人，諸葛亮的身體狀況，司馬懿曾經做出過準確判斷。《三國志．蜀書．諸葛亮傳》注引《魏氏春秋》記載，諸葛亮派遣使者去見司馬懿，司馬懿不問軍事之事，而是很詳細地問諸葛亮的飲食起居以及日常事務。使者說：「諸葛公夙興夜寐，罰二十以上，皆親攬焉；所啖食不至數升。」聽到諸葛亮這樣事必躬親、勞心勞力的生活狀態後，司馬懿認為：「亮將死矣。」果然，不久諸葛亮去世，年僅五十四歲。

為什麼司馬懿能準確判斷出諸葛亮的健康狀態呢？我們來看使者對諸葛亮生活狀態的描述。他首先提到「夙興夜寐」，指早起晚睡，用來形容人之勤勞，由此可見諸葛亮長期睡眠不足。他又事必躬親，「罰二十以上，皆親攬焉」，這樣每天自然要處理大量冗雜的事務，耗費大量的精力。加上吃的很少，「所啖食不至數升」。大量、長期的超負荷運轉，諸葛亮的身體早已處在嚴重透支狀態。

傳統醫學認為，百病生於氣。「怒則氣上，喜則氣緩，悲則氣消，恐則氣下，寒則氣收，炅則氣泄，驚則氣亂，勞則氣耗，思則氣結。」諸葛亮一生，念念不忘北伐中原，雖然屢次出師，但總因以弱抗強而難以實現大業。因此，對於諸葛亮來說，常年征戰、後備空虛都是難以徹底解決的問題，何況還有虎視眈眈的東吳，胸無大志的後主劉禪，兵強馬壯的魏國，這些都給他造成了極大的心理壓力，讓他寢食難安，可以說，後期的諸葛亮也深知自己所做之事難以實現，因此，他的人生追求已經是「鞠躬盡瘁，死而後已」，以死來效忠蜀漢而已。

因此，長期過度疲勞，心理壓力過大，營養不良，是諸葛亮的真實死因。（程曉菡）

延伸知識｜古人怎麼養生？

所謂養生，古稱「攝生」、「保生」、「衛生」、「道行」等，是指透過一定的方法修養身心，以達到健康長壽的目的。中國古人很重視養生，他們提出了形形色色的養生理論，總結出了許多行之有效的養生方法。正如《黃帝內經》所言，人們只要能夠「形神俱養、內外兼修」，就可以「度百歲乃去」。那麼古人怎麼養生呢？

首先要重視生命的存在價值，即所謂的養心，這是養生的基礎。只有先養心，才有可能養身而最終養生。怎麼養心呢？道家、儒家、佛家的觀點不盡相同，但在基本理論上又有相似之處。例如人們普遍認為，養心的關鍵在於保持較高的道德情操，擁有健康、樂觀、理智、豁達、開放的心態。古人認為，大起大落的情緒變化最容易引起身體疾病。《黃帝內經》認為，喜、怒、憂、思、悲、恐、驚等七情常常是致病主因，所謂「怒傷肝、喜傷心、思傷脾、憂傷肺、恐傷腎」。因此，只有保持理智與平和，人們才能時時處處以平常心態對待人生的任何起伏，做到不以物喜、不以己悲，唯其如此，才能延年益壽。諸葛亮自己就說過：「非淡泊無以明志，非寧靜無以致遠」，可見他深知養生之道，可惜自己卻無法實現。

當然，在養心的基礎上，人們也可以透過一些方法來保養身體。例如分清春夏秋冬四季之特點，順應每個季節來調整飲食以及健身方法，就能夠達到養生目的。根據《黃帝內經》介紹，春天萬物復甦，人可以晚睡早起並且「廣步於庭」，多走路，這樣可以養生；夏季熱，人應當保持心態平和，不要亂發脾氣；秋天人應當早睡早起，甚至雞叫就起床；冬天寒冷，人應當早睡晚起，這樣的方法體現出「春夏養陽，秋冬養陰」的養生原則。

同時，一定不能對現實世界的財富、地位、女色、珍饈等有太大的欲望，若人的欲望太強烈，人體就會處於不平衡狀態中，並最後導致疾病產生。

《黃帝內經》認為「久視傷血、久臥傷氣、久坐傷肉、久立傷骨、久行傷筋……」因此，人們要適量運動，不要使身體處於某種單一的運動狀態中。在這樣的思想指導下，儒家就用「六藝」來教育弟子，使他們既能夠讀書寫字，又練習騎馬射箭，還輔之以音樂、舞蹈、數學、駕車等專業，使學生調節身心，以達到養生之目的。

最後，要保持一定的營養攝入，古人常說「食穀者生」，《黃帝內經》說：「故穀不入，半日則氣衰，一日則氣少矣。」（程曉菡）

090

「曲有誤，周郎顧」，周瑜彈的是古琴還是古箏？

《三國志．吳書．周瑜傳》記載：「瑜少精意於音樂，雖三爵之後，其有闕誤，瑜必知之，知之必顧。故時人謠曰：『曲有誤，周郎顧。』」說的就是周瑜即使在酒過三巡之後，只要有人演奏曲子出了差錯，還是會轉過頭來盯著對方看。那麼，周瑜彈的是古琴還是古箏呢？

古琴的琴身用梧桐樹的樹幹製成，琴面繫有七根弦，所以古琴也叫七弦琴。古箏是民間樂器，最早的是五弦，後來發展到有二十多根，琴弦的多少，也決定了其音樂表現能力的差異。古琴的音色含蓄深沉，古樸典雅，但聲音相對較小，一般在室內彈奏，也是傳統文人修身養性的主要方式。漢代桓譚《新論．琴道》記載：「琴之言禁也，君子守以自禁。」文人的琴、棋、書、畫四藝中，古琴之所以列為第一，主要也是從君子修身養性的角度考慮。而古箏因為弦多，所以音域寬廣，聲音高急宏偉，多在室外演奏。古箏相傳是秦國的蒙恬所作，正好反映了秦國高亢峻急的民風，正如後世的秦腔，也是音聲高急。東漢劉熙在《釋名》卷七《釋樂器》中記載：「箏，施弦高急，箏箏然也。」可見東漢時期是有古箏的，而且劉熙對古箏的音樂特徵也相當瞭解。

歷史上，古琴產生的時間比古箏要早一些。《三國志》中說的「曲有誤，周郎顧」，其實是一個籠統的描述，並沒有指明是琴曲還是箏曲，或者其他的音樂曲子。當時記載已不可考，但後世詩詞可以作一個推測。唐人李端《聽箏》詩中說：「鳴箏金粟柱，素手玉房前。欲得周郎顧，時時誤拂弦。」詩中的歌女為了得到心上人回眸一顧，故意彈錯曲子。這樣看來，周瑜會彈古箏大約是沒有問題的。

不過，漢代三國時期，文人士大夫中最為流行的樂器是古琴而不是古箏。據東漢應劭在《風俗通義・聲音第六》「琴」條目下的記載：「君子所常御者，琴最親密，不離於身。」也就是說，當時的士人君子最常用的樂器就是琴，而不是古箏。《三國演義》第九十五回寫諸葛亮擺空城計，在城上彈古琴，結果嚇退了司馬懿。雖然歷史上並沒有諸葛亮的空城計，但是諸葛亮精通音樂卻是無疑的。三國魏的嵇康也以善彈琴曲《廣陵散》而著名，可見三國時期，士人愛彈琴是一個普遍的現象。

二〇〇八年的電影《赤壁》中也有周郎顧曲的一幕，其演奏者是一名小童，而周郎顧的曲卻是笛聲。但電影中有一個情節：諸葛亮與周瑜同在室內各彈一古琴，互相交流琴藝，抒發聯合抗曹的共同決心。雙方彈的琴曲就是《廣陵散》，這是琴曲中唯一音聲比較急促的一個曲子。《赤壁》這樣處理並不是沒有歷史依據，因為古琴多在室內演奏，更多的是心聲的交流與溝通。（宣炳善）

延伸知識——《廣陵散》講述的是什麼故事？

「散」有散樂之意。先秦時已有散樂，是一種民間音樂。中國古代的曲名，大多都有一定的本事，即主題故事。《廣陵散》也不例外。王世襄先生在一九五六年四月號《人民音樂》上發表《古琴名曲〈廣陵散〉》一文，認為《廣陵散》的內容主要來自於戰國時期聶政為父報仇，刺殺韓王的故事。說的是聶政的父親為韓王煉劍，誤了期限，慘遭韓王殺害。聶政為替父報仇，入山學琴，經十年苦修，終成絕技。韓王聞其琴藝，召入宮演奏。演奏之際，聶政從琴中抽刀，殺死韓王。聶政怕連累家人，自毀容貌而死。韓國懸賞千金徵求刺客姓名。聶政母親前去認屍，哭訴刺韓王事件的本末，並死在聶政的身旁。這個樂曲和故事最早見於漢蔡邕的《琴操》，名為《聶政刺韓王曲》。自漢代以後，《聶政刺韓王曲》逐漸按照它流行的區域來命名，改稱為《廣陵散》。但也有人認為《廣陵散》是描寫聶政刺韓相俠累的故事，與聶政刺韓王的說法稍有不同。（李傳軍）

091

三國將帥為什麼喜歡下圍棋？

圍棋是中國古代流傳至今的智力競技運動，它起源於春秋時期，至兩漢而有所發展，三國魏晉時期則開始流行於全中國。孫吳有一位大臣叫韋曜，寫過一篇《博弈論》，裡面說：「今世之人，多不務經術，好玩博弈，廢事棄業，忘寢與食，窮日盡明，繼以脂燭。」圍棋在三國時代的風靡程度，由此可見一斑。

三國時，曹魏君臣中圍棋名手眾多。據《三國志．太祖紀》記載，曹操善於圍棋，他與當時著名棋手山子道、王九真、郭凱都交過手，旗鼓相當，堪稱對手。曹魏「建安七子」中的王粲不僅是棋壇高手，而且記憶力特好。《三國志．王粲傳》說他「觀人圍棋，局壞，粲為覆之，棋者不信，以帕蓋局，使更以他局為之。用相比校，不誤一道」。

蜀漢將帥中也不乏圍棋名家。費禕是諸葛亮推薦的繼承人，諸葛亮死後執掌蜀漢軍政大權。《三國志．費禕傳》說，費禕很喜歡下圍棋。後主劉禪延熙七年（二四四），魏軍大舉攻蜀，費禕率兵防禦。當時，軍情緊急，蜀軍隨時都有戰敗的可能。費禕卻從容不迫，指揮若定。光祿大夫來敏前來送行，費禕卻招呼他與自己下棋。「於時羽檄交馳，人馬擐甲。嚴駕已訖，與敏留意對戲，色無厭倦。」費禕常下圍棋，且從不影響政事，很有政治家的風度。

孫吳將帥中，孫策、呂範、諸葛瑾、陸遜等都是圍棋高手。《三國志・呂範傳》提及，呂範攻打山越回來，急於向孫策彙報戰事。孫策並不讓呂範站著乾講，而是與他一邊下棋一邊談論戰事。諸葛瑾和陸遜兩位棋迷的性格則一急一緩，風度截然不同。《三國志・陸遜傳》載，吳嘉樂五年時，孫權令陸遜和諸葛瑾率軍攻打魏國。因軍情泄露，形勢嚴峻。諸葛瑾緊張得坐臥不安，更無心下棋。陸遜則不慌不忙，繼續饒有興致地與部屬對弈。孫吳圍棋名手水準很高，精彩的對局被人蒐集起來，輯成專集，即是今天所謂的棋譜。敦煌發現的《棋經》中，就曾兩次提到「吳圖二十四盤」；唐代詩人杜牧的詩中，也有「一燈明暗覆吳圖」的詩句，可見吳國圍棋文化影響之遠。

下圍棋是一個智力博弈的過程，棋局的變化瞬息萬變，奧妙無窮，高明的棋手全神貫注地思考，易於達到一種靜謐玄妙、物我兩忘的境界，因而圍棋通常也被雅稱為「手談」或「坐隱」，這與當時士人習染的魏晉風度有微妙的相似之處。（李傳軍）

延伸知識　圍棋九品是何時起源的？

三國時期，開始對圍棋棋手評品定級。曹魏邯鄲淳的《藝經》裡講：「夫圍棋之品有九：一曰入神，二曰坐照，三曰具體，四曰通幽，五曰用智，六曰小巧，七曰鬥力，八曰若愚，九曰守拙。九品之外，今不復云。」邯鄲淳的圍棋九品用詞都很玄妙，普通人很難講得清楚，更不易理解。明人許仲治《石室仙機》講：一品入神，是指：「變化不測，而能先知，精義入神，不戰而屈人之棋，無與之敵者」，這是上上。二品坐照，是指：「入神饒半先，則不勉而中，不思而得」，有「至虛善應」的本領，這屬上中。三品具體，是指：「入神饒一先，臨局之際，造形則悟，具入神之體而微者也」，這算上下。四品通幽，是指：「受高者兩先，臨局之際，見形阻能善應變，或戰或否，意在通幽」，這是中上。五品用智，是指：「受饒三子，未能通幽，戰則用智以到其功」，這算中中。六品小巧，是指：「受饒四子，不務遠圖，好施小巧」，這是中下。七品鬥力，是指：「受饒五子，動則必戰，與敵相抗，不用其智而專鬥力」，這勉強算是下上。至於下中和下下，許仲治沒有解釋，大概是臭棋簍子，水準太差，很難入專家通人的法眼了。

圍棋評級為九品，大概是受了曹魏九品中正制的影響。九品中正制又名九品官人法，其主要內容為：在各郡、各州設置中正，中正根據家世、道德、才能對本鄉人物優劣出具概括性的評語，對人物作出高下的品定，稱為「品」。品共分為九級，即上上、上中、上下、中上、中中、中下、下上、下中、下下。但在現實操作中，最高的一品只有古代聖賢才能達到，形同虛設，二品實為最高品。中正評定的品級又稱「鄉品」，和被評人的政治前途關係重大。由人品的優劣而及於棋藝的高低，也是時代風氣使然。（李傳軍）

092

三國時期為什麼流行飲茶之風？

飲與食連稱，是因為人們在進食的同時，離不開以水為基礎的飲品。在各類飲品中，尤以茶具代表性。唐代陸羽的《茶經》是中國第一部有關茶的專著，但中國的茶文化早已源遠流長。中國人飲茶的記載早在漢時王褒的《僮約》中就有記載，三國時期則是飲茶風氣逐步形成的時期。

《三國志．吳書．韋曜傳》載：吳主孫皓「每饗宴，無不竟日，坐席無能否率以七升為限」。韋曜酒量小，「素飲酒不過二升」，起初孫皓對他特別優待，「密賜茶荈以當酒」。關於三國時吳下已普遍飲茶的情況，我們還可從《秦子》的記載來說明：「顧彥先曰，有味如臛，飲而不醉；無味如茶，飲而醒焉，醉人何用也？！」《秦子》是孫吳時秦菁撰寫的作品，彥先是顧榮的字。顧榮是吳郡吳縣人，仕吳為黃門侍郎。吳亡入晉，歷任尚書郎、太子中舍人等職。

魏晉南北朝時，南方已普遍種植茶樹。東晉常璩《華陽國志．巴志》載：其地產茶，用來「納貢」，又載園有「香茗」，涪陵郡「惟出茶、丹、漆、蜜、臘」。該書《蜀志》載：「州郝縣，山出好茶。」

《南中志》載：平夷縣「有兆津、安樂水。山出茶、蜜」。東晉裴淵《廣州記》載：「西平縣出 盧，茗之別名，葉大而澀，南人以為飲。」宋山謙之撰《吳興記》說：「烏程縣西四十里有溫山，出御荈。」

三國時，飲茶之風相當普及。據時人張揖所著《爾雅》記載，人們在喝茶前，先將茶葉碾成細末，加上油膏等，製成茶餅或茶團，飲時將其搗成碎末，用滾水沖泡，並加蔥、薑、桔等調味。正如《廣志》卷上所云：「茶叢生真，煮飲為茗。茶、茱萸、檄子之屬，膏煎之，或以茱萸煮脯胃汁，謂之曰茶。有赤色者，亦米和膏煎，曰無酒茶。」這樣的飲茶方式還保留著茶作為藥物的特徵。事實上，茶最初的確是作為藥物被人們認識的，人們飲茶，也是愛其能提振精神，蕩昏寐。唐陸羽《茶經》講茶的效用：「茶之為用，味至寒，為飲最宜。精行儉德之人，若熱渴凝悶，腦疼目澀，四肢煩，百節不舒，聊四五啜，與醍醐甘露抗衡也。」茶的這些效用，自然會被魏晉名士所喜愛。特別是隨著孫吳士人的入仕晉朝，飲茶的風氣由南而北，逐漸擴大流行區域，至南朝時，最後成為漢族士人最喜歡的飲食習慣之一。（李傳軍）

延伸知識 茶為什麼又叫做酪奴？

茶在中國古代還有酪奴的別號。其起源非常有意思。原來，魏晉南北朝初期，中國北方的少數民族並不飲茶，但後來隨著一些南方士人歸附北朝，盛行於南方的茶也流入了北方。南齊大儒王肅投降北魏之後，仍保持在南方的飲食習慣，「不食羊肉及酪漿等物，常飯鯽魚羹，渴飲茗汁」。北魏孝文帝在一次宴會上問他：「羊肉何如魚羹，茗飲何如酪漿？」王肅回答：「羊者是陸產之最，魚者乃水族之長。所好不同，並各稱珍。以味言之，甚是優劣。羊比齊、魯大邦，魚比邾、莒小國。唯茗不中，與酪作奴。」因此北人戲稱茶為酪奴。（李傳軍）

093

三國時期男人為何也化妝？

先秦直至秦漢，男性往往以雄壯美為追求目標，只有被當作玩物的孌童和以樂舞諧戲為業的俳優之流，才作柔弱之態。但是三國魏晉時代，男性群體中卻悄然流行化妝。他們最喜歡的就是「塗脂」、「抹粉」。《三國志．魏書．王衛二劉傅傳》記載，被譽為「建安之傑」的曹植，為了接見著名儒生邯鄲淳，就曾「延入坐，不先與談。時天暑熱，植因呼常從取水自澡訖，傅粉」。很明顯地記載了曹植擦粉的事實。

除了曹植之外，還有一些世家大族子弟也喜歡傅粉。《世說新語．容止》篇劉孝標注引《魏略》記載：「晏性自喜，動靜粉帛不去手，行步顧影。」帛本指絲織物，粉帛的功效類似後來的「粉撲」，作為大將軍何進之孫，曹操養子，當時最有名的哲學家之一，何晏居然隨身攜帶粉撲，顯然是為了隨時「補妝」。可見，何晏亦經常傅粉。

這種傅粉的風氣愈演愈烈，發展到南朝齊梁時期，達到了頂峰，貴族子弟幾乎人人傅粉，不僅傅粉，還「塗朱」，就是以紅色裝飾容顏，顯然，這類似於後來的塗胭脂。《顏氏家訓．勉學》曰：「梁朝全盛之時，貴遊子弟……無不熏衣剃面，傅粉施朱」，居然發展到人人如此，可見其風氣之濃烈。

除了傅粉之外，三國時男性還喜歡熏香。曹丕就喜愛熏香，據《三國志・魏書・方技傳》記載：「帝將乘馬，馬惡衣香，驚咬文帝膝，帝大怒，即便殺之。」魏文帝曹丕熏香，由於香氣過於濃烈，使得馬匹受驚而去咬曹丕的膝蓋。

因此，漢末建安年間以來，男人也喜歡化妝熏香，可謂獨特的社會風尚，而當時為何男人喜歡化妝呢？

這和當時的社會風尚有很大關係。漢代社會，隨著儒家學說的興盛，讀書人的言行舉止幾乎完全被儒家的道德倫理體系規範化。這種規範化的體系要求讀書人恪守各種禮儀道德，要從思想上認同並完全恪守「三綱」，主動認同國家政權和統治思想的神聖性，不能發表「異端邪說」；外在行為上要嚴格遵循《禮記》等儒家規則的約束，不能隨意而為。總之，在這樣的要求下，讀書人要做到恭順、孝敬、友悌、節儉、勤奮、忠義、謙卑、守禮、知恥，追求完美的道德人格。因此，此時的讀書人大多是內斂型性格，他們的思維模式和外在行為表現大同小異，呈現出來的是缺乏個性的群體性格特徵。但是隨著大漢帝國的衰微，儒家這套比較僵硬、死板的規範逐漸被讀書人摒棄，他們不再認同這些規範，一些新生的知識分子群體甚至開始有意識的打破這一規範。曹操即是這方面的代表人物，他招攬賢才之時明確提出要「唯才是舉」。這在當時社會上引起了很大的連鎖反應，人們更加不願意再拿儒家體系來框架自己的生活，於是，各種有意識地張揚自己個性的行為逐漸出現，男性化妝，也是這一風氣的直接產物。（程曉菡）

延伸知識—什麼是峨冠博帶？

《三國演義》第三十七回，劉備正準備拜訪諸葛亮時，門僮通報「門外有一先生，峨冠博帶，道貌非常，特來相探」。劉備異常激動，以為是諸葛亮來訪。那麼，什麼是峨冠博帶呢？當時的司馬徽等人為什麼會喜歡這樣穿著呢？

峨冠博帶指高冠和闊衣帶，這是古代儒生或士大夫的裝束。三國時期的名士們，尤其喜歡這樣寬大的衣服。例如庾子嵩身材矮小，可是衣服的腰圍居然有十圍，按照現在的計量方式，他的衣服高度和腰身比例大概是一樣的。可見當時人們以衣服寬大為美。

其實峨冠博帶並非三國魏晉時代人們的獨創，早在先秦時期，屈原的服飾就呈現出峨冠博帶的風格，他在《離騷》中提到自己穿著時言道：「高餘冠之岌岌兮，長余佩之陸離。」岌岌言頭上之冠極其高。《九章・涉江》亦言「帶長鋏之陸離兮，冠切雲之崔嵬」。崔嵬亦有高聳、高大之義。故而，屈原裝束的最大特點，亦是峨冠。而根據屈原其餘作品分析，屈原的服飾也在追求寬袍大服。

為什麼當時人們喜歡這樣的裝束呢？三國時代，玄學開始興盛，人們最仰慕的不再是儒家的溫柔敦厚傳統，而是更嚮往瀟灑出塵的道家風範。人們越來越熱衷研究《老子》、《莊子》和《周易》，醉心「玄之又玄」的道家哲學境界。這種對道家精神的追求表現在外在儀容上，就是傾向於寬敞、灑脫的服飾。同時，自何晏開始，讀書人都喜歡服用「五石散」，這是一種有極大副作用的補藥，人們在服食後，一定的時間會渾身發熱，皮膚敏感，如果身體的熱量排不出去會有性命之憂。因此，為了保持身體排熱順暢，人們也往往選擇寬大的衣服。

峨冠博帶有很好的視覺效果，看起來飄飄有淩雲之姿，給人一種飄逸、灑脫、率性的神仙姿態。「從容出入，望若神仙。」這麼瀟灑飄逸的服飾和三國魏晉時代的玄學風氣相結合，自然就成了人們最熱衷追求的時尚。一九六一年在南京西善橋發現的《七賢與榮啟期》的磚印壁畫，壁畫主要描繪了竹林七賢與春秋時期的傳說人物容啟期，圖畫中他們的衣服都有很多褶皺，袖子和下裳很流暢地拖在地上。同時他們都領口大開，袒胸露背。峨冠博帶的風尚一直延續到南朝，文人士大夫「皆尚褒衣博帶」。《世說新語．企羨》記載著名的王家子弟王恭曾經「乘高輿，披鶴氅裘」在「微雪」時出行，看見的人感歎道：「此真神仙中人！」（程曉菡）

094

為什麼西域來華的和尚都是魔術師？

佛教自漢代傳入中國，但一直未得到大規模的傳播，這種狀況，到了三國魏晉時期才有所改變。魏晉時期佛教的迅速傳播，除與當時的社會動亂所造成的民不聊生的社會條件有關，也與佛教高僧們所選擇的傳教方式有著密切的關係。在這方面，佛教僧人的法術發揮了不可忽視的作用。

為了使人相信「佛法無邊」，當時許多僧人都會幾套魔術作為傳教的手段。據梁釋慧皎《高僧傳．康僧會傳》記載，三國時期，天竺和尚康僧會剛到東吳的時候，孫權對他的法術表示懷疑，問他「有什麼靈驗」？康僧會說，可以用佛祖的舍利來證明——舍利是佛祖涅槃後晶化的佛骨，神曜無方。孫權說「若能得舍利當為造塔，如其虛妄，國有常刑」。康僧會請求以七天的時間來讓佛舍利現世。結果「三七日暮猶無所見，莫不震懼。既入五更，忽聞瓶中槍然有聲。會自往視，果獲舍利。明旦呈權，舉朝集觀。五色光炎照耀瓶上，權自手執瓶瀉於銅盤，舍利所沖盤即破碎。權大肅然驚，起而曰『希有之瑞也』」。康僧會空手變出了一顆「舍利子」，獲得了孫權的信任，佛教在孫吳才站穩腳跟。

類似的事蹟，在《高僧傳》上的記載很多。像曇無讖「明解咒術，所向皆驗」，他曾咒石出水，號稱「大咒師」；耆域曾在襄陽無船渡江，虎見之而「弭耳掉尾」，又曾癒腳疾、活枯樹、醫死人；涉公「能以密咒，咒下神龍」，在炎旱期間降下大雨。佛圖澄是西域高僧中擅長幻術的最突出代表，據《高僧傳·佛圖澄傳》記載，他「善誦神咒，能役使鬼物。以麻油燕脂塗掌，千里外事皆徹見掌中」。又能「聽鈴音以言事，無不效驗」。他還能以法術生青蓮、療痼疾、致活水、識吉凶，又能以酒滅火、清洗五臟、知過去未來等等，神祕莫測，不一而足。此外《搜神記》上還載有天竺胡人在晉懷帝永嘉年間來到江南表演斷舌復續、剪帶還原、吐火吞刀以及燒物不傷等種種幻術。

由此可見三國兩晉時期佛教僧人，很多都是高明的魔術師，他們的「飛空幻惑」與「異端奇術」，讓普通百姓和帝王權貴們眼花繚亂，對佛教的崇敬之情與日俱增，非常有助於佛教的流傳。（李傳軍）

延伸知識 什麼是佛舍利？它在佛教中象徵什麼？

康僧會因為變出一顆舍利子而贏得孫權的信任。那麼，佛教中的舍利究竟是什麼寶物呢？舍利是佛祖和佛教得道高僧的晶化遺骨。據說，佛陀釋迦牟尼逝世後，遺體經弟子阿難等人火化後，獲得舍利子無數，據說分成三份，一份升天，一份入龍宮，一份留存人間。其人間一份，由摩揭陀等八國均分，各建佛塔以志永久紀念。目前在中國陝西扶風和北京尚珍藏佛指舍利和佛牙舍利。在蘇州的虎丘塔內，還發現迦葉古佛舍利，這在全世界還是第一次，彌足珍貴。歷代高僧火化後也時有舍利出現，如後秦鳩摩羅什的舌舍利、唐玄奘的頭骨舍利、民國太虛的心臟舍利和印光的五色舍利等。

佛教認為，舍利是佛祖無上法力和大德高僧們修行的結晶。如《元錙績霏雪錄》曰：「舍利，按佛書室利羅，或設利羅，此云骨身，又曰靈骨。有三種色，白色骨舍利，黑色髮舍利，赤色肉舍利。」又《金光明經捨身品》說：「此之舍利，乃是無量戒定慧香之所熏馥。」所以，佛舍利在佛教信徒中具有崇高的地位。在中國西安法門寺，就有一顆唐代留存至今的佛祖釋迦牟尼的指骨舍利，是中國傳世文物中的無價瑰寶。（李傳軍）

095

葡萄為什麼是三國帝王最喜歡的水果？

中國古代的帝王中，喜歡葡萄和葡萄酒者大有人在，但以皇帝之尊著文立說，極力讚美葡萄的好處的，大約只有魏文帝曹丕一個人。這是為什麼呢？

葡萄，漢唐文獻中多稱「蒲陶」、「蒲桃」或「蒲萄」，原產於地中海及裡海地區，遠古至上古時代隨著中西亞各民族的活動和遷徙，逐漸東傳。據《史記》卷一二三《大宛列傳》記載說：漢時「（大）宛左右以蒲陶為酒，富人藏酒至萬餘石，久者數十歲不敗。俗嗜酒，馬嗜苜蓿。漢使取其實來，於是天子始種苜蓿、蒲陶肥饒地……則離宮別觀旁盡種蒲萄、苜蓿極望」。但在漢代，葡萄主要種植在皇家苑囿，並未見有向社會大量推廣栽培的記載。

到了三國時期，葡萄主要仍是皇家園囿中的寵物之一，但已不再局限於皇家園林，它的藤蔓開始伸出了禁苑之外，民間也有人栽種葡萄了。關於魏晉北朝時期社會上種植葡萄的記載不少，如《太平御覽》卷九七二《果部》九引《秦州記》曰：「秦野多蒲萄」，可見當時秦州（治所在今甘肅省天水市）一帶多有種植；同書同卷又引《本草經》曰：「蒲萄生五原、隴西、敦煌，益氣強志，令人肥健延年輕身。」關中京兆地區，自漢以後，葡萄逐漸由禁苑向民間引種，在魏晉時期，葡萄種植還不斷東進，《太平御覽》卷九七二《果部》九又引鍾會《蒲萄賦》曰：「余植蒲萄於堂前，嘉而賦之，命荀勖並作應禎……」則曹魏時期在黃河下游地區，也有達官貴人開始種植葡萄了。

三國及南北朝時期葡萄酒盛行，很大程度上要感謝魏文帝曹丕，曹丕也許是世界上最熱愛葡萄的皇帝，熱愛到把給群臣的詔書變成一篇吟詠葡萄及葡萄所釀美酒的散文。曹丕在《詔群臣》中寫道：「三世長者知被服，五世長者知飲食。此言被服飲食，非長者不別也……中國珍果甚多，且復為說蒲萄。當其朱夏涉秋，尚有餘暑，醉酒宿，掩露而食。甘而不飴，酸而不脆，冷而不寒，味長汁多，除煩解渴。又釀以為酒，甘於鞠　，善醉而易醒。道之固已流涎咽唾，況親食之邪。他方之果，寧有匹之者？」有了魏文帝的親自提倡和廣告效應，葡萄的種植和葡萄酒業在魏晉時期得以突飛猛進地發展，葡萄和葡萄酒理所當然成為上流社會的最愛，被譽為水果中的珍品。（李傳軍）

延伸知識──為什麼說佛教文化促進了葡萄和葡萄酒的傳播？

葡萄雖然早在漢代就傳入中國，但它的大規模播種和流行，與佛教文化的促進作用也是分不開的。佛教視葡萄紋樣為吉祥，佛經《四分律》卷五十中提到，以葡萄藤蔓裝點僧舍佛塔，可增莊嚴。在印度佛教最早期的石窟寺山奇（前二到一世紀），第一塔的南門西柱的東面《佛髮供養圖》浮雕邊緣，還有北門東柱的《帝釋窟說法圖》之蓮花兩側，都出現了葡萄藤蔓的浮雕。西元前二世紀到西元二世紀，犍陀羅藝術中的葡萄紋，常伴隨在佛像的頭頂或身側。隨著佛教在魏晉隋唐的興盛，葡萄紋樣也進入敦煌、雲崗、龍門等佛教名勝地。

玄奘在《大唐西域記》卷二載，古印度風俗貴葡萄酒而輕米酒，「若其酒醴之差，滋味流別：蒲萄甘蔗，剎帝利飲也；醵檗醇謬，吠奢等飲也」。當時的印度婆羅門貴族戒酒，以飲葡萄果漿為風尚，西域各國也傳為風俗。西元六三〇年玄奘自西域前往印度取經，一路上西域各國如屈支（龜茲）國和突厥的素葉水城（碎葉），都以葡萄漿款待法師。（李傳軍）

096

三國時期的上層社會為什麼實行分餐制？

三國時期上層社會實行的是分餐制，這與當時席地而坐的生活習慣有關。漢靈帝時，胡床傳入，其樣子猶如現在的矮凳，但這種胡床只為帝王所專用，一般大臣沒有權利使用。所以漢代三國時期，中原地區人們普遍習慣席地而坐，也就是人坐在席子上，席子前面放一個相當於飯桌的案。每一個人前面放一個案，裡面有飯有菜。上層人士的案上往往有七個盤子，一般民眾的案裡，就沒有這麼多的盤子。

漢代以前，由於去上古不遠，所以禮制對飲食的規定很嚴格。如《論語．鄉黨》記載孔子對食物的要求是：「色惡，不食。臭惡，不食。失飪，不食。不時，不食。割不正，不食。不得其醬，不食。」就是講君子不能吃變質的食物，也不能吃零食，也不能吃切得歪歪扭扭的食物，沒有合適的醬，也不吃。同時，儒家強調吃飯時要尊卑有序，也就是座位要分出東西南北的高下之分。如《鴻門宴》中項羽東向坐，是最尊貴的位置；亞父范增南向坐，是第二尊貴的位置；劉邦北向坐，是第三尊貴的位置；而張良則是西向坐，是最末位。這四個人坐四個不同的方向，每個人前面都是一個案，就是分餐，而酒一類的公共飲料就放在銅樽中，由侍從舀取給賓客。所以漢代三國時候，人們吃飯時，彼此之間的距離都很遠。

到了唐宋時期，西域胡人的胡床大量傳入，於是人們就逐漸不再坐在地上，而改坐在凳子上吃飯了。人們坐得更高了，於是身體活動的餘地也就更大了，而交流也更加近距離了。人們開始坐得更近，並一起共用一張飯桌。

可以說，分餐制是等級森嚴的禮制秩序，而合餐制是社會民主的象徵。（宣炳善）

延伸知識　古代座次禮儀有哪些？

中國自古就是一個講究禮儀的國度，因此古代的座次禮儀也就顯得非常繁縟，因地點的變換而不同。在古代中國，房屋建築一般分為前堂和後室兩部分。前堂也稱明堂，面積較大，向南敞開，一般為會客行禮之所。後室面積較小，並且東西長，南北窄，作寢室則住人，為廟室則安神。前堂與後室之間有牆隔開，牆體西面開有窗，稱為「牖」，東面開有門，稱為「戶」。在前堂內以戶與牖之間的位置為最尊貴，靠東牆而面向西面的為次尊，再次為靠西牆而面向東面的位置，卑位則是坐南朝北的位置。古代經常說的「南面稱王」、「南面之術」等，以南為尊，都是以前堂或明堂的位置而言的。《論語‧雍也》：「雍也，可使南面」，即是說可以讓冉雍去做官。

座次禮儀如果是處在後室的位置，那麼就又有所不同了。在室內是以東向，即坐西朝東的位置為尊貴，其次是南向，再其次是北向，最次是西向。如人們所熟悉的《鴻門宴》中的一段：「項王項伯東向坐，亞父南向坐。亞父者，范增也。沛公北向坐，張良西向侍。」這裡項羽的地位最為尊貴，所以東向坐。雖然劉邦是客人，可是在項羽的眼裡，他的地位還不如身邊的謀士范增，因此范增南向坐，劉邦北向坐，這也反映了項羽的妄自尊大。至於張良，地位為最卑，只能西向侍。

古代貴族或官員出行，常乘坐馬車，車上的座次是以左為尊，有時為了迎接尊貴的客人，就讓左邊的位置空著，這就是所謂的「虛左以待」。比如，《史記•魏公子列傳》中寫身為戰國四公子之一的信陵君親自駕車迎接侯嬴，「虛左，自迎夷門侯生」。最終侯嬴被信陵君的誠意所感動，以竊符救趙的妙計，化解了信陵君的燃眉之急。（程曉菡）

097

三國時期的婦女為什麼大多有名無字和姓名不傳？

《三國志》所記載的女性大多都有名無字。如「武宣卞皇后，琅琊開陽人，文帝母也。本倡家」。「文昭甄皇后，中山無極人，明帝母，漢太保甄邯後也，世吏二千石。父逸，上蔡令。」「文德郭皇后，安平廣宗人也。祖世長吏。」其原因大概是《三國志》記載的女性多為帝王姬妾，她們地位尊顯，其字是忌諱。

那麼除帝王姬妾以外的其他女子有沒有字呢？如果翻閱一下《後漢書．列女傳》，就會發現裡面記錄的很多女性姓名或字不傳，端賴夫家或父家的姓氏名號或籍貫而為世人所知，如：太原王霸妻者，不知何氏之女也；廣漢姜詩妻者，同郡龐盛之女也；河南樂羊子之妻者，不知何氏之女也；孝女曹娥者，會稽上虞人也；沛劉長卿妻者，同郡桓鸞之女也；安定皇甫規妻者，不知何氏女也；孝女叔先雄者，犍為人也，父泥和，永建初為縣功曹。

不過也有一些漢末三國時期的女性有字，如：汝南袁隗妻者，扶風馬融之女也，字倫；南陽陰瑜妻者，潁川荀爽之女也，名采，字女荀；陳留董祀妻者，同郡蔡邕之女也，名琰，字文姬。

當然，能夠入《後漢書》這樣正史的《列女傳》中的女性，都是當時著名的婦女，除少數人外，大多出身名門世家。在這種情況下，很多人的名字猶湮沒史籍，不傳於世，那些姓、名、字皆不顯於世，不為人知的女性在歷史上又不知凡幾了。這是為什麼呢？

我們知道，姓氏和名字是一個人的身分符號。因此，人自小即有名。《禮記．檀弓上》：「幼名冠字。」孔穎達疏曰：「始生三月而加名，故云幼名；年二十有為人父之道，朋友等類不可復呼其名，故冠而加字。」總之，人不可無名，為了尊稱，成年後還要加字。

雖然古人得名先於得字，但重要性卻是名不如字。《顏氏家訓．風操》說：「古者，名以正體，字以表德。」還有人說：「名，字之本；字，名之末也。」所以，「字，所以表德，古人以字為美稱」，「人所以有字何？所以冠德明功，敬成人也」。蓋「名者質，所受於父母，冠成人益文，故敬之也」。「古人稱字最不輕……孔門諸子，多稱夫子為仲尼……漢初唯子房（張良）一人稱字。」這都充分證明，稱名不如稱字顯得尊重對方。

中國的女性，自漢代以來，受禮教和女教的束縛，社會地位極為低下。除少數精英女性外，大多只能扮演相夫教子的持家女性角色。三國時代，英雄紛爭，男人們在政壇和戰場上爭霸競勝，女性更淪為遠離歷史舞台的配角。她們的有姓無名或有名無字乃至名、字皆湮沒無聞，也就有了合理的解釋。（李傳軍）

延伸知識—中國古代女性的名和字有什麼特點？

中國古代女性的名字通常體現出豔麗的美貌和嬌柔的個性特點，漢魏時期尤其如此。如嬈、妍、媚都是美麗的意思。東漢宋子侯有一首樂府詩，吟詠一個年輕美貌的女郎董嬌嬈，在怡人春色中遊玩。「都」在秦漢語詞中是姣美的意思。古人不但用「都」形容齊女孟姜的美好（《詩・鄭風・有女同車》），而且用「都」形容男子鄭子都的姣好（《鄭風・山有扶蘇》、《孟子・告子上》）。據《後漢書・董卓傳》注引《獻帝起居注》，漢獻帝的宋貴人也名「都」，其形容姣美也就不言而喻了。

珠玉光潤滑澤，明麗動人，故古人常稱女子為珠娘（《閩小紀》），美貌為玉面（《公羊傳》宣十二年）。漢女子以珠、玉為名的，則有彭寵之女彭珠，緱氏之女緱玉，宮人趙玉。美好華靡曰麗，美觀文飾曰華，故以華命名，更別有一番意蘊。漢代女性有長御倚華，貴人曹華，南陽更有大美女陰麗華。劉秀聽說陰麗華之美而豔羨不已，竟說：「娶妻當娶陰麗華。」其他諸如馬融之女名芝，陳王羨之夫人姓李名儀。芝為秀草，儀指儀容，都是形容女子美貌的。至於以姬、姜、娥、婉、淑為名字者，或饒有古意，或通俗常見，更是豐富多彩，不一而足了。（李傳軍）

098

三國時期的人是透過什麼寄信的？

受交通工具之限，中國古代人們的通訊受到極大限制。古代的主要通訊方式是寄信，而寄信的方式就是要通過郵驛。三國時期，軍閥混戰，國家分裂，史書上說此時：「道路壅塞，命不得通。」為此，各國都努力開闢驛路，保證通訊暢通。

《三國志・陳泰傳》說，當時由於戰亂，「一方有事」，即「虛聲擾動天下」，資訊郵遞的困難導致社會輿情的不穩。曹丕建魏後，圍繞長安、洛陽、許昌、鄴、譙五大城市建立了四通八達的聯絡通信網。那時，曹魏的通信大多是軍事文書，主要是靠快馬投遞。即使少量的步行郵遞，也不用接力傳送，而是找一些善於快跑的人，專程郵遞。魏文帝還制定並頒布了《郵驛令》，這是中國歷史上第一個郵驛專門法。

三國時期，中外交通有較大的發展，孫吳和曹魏，都和歐洲的「大秦」即羅馬有所往來。由於江南河網密布，孫吳建立了獨具特色的水驛制度，即沿江河設驛，靠水路傳遞郵件。《魏略》則記載，大秦的郵驛制度與中國極為相似：「旌旗黎鼓，白蓋小車，郵驛亭置如中國……人民相屬，十里一亭，三十里一置。」

這大體上也是三國時期北方郵驛體系的實際情況。

蜀國地處益州一隅，蜀道之難，自古已然。蜀漢建立後，為保持與外界的聯繫，劉備與諸葛亮都積極建設驛路，以保持國內和與魏、吳之間通信的通暢。史書記載，名士許靖在蜀國任太傅後，和他過去在北方的好友魏國大臣華歆、王朗等都不斷有書信往來，「申陳舊好」。

《三國志》引《魏略》有一封王朗寫給許靖的信，稱「前夏有書而未達，今重有書，而並致前問」。魏國尚書僕射陳群，也曾經寫信給諸葛亮，打聽蜀國尚書劉巴的消息。蜀國與吳國的友好書信往來更多。史書上說：「東之與西，驛使往來，冠蓋相望，申盟初好。」諸葛亮與兄諸葛瑾、大將陸遜都有密切的書信通好。

西晉時期著名文學家陸機、陸雲兄弟，平日往來書信十分頻繁，今存《全晉文》中陸雲寫給兄長陸機的信件即達三十五封。他們在書信中互致問候，切磋學問，噓寒問暖。陸雲與他的好友楊彥明、戴季甫也經常有書信往來。這些頻繁經過北方和江南郵寄的信件，都仰賴三國時期奠定的郵驛體系。（李傳軍）

延伸知識 中國古代把郵政叫做什麼？

中國古代，把郵政叫做「郵驛」。何謂「郵」？何謂「驛」？據東漢時學者許慎寫的字書《說文解字》解釋「郵」說：「境上行書舍。從邑垂，垂，邊也。」學者們因此認為「郵」

是指古時邊陲地區傳遞書信的機構。所謂「驛」，《說文》解釋說：「驛，置騎也，從馬，睪聲。」「驛」在古代即指傳遞官方文書的馬、車。自周秦以來，郵驛又各有不同的稱呼。周代稱「傳」或「馹」，春秋戰國稱「遽」或稱「郵」稱「置」。秦時統一叫「郵」，漢代叫「驛」，魏晉時「郵」、「驛」並稱，唐時又把「驛」叫做「館」。宋時則出現了新的名稱「急遞鋪」，元又有「站赤」之稱，明代又把元時的站統稱為「驛」，清時將「郵」、「驛」合二為一。現在習慣上把中國古代的郵政，簡稱為「郵驛」，或稱為「驛站」和「郵傳」。

（李傳軍）

099

三曹為什麼喜歡寫遊仙詩？

曹操和他的兩個兒子曹丕、曹植世稱為「三曹」。三曹的詩歌中有個很有意思的現象，就是都喜歡寫遊仙詩。所謂遊仙詩就是指詩歌中有詩人對仙人長壽的美好描繪，或希望與仙人同遊，實際上是詩人對仙人長壽的神奇想像。三曹都寫了很多遊仙詩，如曹操在《龜雖壽》中寫道：「神龜雖壽，猶有竟時。騰蛇乘霧，終為土灰。老驥伏櫪，志在千里；烈士暮年，壯心不已。盈縮之期，不但在天；養怡之福，可得永年。」這首詩的「神龜」典故出自《莊子》，龜在三國時期是長壽的象徵，曹操卻認為神龜即使活三千年，也有死的時候；過去的英雄雖不可一世，但最終都化為土灰。前四句詩是曹操對生命與事業的達觀認識。而最後的四句詩，卻是典型的神仙家養生之法。曹操注重養生，即是受到道家養生術的影響。

曹丕在《芙蓉池作》一詩中寫道：「上天垂光彩，五色一何鮮。壽命非松喬，誰能得神仙。遨遊快心意，保己終百年。」這首詩中提到的「松喬」就是傳說中的赤松子和王子喬兩位仙人，而凡人對於天上的神仙只能想像，能活一百歲就已是最大的願望。曹丕在詩賦中對生命的短暫多有描述。曹植的遊仙詩則更多，比他父親與哥哥更多體現了對仙人的仰慕之情。如在《遠遊篇》中寫道：「仙人翔其隅，玉女戲其阿。瓊蕊可療饑，仰首吸朝霞。崑崙本吾宅，中州非吾家。」這首詩表現了曹植願隨仙人離開中原家鄉的願望，要跟隨仙人吃玉吸朝霞。而在《仙人篇》中，曹植寫道：「驅風過四海，東過王母廬。俯過五嶽間，人生如寄居。」寫自己成仙後在天上飛，飛過了西王母住的地方，也是對長生的嚮往。

顧頡剛先生在《漢代學術史略》一書中說：「仙人，是古代所沒有的……仙人的道是修煉來的；仙人的居住地在燕國東邊和齊國北邊的渤海；仙人的生活是逍遙出世，只求自己的不死，不願分惠於世間人，使他們都得不死。」這段話意思是說，道教的神仙思想起於戰國漢代年間，而仙人主要是出世，過著逍遙的神仙生活。三國時期的三曹很明顯受了這種神仙思想的影響。三曹之中游仙詩最多的是曹植，主要因為曹植人生不如意，因而寄情於神仙想像之詩。（宣炳善）

延伸知識　建安風骨

建安風骨是指漢魏之際曹氏父子、建安七子等人詩文俊爽剛健的藝術風格。「風骨」一詞最早大量應用於魏、晉、南朝的人物評論，後引用到書畫理論和文學評論之中。南朝梁劉勰的《文心雕龍‧風骨篇》說：「怊悵述情，必始乎風；沉吟鋪辭，莫先於骨。故辭之待骨，如體之樹骸；情之含風，猶形之包氣。結言端直，則文骨成焉；意氣駿爽，則文風生焉。」風，就是文章的生命力和內在的感染力，而骨是指文章的表現力。漢末最為動蕩的建安時期，政治鬥爭激烈，軍閥們相互攻伐，給人民帶來了極大的苦難，對當時的統治者和上層士人也造成了巨大的心靈衝擊。當時的文壇巨匠「三曹」（曹操、曹丕、曹植）和「七子」（孔融、陳琳、王粲、徐幹、阮瑀、應瑒、劉楨）繼承了漢樂府民歌的現實主義傳統，逐步擺脫了儒家思想的束縛，普遍採用五言形式，他們注重作品本身的抒情性，「志深筆長」、「慷慨多氣」，思想感情常常表現得慷慨激昂，以風骨道勁而著稱，故稱之為建安風骨。建安文學的典範，對後來文學藝術產生了深遠的影響。唐代士人陳子昂就曾盛讚「漢魏風骨」，詩人李白更有「蓬萊文章建安骨」的詩句。魯迅先生也曾經說過，建安文學是中國文學的自覺時代。（李傳軍）

100 三國士人為什麼大多有對酒當歌、人生幾何的及時行樂思想？

曹操有一首詩，叫做《短歌行》，詩云：「對酒當歌，人生幾何？譬如朝露，去日苦多。慨當以慷，憂思難忘。何以解憂，唯有杜康。青青子衿，悠悠我心。但為君故，沉吟至今。呦呦鹿鳴，食野之蘋。我有嘉賓，鼓瑟吹笙。明明如月，何時可掇。憂從中來，不可斷絕。越陌度阡，枉用相存。契闊談讌，心念舊恩。月明星稀，烏鵲南飛。繞樹三匝，何枝可依？山不厭高，海不厭深。周公吐哺，天下歸心。」

《短歌行》是漢樂府的舊題，屬於《相和歌．平調曲》。歌行本來是樂曲名稱，但這種樂曲如何唱，早已失傳。樂府《相和歌．平調曲》中除了《短歌行》還有《長歌行》，唐代吳兢《樂府古題要解》有「長歌正激烈」之句，魏文帝曹丕《燕歌行》中則有「短歌微吟不能長」的說法，看來短歌行是低吟淺唱的一種抒情詩歌。曹操這首《短歌行》所表達的主題，是希望有大量的人才來為自己平定天下的偉業服務，是求賢若渴的急切心態。但全詩中最富有感染力的詩句不是「周公吐哺，天下歸心」的納賢氣魄，而是「對酒當歌，人生幾何？譬如朝露，去日苦多」的人生苦短，當及時行樂或早成大業的迫切心情。這種心情，很容易讓人聯想到漢末《古詩十九首》裡那首「生年不滿百，常懷千歲憂。晝短苦夜長，何不秉燭遊！為樂當及時，何能待來茲。愚者愛惜費，但為後世嗤。仙人王子喬，難可與等期」的詩歌。曹操《短歌行》的主旨當然與此不同，但曹詩所流露出的「對酒當歌，人生幾何」的情感卻與此詩有著驚人的一致。

東漢末年，社會動蕩，政治混亂。居高位者朝不保夕，董卓、蔡邕、王允等如走馬燈般犧牲在權力的爭奪戰中；名聞天下的名士們，奔走求存，在各個軍閥勢力下討生活，也很難保全生命，孔融、楊修、嵇康無不身首異處。至於下層文士和普通民眾，更是遊宦無門，漂泊蹉跎，至於轉死於溝壑，喪命於亂世者更不知凡幾。曹操另外一首詩中的「白骨露於野，千里無雞鳴」說的就是這種悲慘局面。與政爭和戰亂相終始的，還有連年發生，令人談虎色變、不寒而慄的疾疫。漢末魏晉時期的史籍中動輒用「京都大疫」、「九江、廬江大疫」、「荊州大疫」、「宛、許大疫」、「大疫，死者十二三。河朔亦同」的字眼描繪疫情，曹植《說疫氣》裡說建安二十二年發生的大疫，造成了「闔門而殪，或覆族而喪」的局面，社會上更是呈現出「家家有殭屍之痛，室室有號泣之哀」的愁怖局面。文學史上著名的「建安七子」中的徐幹、陳琳、應瑒、劉楨也因染疾而一時俱逝。

於是，在生命如此脆弱、富貴遙遙無期的亂世裡，生命就成為了惟一值得備加珍重之物。今朝有酒今朝醉的及時行樂思想，便和三國兩晉時期人的自我意識的覺醒一起萌動和流行了。（李傳軍）

延伸知識──中國古代人均壽命知多少？

人均壽命是標誌一個歷史時期人們生活質量和健康狀況的重要尺規，也是一個時代人們平均幸福指數的重要參考資料。據南京大學鄭正教授等人根據《史記》、《漢書》等二十四史這些可靠性較強的正史，輔以地方誌、族譜以及其他如《歷代名人年譜》、《中國人名大詞典》等文獻資料的研究證明，古代中國人壽命最高的是西漢，大大超過七十，其他朝代除唐朝、明朝和清朝分別有過極短暫的「探頭」外，都不及七十，最低的幾個時期是魏晉、五胡十六國和五代十國，其中五胡十六國時期人的壽命只有五十幾歲。有人做過一個統計，中國歷代皇帝有確切生卒年月可考者共有二〇九人。這二〇九人，平均壽命僅為三十九．二歲。當然，上述研究所依據的主要是歷史上名人的資料，如果考慮到平民百姓，特別是死亡率較高的嬰幼兒的年齡，上述計算出的中國歷代人口平均壽命還會再大打折扣。有關資料顯示，大約在兩千年以前，人類的人口平均壽命約為二十歲；十八世紀增長到三十歲左右；十九世紀末期，也僅僅為四十歲上下。可見中國古代人均壽命的情況，並不會比這些數字高出多少。（李傳軍）

101

中國佛教音樂第一人是誰？

在所有漢傳佛教流傳的地區，一直到今天，都把三國時曹魏陳思王曹植當成漢語梵唄的創始人，也就是中國佛教音樂的第一人。這是為什麼呢？

曹植，字子建，沛國譙（今安徽亳縣）人，是曹操第三子，魏文帝曹丕之弟。曹植在殘酷的儲位爭奪戰中失敗，其兄曹丕被立為太子。曹丕代漢後，曹植更受到一系列政治迫害，因而鬱鬱不得志。在這樣的處境裡，曹植的心境可想而知。天賜的稟賦、坎坷的身世、特殊的環境，不但使曹植得以有緣親近佛教，也使曹植成為創造中國化梵唄第一人的「殊勝因緣」。佛教史籍《法苑珠林．唄贊部》記載：「陳思王曹植，字子建，魏武帝第四子也。幼含圭璋，十歲屬文，下筆便成，初不改定。世間術藝，無不畢善。邯鄲淳見而駭服，稱為天人。植每讀佛經，輒流連嗟玩，以為至道之宗極也。遂制轉贊七聲升降曲折之響，世之諷誦，咸憲章焉。嘗遊魚山，忽聞空中梵天之響，清雅哀婉，其聲動心，獨聽良久，而侍御皆聞。植深感神理，彌悟法應，乃摹其聲節，寫為梵唄。撰文制音，傳為後式。梵聲顯世，始於此焉。其所傳唄，凡有六契。」

魚山又稱漁山，在今山東省東阿縣境內。史載，曹植「常汲汲無歡，遂發疾薨，時年四十一」。因為他生前「常登魚山，臨東阿，喟然有終焉之心，遂營為墓」。他死後，其子曹志便將其遺骸遷葬魚山。曹植「漁山制梵」的故事，在中國古代流傳甚廣，除佛教典籍外，其他著述中亦有記載。劉敬述《異苑》云：「陳思王遊山，忽聞空裡誦經聲，清遠遒亮，解音者寫之，為神仙聲，道士效之，作步虛聲。」

曹植「魚山制梵」的梵是指佛教特殊的音樂形式梵唄。佛教音樂源於印度，中國漢地佛曲的發展，是由梵唄開始的。梵，是印度語「清淨」的意思。唄是印度語「唄匿」的略稱，義為讚頌或歌詠。梵唄，亦稱讚唄、梵樂、梵音、佛曲、佛樂等，是佛教徒舉行宗教儀式時在佛菩薩前歌誦、供養、止斷、讚歎的頌歌，後世泛指為傳統佛教音樂。

在曹植之前，中國已有贊唄的存在。宋代高僧贊甯在《續高僧傳．讀誦篇．論》中說：「原夫經傳震旦，夾意漢庭，北則竺蘭，始直聲而宣剖；南惟僧會，揚曲韻以諷通。」案竺法蘭原籍中天竺，於東漢明帝永平十年（六七）來華傳法。史載，竺法蘭時代的贊唄歌誦，系「直聲而宣剖」，音樂性不強。而且，佛事方興，譯業草創，他所詠贊的，必定是天竺佛教音樂。佛教音樂中國化的工作，還需要曹植這樣既熟悉佛教，又對中國傳統音樂造詣非凡的人來完成。史載曹植「撰文制音，傳為後式」，「梵聲顯世，始於此焉」，以其非凡的天才創造了第一批漢語演唱的佛教音樂「梵唄」，是對佛教音樂中國化的一大貢獻。

（李傳軍）

延伸知識—中國古代樂器分為那些類？

中國的音樂文化與中華民族悠久的歷史一樣源遠流長，誕生於西周、春秋時期的第一部詩歌總集《詩經》中，提到的樂器就有三十多種。

中國古代樂器的分類，據《周禮》記載，分八音，即金（鐘等）、石（磬等）、土（塤等）、革（鼓等）、絲（琴瑟等）、木、匏（笙等）和竹（管簫等）。金指金屬樂器，大多由銅或銅錫混合製成，其中最主要的是鐘類樂器，有的「鐘」只有一個，單獨懸挂，稱為「特鐘」；有的鐘則種類繁多，有次序結合，這就是著名的編鐘。編鐘能夠創制出比較繁複的音色，適合表達複雜的曲調和情感。當然，鐘在先秦時代不僅是樂器，還是地位和權力象徵的禮器。王公貴族在朝聘、祭祀等各種禮儀、宴饗與日常燕樂中，廣泛使用著鐘樂。

石指的是石類樂器，石類樂器的代表是磬，磬是一種用堅硬的大理石或玉石製成的打擊樂器。磬亦有「特磬」、「編磬」之分，編磬是由十六枚形式大小不同或厚薄不同的石塊編懸而成。土指土類樂器，主要有兩種，一個是塤，另一個是缶。缶的形狀很像一個小缸或火缽。塤歷史悠久，最初只有一個吹口，有音孔，而後慢慢演變為八孔塤、十孔塤和半音塤。革是指以野獸皮革製成的樂器，其中最主要的是鼓。絲指的是絲絃樂器，是用蠶絲製成弦，再製作成樂器。商周以前，絲絃樂器只有琴和瑟兩種，秦漢以後又發展有箏、箜篌、阮咸、秦琴、三弦、琵琶、胡琴等。木是指木類樂器。最初有柷、敔、拍板等，後來有木魚、梆子等。匏指匏類樂器，有一種葫蘆叫匏瓜，古人用幹老的匏瓜製成樂器，就是匏類樂器。匏類樂器包括笙和竽等簧片樂器。竹是指竹類製成的樂器，主要有簫、笛和管。在竹制的古樂器中，最重要的是排簫，它有發標準音的功用。古代的「簫」主要指排簫而不是現在的洞簫。

當然，在諸多的古樂器中，「琴」與我國傳統文化息息相關，文人四藝「琴棋書畫」，琴為其首，最具有代表性，也最古雅，被認為是中國古樂器之王。（程曉菡）

國家圖書館出版品預行編目 (CIP) 資料

三國背後的祕密 / 李傳軍等著. – 再版. – 臺北市 : 如果出版 : 大雁出版基地發行, 2019. 07
面 ; 公分

ISBN 978-957-8567-24-5(平裝)

1. 三國史 2. 中國文化 3. 問題集

622.3　　108008982

三國背後的祕密

初版原書名：《你所不知道的 101 個三國問題——人人都要學的三分鐘國文課 4》

作　　者　李傳軍等
封面設計　呂德芬
責任編輯　劉文駿、林潔如
行銷業務　郭其彬、王綬晨、邱紹溢
行銷企畫　陳雅雯、汪佳穎
副總編輯　張海靜
總 編 輯　王思迅
發 行 人　蘇拾平
出　　版　如果出版
發　　行　大雁出版基地
地　　址　台北市松山區復興北路333號11樓之4
電　　話　02-2718-2001
傳　　真　02-2718-1258
讀者傳真服務　02-2718-1258
讀者服務信箱　E-mail andbooks@andbooks.com.tw
劃撥帳號　19983379
戶　　名　大雁文化事業股份有限公司
出版日期　2019年7月 再版
定　　價　360元
I S B N　978-957-8567-24-5（平裝）